베트남 창업
마지막 기회를 잡아라

베트남 창업 마지막 기회를 잡아라

초판인쇄 2020년 10월 19일
초판발행 2020년 10월 26일

저자 류동연
발행인 오세형
디자인 하예희
제작지원 TOPIK KOREA

발행처 참북스(CHAMBOOKS)
등록일자 2014년 10월 12일
등록번호 제319-2014-52호
주소 서울시 동작구 사당로 188
전화 도서 내용 문의 (02)6294-5742
팩스 (02)595-5749
홈페이지 www.chambooks.kr
블로그 blog.naver.com/cham_books
인스타그램 www.instagram.com/chambooksofficial
이메일 cham_books@naver.com
ISBN 979-11-88572-28-1   03320

Copyright©2020류동연
All rights reserved.

* CHAMBOOKS 는 '(주)도서출판 참'의 인프린트 브랜드입니다.
* 이 출판물은 저작권법에 의해 보호를 받는 저작물이므로 무단 전재와 복제를 금합니다.

베트남 창업
마지막 기회를 잡아라

프롤로그

 언제부터인가 베트남이라는 곳은 '기회의 땅'이 되었다. 어쩌면 내가 베트남에서 살고 있기 때문에 더욱 자주 듣는 말일 수도 있다. 오랜만에 한국에 방문하면, 친구들은 항상 나의 안부보다는 베트남의 안부를 자주 묻는다. 그만큼 베트남이라는 국가에 대한 관심은 대한민국에서 뜨겁다.
 그도 그럴 것이 베트남은 연평균 6% 후반대의 경제성장률을 아직 유지하고 있는 국가다. 2019년 기준 대한민국은 2.5%의 경제성장률 목표를 지키기조차 버겁다. 외교부가 공개한 '2019 재외동포현황' 자료에 따르면 2018년 말 기준으로 재외동포는 180개국에 749만 명. 그중 베트남은 17만 2,684명으로 7번째로 많은 재외동포들이 사는 것으로 나타났다. 2016년 말에 발표한 자료 수치보다 38.7%(4만 8226명)가 급증하였고, 국가별 성장 수치로 보면 최고 수준이다.

무작정 뛰어든 베트남에서 어느덧 내 사업체를 가지고 월 매출 1억을 달성하였다. 쉽지 않은 과정이었지만, 적어도 내가 경험하고, 보고, 들은 내용들을 정리할 필요가 있겠다 싶었다. 이 책을 통해 많은 독자들이 베트남에 한 걸음 다가가고, 이해했으면 한다. 그 다음에 베트남 진출에 대한 고민을 해도 늦지 않다고 본다.

마지막으로 이 책을 쓸 수 있게 도와준 오수환, 노주환에게 감사함을 전하고 싶다. 항상 나를 믿고 지지해주는 부모님과 동생에게도 감사함을 전한다.

목차

프롤로그   4

목차   6

1장 한국에서 창업을 하려고 했었다
1) 한국에서의 회사 생활   12
2) 퇴사가 먼저였다   14
3) 아이템을 찾을 수가 없었다   20
4) 다시 취업을 해야 하나?   23
5) GYBM 이라는 기회가 다가왔다   26
6) 베트남으로 향했다 희망과 함께   28

2장 베트남어를 배웠다 그리고 한 걸음 다가갔다

1) 베트남어가 무기다   **32**

2) 베트남 대학생들과 공부하기   **37**

3) 처음으로 방문한 한인촌   **40**

4) 골목 탐험, 베트남 적응의 시작   **43**

5) 베트남의 회사 생활   **47**

6) 베트남의 현실을 마주한 사람들   **50**

3장 베트남에서 창업을 해보자

1) 첫 번째 사업 아이템   **54**

2) 월세 30만원의 사무실   **59**

3) 홈페이지 만드는 것도 겁이 났다   **62**

4) 길거리에서 신발을 팔았다   **66**

5) 3개월간 상담 했던 고객의 첫 계약   **71**

6) 베트남 직원의 반란   **76**

7) 하노이까지 확장을 하자   **79**

4장 베트남 통계와 통계로 설명할 수 없는 것

1) 인구 통계 - 베트남에 호치민, 하노이만 있는 것은 아니다   **84**

2) 소득&소비시장 - 월 소득 166달러의 베트남?   **90**

3) 부동산 시장 - 베트남 부동산 버블 논란?   **94**

4) FDI(외국인직접투자) - 든든한 베트남 경제의 버팀목?   **99**

5) 임금시장 - 베트남 직원들은 얼마를 받을까?   **104**

6) 주식시장 - 베트남 주식 투자, 안전한가?　　　　　　**109**

7) 정치•사회 구조 - 사회주의 공화국 베트남?　　　　　**113**

8) 교육제도 - 베트남 대학 진학률 28.3%　　　　　　　**117**

9) 온라인 유통 시장　　　　　　　　　　　　　　　　**122**

　- 100억 달러 규모의 온라인 유통 시장?

10) 행복지수 - 베트남인은 이미 우리보다 행복하다?　　**129**

5장 우리는 다른 국가에 왔다
어떻게 베트남에 적응해야 하는가?

1) 베트남 이해하기　　　　　　　　　　　　　　　　　**134**

　- 베트남 사람들　　　　　　　　　　　　　　　　　　**135**

　- 베트남 지역들　　　　　　　　　　　　　　　　　　**138**

　- 베트남 교통 문화　　　　　　　　　　　　　　　　　**148**

　- 베트남 주거 문화　　　　　　　　　　　　　　　　　**151**

　- 베트남 음식 문화　　　　　　　　　　　　　　　　　**155**

2) 실전 베트남 알아보기　　　　　　　　　　　　　　　**158**

　- 베트남에서 휴대전화를 개설하자　　　　　　　　　　**158**

　- 베트남에서 은행계좌를 개설하자　　　　　　　　　　**162**

3) 한인촌은 가지마라, 여러분이 있어야 할 곳은 로컬이다　**165**

4) 베트남어를 배울 자신이 없다면, 오지 않는 것이 맞다　**168**

5) 시장조사 3개월이면 충분하다,
　 차라리 저(低) 자본 사업을 하자　　　　　　　　　　**171**

6) 저(低) 자본 사업 추천 아이템과 실행 방법　　　　　　**174**

7) 길거리 점포들을 개선하면 성공할까? **179**

8) 베트남에서 돈 자랑 하지 마세요 **185**

9) 유흥은 사업을 하는 곳이 아닙니다 **188**

6장 베트남 사업의 첫 걸음을 내딛자

1) 외국인에게 맞지 않는 사업 아이템 **192**

2) 시장 조사를 어떻게 해야 할까? **198**

3) 어떤 비자로 베트남에 있을 것인가? **205**

4) 사무실 임대, 어떻게 해야 할까? **211**

5) 법인 설립 과정과 주의할 점 **215**

7장 베트남 사업은 한국과 많이 다르다

1) 베트남 회계 이야기 - 회계장 VS 회계 법인 **222**

2) 베트남 세금 영수증 - 레드빌 **227**

3) 베트남의 조세제도 **230**

   - 법인세, 부가가치세, 보험, 개인소득세

4) 선택이 아닌 필수, 베트남의 페이스북 마케팅 **238**

5) 베트남 오프라인 마케팅 **245**

6) 현지 직원 채용 방법 **251**

7) 노동법 **255**

8) 한국인 관리자 채용 방법 - 현지 채용 **264**

9) 계약 관리 **269**

10) 일반적인 수출입 진행 과정 **274**

11) 베트남에서 언더머니(뇌물)의 의미	280
12) 베트남인 협상 방법	288

8장 베트남 창업 선배들의 인터뷰

1) [화장품] 코리아나 이호진 총괄 매니저	294
2) [IT] 레클 박대선 법인장	299
3) [방역 & PC방/카페 프랜차이즈] 베스코 김남일 대표	303
4) [홈쇼핑] 트윈스 이현욱 대표	309
5) [유통/무역] 대우이노베이션 평준형 공동대표	314

부록 - 베트남 실전 창업 절차 및 예상 비용   318

1장

한국에서
창업을
하려고
했었다

1) 한국에서의 회사 생활

여느 누군가와 마찬가지로 나의 대학생활의 마지막은 취업 준비였다. 취업 시장을 맞닥뜨린 당시 상황은 절망적이었다. 많이 들어본 변명이겠지만, 학교 교과 공부보다 내가 하고 싶은 공부를 하느라 학점도 좋지 않았다. 나름 금융권의 꿈을 꾸며, 증권투자연구회와 같은 학회 활동과 금융 관련 인턴으로 소위 말하는 나의 '스펙'을 쌓아갔다. 하지만, 취업 시장은 낮은 학점과 토익 점수라는 구실로 면접장에 발도 붙이지 못하게 하였다. 그렇다. '서류 광탈'이었다. 내가 처음 사회의 높은 벽을 마주한 순간이다.

아직 대학을 다니고 있는 아는 동생과 연락을 하였더니 절로 실소가 나왔다. 지금 취업시장이 사상 최악이란다. 그때도 마찬가지였다. '서류 광탈'자들의 늦은 저녁 술자리에 늘 빠지지 않는 안주거리다. 옆자리 친구가 빈 잔에 술을 한 잔 따라주며 말을 건넨다. "△△전자나 □□은행에도 지원해보는 건 어때? 이번에 영업 직무에 많이 뽑는다는 얘기가 있던데…" 머릿속에 잘 기억해놔야지 하면서 다음날 노트북을 열어 00 회사의 지원 공고를 본다. 평소 관심이 전혀 없던 회사지만, 연말 성과급을 감안하면 여느 대기업 부럽지 않은 연봉을 받는다는 블로그의 한 줄에 관심이 가기 시작한다. 입사 지원을 하기 위해 '자소서'를 쓰기 시작한다. 회사의 3대 이념이 잘 녹아드는 '자소서'를 쓰는 것이 좋다는 취업사이트의 추천 글도 유념해둔다.

많은 취업준비생이 이런 과정을 통해 뜻하지 않은 회사에 입사하게 된다. 나 또한 같은 사람이었다. 물론 이 글이 이와 같은 과정을 답습하지 말라는 취지는 아니다. 우리가 마주한 현실을 말하고 싶을 뿐이다. 누군가는 성실한 대학 생활을 기반으로 좋은 학점과 탄탄한 스펙을 앞세우며 본인이 소망하던 회사에 입사한다. 하지만 우리는 수 없이 많은 책과 대중매체를 통해 접하지 않았는가. 꼭 들어가고 싶은 회사에 들어갔더니, 내가 생각한 회사 생활과 너무도 달랐다는 말들을. 그렇게 생각하면, 오히려 나는 운이 좋은 편에 가깝다. 비록 꿈꿔왔던 증권맨의 생활은 아니었지만, 첫 직장에서 나름 만족스러운 사회생활을 시작했기 때문이다.

내가 처음 입사한 회사는 GS 리테일이었다. 앞서 언급한 대로 내가 그토록 소망하던 업종의 직장이 아니었다. 다만, 친구들과 비슷한 수준의 급여를 받을 수 있었고, 대기업 계열사라 그런지 생각하지도 못한 다양한 복지 정책을 갖고 있었다. 직장 새내기들의 흔한 고민거리인 사수와의 트러블도 없었다. 무엇보다 편의점 관리를 하며 소비자와 가장 근거리에 있는 시장을 경험한다는 것이 좋았다. 야심차게 준비한 상품이 시장에서 외면 받고, 생각지도 못한 상품이 불티나게 팔리는 시장을 지켜보는 것이 흥미로웠다. 이는 후에 설명하겠지만, 나의 사업을 준비하는 데 큰 영향을 준다. 상품을 준비하는 것은 기업의 역할이지만, 선택은 소비자의 몫이다. 이 한 줄을 배운 그때가 나의 20대 마지막, 29살이었다.

1장 한국에서 창업을 하려고 했었다

2) 퇴사가 먼저였다

 의아한 선택을 했다. 더 없이 좋은 곳은 아니었지만, 앞서 말한 대로 남부럽지 않은 급여와 꽤 높은 수준의 복지, 그리고 좋은 사수를 만나는 복을 걷어찼기 때문이다. 약 1년간의 회사생활을 마무리 지었다. 퇴사를 준비하는 기간 동안 주변의 많은 조언을 귀 담아 들으려했다. 조금 더 다녀보지 않겠냐는 회유의 말과 현실에 부딪혀보는 것도 나쁘지 않은 선택이라는 용기의 말이 난무했다. 하지만 그 어느 누구도 단호하게 이래라 저래라 하지 못했다. 내 인생이기 때문이다. 우리는 인생에서 항상 선택의 기로를 만나게 되고, 그 갈림길에서 한 가지 선택을 하게 된다. 너무도 많이 들었던 그 말, 인생은 선택의 연속이라는 말이 새삼스럽게 다가왔다.

 혹자는 너무 짧은 시간동안 직장 생활을 판단했다 생각할지 모르겠다. 어쩌면 나는 매우 건방진 선택을 하였고, 그 선택에 대해서 책임을 져야만 했다. 뒷부분에 언급되겠지만, 베트남에서 나는 GYBM 연수 생활을 하게 되고, 한 번의 취업을 다시 하게 된다. 그때마다 면접 장소에서 늘 빠지지 않는 단골 질문이었다. '당신은 왜 퇴사를 하였나요?'

이제는 이 질문을 정리해 볼 때가 된 것 같다. 나는 준비 없는 퇴사를 하였다. 하나는 '나'라는 사람의 근원적 문제이며, 다른 하나는 사업에 대한 '내적 동기'가 생겼기 때문이다.

나는 부지런하지 못한 사람이다. 예나 지금이나 상대적 관점으로 보았을 때, 나는 게으른 사람은 아닐지언정 부지런하지 못하다. 그리고 눈에 보이지 않는 것에 집중하기가 쉽지 않다. 예를 들면, 여러분들의 주변에 꼭 있는 사람의 유형을 들어보자. 아침 출근 시간 전 새벽반에 회사 인근의 영어 학원을 다니는 사람, 출근 전 헬스장에 들려 운동을 하는 사람, 뿐만 아니라 퇴근 후 본인의 자기계발을 위해 각종 학원 및 시장조사를 하는 사람들은 심심치 않게 볼 수 있다. 저 사람들이 대단한 사람이라고 말할 수도 있겠다.

하지만 그 당시 나에게는 내가 그 대단한 사람이 되어야만 했다. 사업이, 내가 직접 기획하고 운영하는 일들이 너무도 하고 싶어졌기 때문이다. 시도해 보지 않은 것은 아니다. 사업을 해야겠다는 마음을 먹은 후로 나는 퇴근 후 시장 조사를 하고, 창업에 대해 알아보고, 내가 발굴할 수 있는 기발한 사업 아이템을 찾고자 했다. 하지만 직장 생활과 온전히 나의 것을 준비하는 것을 병행한다는 것은 생각보다 쉽지 않은 일이었다. 많은 직장인들은 공감하겠지만, 오늘은 별 대단한 일을 하지 않았음에도 불구하고, 퇴근 후 집에 돌아오면 몸이 천근만근 피곤하다. 그리고 어느 새 퇴근 후 나의 루틴은 샤워하고 캔 맥주를 한잔 하며, 드라마 시청을 하는 것으로 굳어져 있었다. 이런 나에게 퇴근 후의 시간을 쪼개는 것은 혼란만 가중시켰다. 스스로에게 실망하는 시간도 있었고, 다시 오늘부터 마음먹고 잘 해보자 다짐도 했다. 하지만 반복되는 실패였다.

나는 어쩔 수 없이 퇴사를 했다. 나라는 사람도 남들과 똑같은 일반

1장 한국에서 창업을 하려고 했었다

적인 사람이라서, 아니 어쩌면 멀티태스킹이 남들보다 더 안 되는 부족한 사람이라서 일과 내 사업을 병행해 나갈 수가 없었다. 그래서 퇴사를 결정했다. 이것이 첫 번째 이유, '나'라는 사람의 근원적 문제에 따른 이유이다. 혹시, 독자 중 누군가가 회사를 다니며 내 사업을 준비할 수 있는 사람이 있다면, 적극적으로 그 방법을 권하고 싶다. 당신이 부지런하다면, 당신의 계획대로 차근차근 다른 무엇을 준비할 수 있다면, 그러지 않을 이유가 없다. 당신의 목표도 사업이라면, 그래서 이 책을 읽고 있다면, 자기 성향을 먼저 알고 그 성향에 맞추어 사업을 준비하라고 말해주고 싶다. 너무도 당연한 말이겠지만, 사업을 준비하는 과정에 정답은 없다. 나의 성격, 주변 환경, 회사를 다니고 있다면 업무량 또는 강도 등을 냉정하게 판단해보자. 나는 회사와 사업 준비를 병행할 수 없었다.

그렇다면 나는 왜 그토록 사업이 해보고 싶었던 걸까? 대단하고 거창한 또는 무릎을 탁 두들길만한 멋진 이유가 나올 것이라 기대하고 있다면, 안타깝지만 미안하다. 이 글을 통해 내가 대단한 사람임을 보이고 싶은 마음이 아니다. 사업을 마음먹고 시작하기까지, 그리고 베트남이라는 타국에서 어떻게 사업체를 만들고, 운영하고 있는지를 있는 그대로 꾸밈없이 알려주고 싶다. 나는 꽤 괜찮은 조건에서 회사원으로서의 삶을 계속 살아갔을 수도 있었다. 그런데 불편했다. 몸에 맞지 않는 옷을 입는 느낌이었다. 초등학교 토론 시간에도, 대학교 학회에서 토론을 하며 논쟁을 할 때도, 보다 논리적인 사람의 말이 관철됨을 배워왔다. 그뿐만 아니라, TV속에서 두 정치인이 나와 경제현안에 대해 논의할 때도, 보다 많은 지식을 가진 사람이 그리고 더 강한 논리를 가지고 있는 사람이 대중의 지지를 받음을 느껴왔다. 회사는 내가 상상하고 꿈꿔왔던 곳이 아니었다. 물론, 그 정도도 모르는 바보 철부

베트남 창업 마지막 기회를 잡아라

지는 아니었다. 회사는 조직이고, 조직에서 직장 상사의 결정과 회사의 대의적인 결정은 우선된다는 것쯤은 충분히 알만한 나이였다. 하지만 막상 나에게 피부로 와 닿으니, 세상이 생각보다 더 불공평하고, 비논리적이라고 느껴졌다. 내가 대단한 통찰력을 가지고 있기 때문이 아니다. 아마 직장인이라면, 누구나 한 번쯤 경험해보았을 이야기를 하고 있는 것이다. 다만 나는 그 점이 아쉬웠고, 그래서 내 일을 하게 되면 최소한 억울하고 후회되지는 않을 것 같다고 생각했을 뿐이다.

두 번째는 경제적 자유를 얻고 싶었다. 대한민국에서 직장인이 되고, 사람에 따라 차이는 있지만 3개월까지는 가족과 주변 사람에게 베풀며 대부분의 월급을 탕진한다. 3개월쯤이 지나게 되면, 이제는 익숙한 엑셀을 키고 갑자기 숫자를 기입하기 시작한다. 내 월급을 셀에 입력하고 12달을 곱한다. 그리고 회사 정책에 따라 성과급 체계를 계산한다. 이렇게 나의 1년 연봉을 산출한다. 모두가 이렇게까지 계산을 하지 않겠지만 최소 머릿속으로 암산은 해보는 것 같다. 그리고 내가 한 달에 생활비가 어느 정도 들어가는지를 계산하고, 연봉에서 차감을 한다. 이렇게 내가 1년에 저축할 수 있는 순수한 금액을 산출하게 되면, 나의 목표 금액을 넣고 나누기 시작한다. 목표 금액은 사람마다 다르다. 누군가에게는 내 집 장만의 목표가 되기도 하고, 누군가에게는 인터넷에서 사진으로만 봤던 '드림카'의 가격을 기입하기도 한다. 자 이제 나누어 보자. 10년, 12년, 과하게 금액을 크게 잡은 사람은 20년에서 30년을 저축해야 한다. 절망한다. 이제 3개월 다녔는데 이렇게 힘든 직장을 20년 아니 30년을 더 다녀야 한다고?

다음날 오랜만에 친구와 만나 얘기를 나눈다. 내가 어제 저축해서 서울에 집 1채 살려면 몇 년이 걸리는지 계산해 봤다며. 그랬더니 나보다 1년 먼저 회사생활을 시작했던 그 친구는 월급만 모아서는 답이 없

1장 한국에서 창업을 하려고 했었다

다고 한다. 5년 만기 적금과 10년 만기 적금 등 자기가 최근 넣기 시작했다는 상품을 소개해준다. 대학교 때 증권투자연구회의 친했던 선배는 배운 것 왜 안 쓰냐며 주식 투자를 권유한다. 본인이 최근에 쏠고 있는 종목과 높은 수익률을 내고 있는 증권사의 투자매니저를 소개해 준다며. 직장에서 이제 막 친해진 사수에게 너스레를 떨며 이 이야기를 했더니, 농담 반 진담 반처럼 3년간 구르다가 월급 더 좋은 곳으로 이직하면 된다며 관련업계 중 더 높은 급여 체계를 가지고 있는 회사를 추천해준다. 이렇듯 대한민국에는 수 없이 많은 재테크 방법이 있다. 다들 각자의 방법을 정해서 순수 급여 이외의 추가 수익을 창출하고 있다. 직장을 몇 년이나 다니고 있는데 꾸준히 급여만 받아서 급여 통장에 쌓아만 두고 있는 사람은 오히려 찾아보기 힘들다.

고민들을 정리해 볼 필요가 있었다. 회사를 그만두자니 첫째, 고정적 수입을 포기하기가 쉽지가 않았다. 큰돈은 아니지만 월 300만원의 급여는 꽤나 안정적인 수익원이다. 둘째, 사회적 지위를 포기하기가 쉽지 않다. 최고 대우가 보장되어 있는 것은 아니지만, 그 동안 지원해주신 부모님, 친척, 주변의 친구들의 반응이 두려운 부분이 있다. 셋째, 가장 큰 문제는 퇴사를 하고 나서 내가 무엇을 할지 아직 아무것도 정하지 않았다는 것이다. 창업 관련 도서를 읽어보면, 직장 생활을 하면서 나의 아이템을 찾는 시간을 꾸준히 가지라고 말한다. 그리고 완벽하진 않을지언정, 최소한의 준비가 되었을 때 회사를 그만두고 창업을 하는 것이 리스크를 가장 줄이는 방법이라고 말한다. 이 말들은 이성적으로, 논리적으로 가장 적합한 방법임에는 틀림없었다.

이렇게 고민이 많을 때면 나는 문제를 단순화한다. 장점과 단점을 두서없이 단순화하여 나열하기 시작하는 방법이다. 하나, 회사를 다니며 재테크를 한다. 회사를 계속 다니면, 300만원의 고정 수입이 생기고 월

베트남 창업 마지막 기회를 잡아라

급 중 150만원은 재테크에 투자를 하고, 100만원은 생활비로 사용하고, 50만원은 따로 적금을 한다. 주식 투자, 부동산 투자는 원금 손실을 입을 수 있다는 리스크가 있다. 적금은 50만원씩 10년을 예금하면 아무리 좋은 상품을 찾아도 1억원이 안 된다. 10년 후 내가 가지는 기대 수익은 잘 봐줘야 3억원이 되겠다고 결론을 내린다. 사실 그 때는 계산도 못했지만, 이제 와서 보면 남들 다 한다는 종합 보험 비용, 자동차 구매, 자동차 보험, 결혼 비용 등 인생의 중소대사들의 변수가 하나도 포함되어 있지 않았다.

또 다른 방법, 모든 것을 포기하고 새롭게 시작한다. 고정적 수입을 포기하는 것을 매우 큰 리스크다. 사업을 하게 될 때, 최소한 지금의 급여보다는 높은 월 수익을 창출할 수 있어야 한다. 더 적은 돈을 벌더라도 만족감이 상승한다. 회사를 다니는 것보다는 정신적 스트레스가 덜 할 것 같다. 이와 같은 이유들을 쭉 나열해보니 이성적 판단의 근거는 하나도 찾을 수가 없었다. 누가 보더라도 직장 생활을 계속 유지하며 재테크를 하는 것이 합리적이고 이성적인 판단이었다. 다만, 마음속에서는 네가 가야 할 길은 사업이라고 말하고 있었을 뿐이다.

결국, 나는 짧다면 짧고 길다면 긴 직장생활을 마무리한다. 모든 논거가 회사를 계속 다니는 것이 합리적이라 말했지만, 해보고 싶을 일을 하며 후회 없이 살고 싶었다. 사직서를 작성하고 퇴사 날짜를 받았을 때의 기분은 지금껏 경험해보지 못한 해방감이었다. 뒷일은 아무 걱정도 하지 않고, 오직 퇴사를 한다는 사실과 앞으로 나의 창창한 미래를 꿈꾸며 그렇게 첫 직장을 그만두었다.

1장 한국에서 창업을 하려고 했었다

3) 아이템을 찾을 수가 없었다

　퇴사 후 내가 한 첫 번째 행동은 푸껫 해외여행이었다. 지금도 주변의 친구들을 보면 퇴사 후 여행을 많이 선택하곤 하는데, 개인적으로 굉장히 좋은 선택이라 생각한다. 회사를 다니며 휴가를 받아 여행을 하는 것과는 여러 부분에서 차이점이 있다. 기본적으로 내가 늘 메여 있던 업무에 대해서 완전히 해방된다. 해방된 자유의 감정은 우리가 이 시대를 살면서 흔히 겪을 수 없는 감정이다. 나 또한 퇴사 후에 다녀왔던 그 해외여행이 내 머리에 오래도록 각인되어 있다.

　하지만 이때부터 다른 고민을 하기 시작한다. 여행의 하루, 이틀째는 드넓은 바다와 낯선 풍경들을 보며 그 동안의 스트레스를 날려 버리는 데 시간을 소모했다면, 불과 삼일차가 되는 날 '앞으로 뭐 하지?'라는 생각이 머릿속에 스며든다. 나는 또 불안한 미래를 걱정하기 시작하고 있었다. 작은 고민에서 시작해서 생각을 확장시켜 나가며, 혼자만의 시간을 가진다. 이번 여행 기간 동안 읽을 책을 펼쳐보며 미래를 그려보지만 사실은 벌써 겁이 나기 시작한 것이다. 긴 시간 동안 고민하며 퇴사를 결심한 나에게 또 다른 숙제를 주고 여행을 돌아왔다.

베트남 창업 마지막 기회를 잡아라

사업을 준비하겠다며 나왔지만 나는 백수였다. 사업을 시작할 때 가장 중요한 것이 무엇이라고 생각하나? 나는 일거리 즉 아이템을 찾는 것이라고 생각했다. 그리고 이 아이템을 찾는 일이 가장 어려웠다. 퇴사 후 근 3개월 동안 내가 할 수 있는 것이라고는 인터넷의 창업 관련 글들과 책에서 성공한 사람들의 경험담을 보고 정리하는 일들이었다. 이제 막 대학을 졸업해서 1년 남짓 회사 생활을 한 나에게 사업적 관점 측면에서 주변 환경은 혹독했다. 대학교 선·후배와 친구들은 이제 막 사회생활을 시작한 풋내기들이었고, 직장 동료 동기들은 아직 대리도 달지 못한 신참내기들이었다. 환경이 혹독했다는 것은 나에게 사업에 관한 생생한 경험담과 정보를 알려줄 수 있는 매개체가 인터넷과 책뿐이었다는 것이다.

그런데 이 인터넷과 책에는 심각한 문제점이 있었다. 내가 직접 해보지 않은 일들이었고, 그 당시 생각했던 내 아이템에도 똑같이 적용될 수 있을지 의문이 들었다는 것이다. 막상 뭐라도 시작해보자는 마음으로 사업계획서를 작성하고 있으면, 몇 줄 쓰지 않고 진행이 되지 않는다. 나는 분명히 사업을 하기에 적합한 두뇌를 가지고 있다고 생각했는데, 자괴감이 들기 시작한다. 고작 이런 서류 업무도 하나 잘하지 못하는 모습을 보며 말이다.

아이템을 어떻게든 구조를 짜면, 초기 자본금액을 얼마로 책정해야 하는가에 대해서 길이 막히고, 겨우 자본금을 만들어 놓고, 인터넷에서 다른 글들을 살펴보면 마케팅 비용을 터무니없이 낮게 잡아 새로 수정하기 일쑤였다. 생각을 행동으로 옮기는 데 주저함이 생기고, 겁이 나기 시작했다. 주저 없이 회사를 내팽개치고 나온 놈 치고는 모순된 행동이었다.

내가 처음 해보고자 생각했던 사업 아이템은 편의점이었다. 편의점은

1장 한국에서 창업을 하려고 했었다

각 동네의 골목 구석구석에 자리를 잡아 저 사업이 돈이 될까라는 생각을 해 볼 수 있지만, 당시 편의점 관리를 하면서 사업위치만 어느 정도 보장이 된다면, 캐쉬카우의 역할을 할 수 있을 것이라 생각했다. 하지만 초기에 시장조사를 몇 번 해보니 임대료를 내기도 버겁다는 생각이 들었다. 고작 서울 시내에 원룸 임대료만 보고 살던 나에게 상업 시설의 임대료는 생각보다 너무 고액의 금액이었다.

 사업이 가장 어려웠던 것은 내가 처음 해 보았기 때문이었다. 지금 베트남에서 내 사업을 일구어내고, 돌이켜보면 참 답답한 노릇이다. 조금이라도 더 빨리 부딪혀봤어야 했는데 그러지 못했다. 결국 사업은 자기 자신과의 싸움에서 이겨내는 것이 첫 걸음이다.

 최근 '린 스타트업'이 세간의 관심을 끌며 부상하고 있다. '린 스타트업'의 핵심은 플랜 B와 플랜 C에 있다. 즉, 처음 생각했던 플랜 A에서 아이템을 변형하고 발전시켜 플랜 B, 플랜 C에 가서 사업이 확장되고 발전된다는 것이다.

 나는 이 '린 스타트업'의 개념을 몸소 깨우치며 사업을 배우고 있다. 내가 처음 생각했던 대로 흘러가는 사업은 적어도 아직까지는 한 번도 보지 못했다. 나의 플랜이 완벽하지 못할 뿐만 아니라, 시장의 반응 또한 예측하기가 쉽지 않다.

 사업을 경험해보지 않았다면, 그리고 이제 막 사업을 준비하는 사람이 있다면, 저 자본으로 가볍게 시작해보는 것을 추천한다. 그리고 그 사업에서 아이템을 지속적으로 변형하고 발전시켜 나가는 것이 가장 효과적인 방법이라 생각한다.

4) 다시 취업을 해야 하나?

소위 백수로 3개월의 시간이 지났다. 처음에는 친구들이 내 용기에 박수를 쳐준다. 너의 과감한 결단이 부럽다며, 앞으로 잘 하라며 기운을 복 돋아준다. 사업이 잘 되면 자기를 잊지 말라며 너스레를 떨기도 한다. 3개월이 지난 후에 친구들의 반응을 살펴보니 나에게 말을 조심하고 있다는 것이 느껴진다. 어떤 일을 구체적으로 하는지 묻지 않고, 잘 되어가고 있냐며 가볍게 안부를 묻는 선에서 물음을 그친다. 처음에는 너 뜻대로 하라며 응원해주신 부모님도 불안해하는 것이 느껴진다. 언젠가 어머님이 카페에서 친구들과 대화를 나누시는 자리에 같이 있던 적이 있는데, 대화 주제가 딱 2가지였다. 하나는 건강, 하나는 자식. 부모님들은 자식 자랑을 하지 못하면 대화에서 소외되고는 한다. 어떤 어머님이 '내 자식은 이번에 과장으로 진급했어'라고 말하시면, 우리 어머님은 '내 자식은 이번에 월급 더 받고 더 좋은 회사로 이직했어'라고 말할 수 있어야 대화가 온화하게 전개가 된다고 한다. 자식자랑을 못하게 하였으니, 생각지도 못하게 불효를 하고 있는 것이 아닌가 라는 생각이 들었다.

1장 한국에서 창업을 하려고 했었다

주변의 반응은 차치하더라도 통장의 잔고가 너무 빠른 속도로 줄고 있었다. 백수도 바쁘다. 집에서는 자꾸 TV 리모컨을 만지게 되어서, 카페로 나가게 되면 커피 값이 들고, 저녁에 친구들도 만나 식사에 술자리도 해야 한다. 내가 벌이가 없다고 해서 내 모든 사회생활이 한 번에 끊어지지 않는다. 서서히 범위가 줄어들 뿐이다. 이 기간 동안 자꾸 내가 주눅 들지 않는 것이 중요하다. 내가 참 좋아하는 구절이 있는데 '남에게 예속되지 않는 삶을 살아가라'이다. 인간은 사회적 동물인지라, 주변의 환경과 반응에 민감하게 움직인다. '나'라는 개인적 자아와 사회적 자아 사이에서 적절히 균형 잡는 것이 이 시기 동안 무엇보다 중요하다.

물론 나 또한 이 시기에 어느 때보다 많이 흔들렸다. 막연하게 사업 아이템을 찾다보니, 어느 것 하나 뚜렷하게 나타나는 것이 없었고, 그저 인터넷의 수 만 가지 정보를 뒤적거리는 수준에서 끝이 나곤 했다. 당시 내가 가장 해보고 싶었던 분야는 부동산 시행 사업이었다. 관련 정보들을 찾다보니, 부동산 디벨로퍼라는 직업이 굉장히 매력적으로 다가왔고, 이 분야에서 사업을 해보고 싶다는 생각이 들었다. 하지만 디벨로퍼가 되기 위해서는 나름 전문적인 지식들을 필요로 했고, 무엇보다도 막대한 자금이 필요했다. 시행 사업을 보고 투자할 투자자가 있어야 했는데, 회사 생활만 짧게 하고 나온 나에게 그런 투자자가 있을 리가 없었다.

결국, 나는 다시 취업시장에 문을 두들기기 시작했다. 내가 정말로 해보고 싶은 일, 이 시행업종에서 경험을 쌓고 미래를 도모하고자 했다. 그 동안에 쌓아놓은 짤막한 지식과 정보를 기반으로 이력서를 쓰기 시작했고, 취업 정보가 올라온 시행 회사들의 정보를 알아보기 시작했다. 큰 기업에서 배우기는 시간이 오래 걸릴 것 같아, 작은 기업들로 추려

베트남 창업 마지막 기회를 잡아라

지원을 했더니 결과는 탈락이었다. 탈락의 이유는 정확히 모르겠지만, 지금에 와서 들여다보면 겨우 인터넷으로만 취합한 정보와 지식이 부족하지 않았을까 싶다. 나보다 더 오래 이 분야에 꿈을 가지고 준비한 친구들에게 기회가 돌아가는 것이 당연했다. 나는 아직도 부동산 시행 사업에 꿈을 가지고 있다. 단순히 돈을 많이 벌 수 있는 것뿐만 아니라, 이 시장에 대한 이야기를 듣고, 경험담을 들었을 때 아직도 가슴이 뛴다. 언젠가는 그 무대가 베트남이든, 한국이든, 아니면 제 3국이든 꼭 해보고 싶은 사업 분야다.

 만약 독자들 또한 나와 같이 어떤 사업에 매료된다면, 그 사업 분야에 대해 조금 더 깊이 알아볼 수 있는 시대가 된 것 같다. 최근에는 유튜브 시장이 활성화되어, 알짜배기 정보들을 얻는데 더욱 수월해졌다. 나 또한 새로운 사업 아이템을 검토할 때 많이 쓰는 방법이다. 불과 몇 년 되지 않았지만, 인터넷에서 블로그, 신문기사, 잡지 인터뷰 등을 통했을 때 얻는 정보가 단순 사실 및 시장 정보에 그친다면, 최근 유튜브에는 자신의 노하우를 대중과 공유하는 콘텐츠가 넘쳐난다. 여러분이 관심 있어 하는 대부분의 사업 아이템은 이미 많은 사람들이 고민하고 이미 실행에 옮겼을 확률이 높다. 그렇다면 먼저 간단하게 유튜브에 검색해보라. 생각 이상의 많은 노하우를 접할 수 있을 것이다. 지금 글을 쓰고 있는 나 또한 본업이 작가가 아니기에, 책 쓰는 노하우에 대해 많은 유튜브 콘텐츠를 참고하고 있다.

1장 한국에서 창업을 하려고 했었다

5) GYBM이라는 기회가 다가왔다

시행 회사 입사의 문이 닫히고도, 나는 계속해서 취업시장에 관심을 두고 있었다. 그러다 발견한 GYBM 공고가 나의 인생의 터닝 포인트가 된다. 이미 언론을 통해 아는 사람이 꽤 있지만, 간략하게 이 GYBM이라는 곳을 소개해야 할 것 같다. GYBM(Global Young Business Manager·글로벌청년사업가양성사업)은 대우 해체 이후 전직 대우인들이 설립한 대우세계경영연구회에서 만든 프로그램이다. 해당 연수생들의 취업뿐만 아니라 해외에서 창업이 가능하도록 관리·지원하는 '패키지 프로그램'이다.

이는 나에게 꽤나 특별하게 다가왔는데, 첫째, '창업을 지원해준다'라는 내용이다. 창업을 지원한다고 해서 사업자금을 무상으로 제공한다든가 하는 것은 물론 아니다. 해외에서 창업을 할 수 있는 네트워크를 형성해주고, 다양한 활동을 병행할 수 있도록 지원한다는 것이다. 둘째, '해외 취업을 보장해준다'라는 것이다. 당시 나의 상황은 경제적인 궁핍에 취업을 해야 하는 상황까지는 아니었다. 다만, 무턱대고 해외로 나가는 것보다는 안정적으로 해외에 연착륙 하기에는 해외취업

보장이 최선의 방법처럼 보였다. 더 이상 자세히 볼 필요도 없었다. 나에게 운명처럼 다가온 기회로 여겼고, 모집 상세 요강을 훑어 지원서를 작성하기 시작했다.

 이 책이 취업하는 방법을 알려주는 책은 아니지만, 당시 내가 GYBM에 지원하여 합격하기 위해 했던 나만의 노력을 간단히 소개하겠다. 나의 첫 선택은 베트남 여행이었다. 그게 무슨 노력이냐고 할 수 있겠지만, 단순히 여행을 위한 것만이 아니었다. 이 특이한 프로그램에 아직 합격 여부를 모르는 상태에서 내가 할 수 있는 어필이 무엇이 있을까 고민했다. 내가 합격하게 되면 어차피 가야 할 곳이기도 했고, 미리 가서 직접 보고 느껴야겠다는 생각이 들었다. 그리고 이미 연수를 하고 있는 GYBM 연수 학교에 찾아가 볼 심산이었다. 실제로 생활을 어떻게 하나가 정말 궁금하기도 했고, 현지에서 교육을 담당하고 계신 분을 만나 볼 수 있다면, 내가 마음을 굳히는데 더욱 도움이 될 것이란 생각이 들었다.

 인터넷에서 연수하고 있는 학교 정보를 얻어, 연락도 드리지 않고 무턱대고 찾아갔다. 당시 3기의 연수 과정이 한창이었고 나는 그렇게 당시 베트남 연수과정의 팀장님을 만나 볼 수 있었다. 아무 연락도 없이 불쑥 찾아온 나에게 조금 당황스러운 눈빛을 보내셨지만, 이내 내가 물은 질문에 세세하게 답변을 해주셨다. 이 곳 베트남에서 마음을 먹고 내 사업을 해 볼 수 있겠다는 생각이 들었고, '한 번 부딪혀보자'라는 도전 정신이 솟구치기 시작했다. 그렇게 베트남 하노이 방문을 마치고 GYBM 면접을 보는데 면접자분들께서 '네가 하노이 연수 센터에 직접 가 본 애구나'라며 알아봐주셨다. 의도가 없었다고는 할 수 없었지만, 생각보다 그 적극성을 높게 봐주었다는 생각이 들었다. 그렇게 나는 GYBM 4기로 베트남에 입성하게 된다.

1장 한국에서 창업을 하려고 했었다

6) 베트남으로 향했다 희망과 함께

　베트남 하노이에 첫 발을 내딛자마자, 이국적인 풍경과 낯선 언어에 위압감이 들었다. 처음 와 본 곳도 아닌데, 위압감이 왜 들었을까? 여행이 아니었기 때문이다. 나는 이곳에서 나의 길을 걷고자 이 먼 타국에 왔다. 막상 와서 무엇을 하자니, 기본적인 생필품을 어떻게 사야할지부터가 막막했다. 아직도 첫 날의 미션이 생각난다. '룸메이트들과 함께 생활필수품 시장보기'. 처음부터 현지 적응 시작을 알리는 미션이 쏟아져 나왔다. 정말 필요한 옷들과 필수품들을 대용량 캐리어에 담아온 것이 전부라 이것저것 사야할 필수품들이 많았다. 연수원에서 가까운 대형마트들을 검색해서 베트남 'BIG C'에 처음으로 발을 내딛어봤다. 시간이 지나고 안 사실이지만 사실 베트남은 대형마트가 골목의 상점보다 싸지 않다. 한국식으로만 생각하면 대형마트가 많은 물품들을 값싸게 대량으로 들여와 더욱 저렴한 상품이라고 인식하고 있지만, 베트남은 소비자가격이 아직도 정해져 있지 않다. 즉 도매상 또는 산지에서 값싸게 들여와 내 마진을 붙여 개별적으로 상품을 판매하고 있다. 아무튼 필요한 물품을 지불하고 제대로 된 첫 거래를 그렇게 마트에서 시작했다.

베트남 창업 마지막 기회를 잡아라

본격적으로 연수원에서 교육이 시작되고, 베트남어를 써먹을 곳이 필요했다. 연수원에서 기숙사까지는 작은 골목길을 약 100m 가량을 걸어가야 했는데, 이곳에 있는 모든 상점들이 나의 언어 연습 장소였다. 후에 2단원 '골목탐험, 베트남 적응의 시작'에서 더욱 자세히 다루겠지만, 베트남의 골목은 나에게 살아 숨 쉬는 배움의 터였다. 나는 무턱대고 연수원에서 배운 베트남어를 알아듣는지, 상황에 맞는 표현인지도 모른 채 내뱉기 시작했는데 이미 선배 기수가 같은 과정을 반복했기 때문이었는지 서툰 베트남어를 잘도 이해해줬다.

연수원이 있던 곳은 베트남 현지 대학교였기 때문에, 그 골목길에는 학생들의 식사를 해결해 줄 많은 식당과 인쇄소, 카페 그리고 청과류를 파는 작은 골목시장이 있었다. 혼자서 그리고 연수생 동기와 골목을 돌아다니며, 가격을 흥정하는 재미가 붙었다. 누구는 바나나를 천원에 샀다며 서로 바가지를 썼다고 농담을 주고받는 것이 하나의 재미였다.

대한민국을 떠나오며, 많은 다짐을 하고 또 희망을 품고 베트남에 입성했다. 환경이 바뀌게 되면 사람이 마음을 새로이 먹는데 큰 도움이 된다. 만약 일이 잘 안 풀리고, 마음고생이 심한 일이 있다면 꼭 타국이 아니더라도 주변 환경을 바꾸어 보는 것을 추천한다. 나는 이 먼 타국 땅에 아무것도 모른 채 왔다. 내가 지금 할 수 있는 것과 앞으로 내가 해 나가야 할 것을 구분해나가기 시작했다. 그 과정 속에서 내가 꼭 잃지 말아야 할 신념이나 다짐은 내 책상 옆, 침대 옆에 작게 글자를 새겨 붙여놓았다. 사람마다 방식이 다르겠지만, 나에게는 익숙한 포스트잇과 종이가 새삼스레 눈에 들어올 때 나에게 주는 영감이 남달랐다.

해외의 먼 타국 땅에서 고생을 했고, 힘든 시간을 잘 버텼다는 칭찬을 듣기에 난 부끄럽다. 왜냐하면 나에게는 이 고생을 함께할 100명의 동기들이 있었고, 우리 단체를 관리해주는 조직이 있었다. 사실, 회사 생

1장 한국에서 창업을 하려고 했었다

활을 1년 남짓 하다가 온 나에게 이 시간은 방학과 같은 시간이었다. 다시 사회에 나갈 준비를 하고 있었지만, 다시 공부를 할 수 있다는 것이 이렇게 고맙고 즐거운 일일 줄은 상상도 못했다. 더불어 나와 가장 비슷한 또는 유사한 꿈을 가진 친구들이 함께 와 있었다. 대학교 때 친구들은 각자 금융업계, 대기업 사원, 정말 특이하다고 해도 IT업계의 전략팀 정도로 취업을 했다. 나와 같이 사업을 꿈꾸고, 실행한 친구들은 찾아보기 힘들다. 그런데 이곳 GYBM 연수원에는 나처럼 사업을 꿈꾸는 친구들을 쉽게 찾아볼 수 있다. 각자가 이 베트남에 온 이유는 조금씩 달랐지만, 큰 맥락에서는 다들 비슷한 꿈을 꾸고 있었다. 후에 우리가 어떤 모습으로 다시 만날지는 모르겠지만, 우리 동기들이 각자의 자리를 잡는다면 그 시너지는 상상할 수 없을 정도다. 현재 진행형으로 내 동기들 중 15명이 개인 사업 또는 동업의 형태로 사업을 하고 있다. 전체 GYBM 인원으로 확산할 경우 그 인원이 더욱 늘어날 것으로 보인다.

　베트남은 분명 기회가 있는 나라임에는 틀림없다. 내가 처음 가졌던 희망이 틀리지 않았다. 사업을 시작한다는 것은 대한민국에서나 베트남에서나 분명 쉬운 일은 아니지만, 처음 사업을 시작하고자 하는 이에게 조금 더 문을 쉽게 열 수 있게 한다. 하지만, 외국인이기에 제한된 사업 분야도 많고, 심사가 로컬 기업에 비해 더욱 엄격한 편이기도 하다. 만약 베트남으로의 진출을 꿈꾸고 있다면, 사전에 관련 법률 및 제도를 점검해보는 것은 필수적이다. 희망은 품되 결코 얕보지는 말아야 한다.

2장

베트남어를
배웠다
그리고
한 걸음
다가갔다

1) 베트남어가 무기다

무대는 베트남으로 옮겨졌다. 내가 해야 할 첫 번째 일은 현지어를 배우는 것이었다. 실제 GYBM 연수 과정에서도 현지어를 습득하는 것을 제 1 목표로 삼고 있다. 영어를 기반으로 하는 국가에서는 우리가 초·중·고등 교육 과정을 통해 꾸준히 배워왔던 교육만으로도 어떻게든 생활 할 수 있을지도 모른다. 하지만 베트남의 비즈니스는 당연히 현지어 중심으로 흘러간다. 현재 베트남의 젊은 친구들은 영어를 능숙하게 사용하는 친구들이 많지만, 고객이 누가 될지 모르는 상황에서 현지어 습득은 필수적이다.

언어를 새로이 배운다는 것은 꽤나 흥미 있었지만, 쉽지 않은 일이었다. 난생 처음 성조가 들어간 언어를 공부해봤다. TV에서 중국어를 흉내 내는 개그맨들을 보며 웃기만 해봤지, 내가 이런 언어를 쓸 줄은 상상도 못했다. 첫 세 달간은 언어의 발음과 억양 기본적인 단어를 습득하였고, 중급 과정에 들어가서야 밖으로 돌아다니며 사람들과 대화를 시도할 수 있었다.

베트남어를 하는 한국인을 본 베트남인의 반응은 대체적으로 매우 호의적이다. 내가 연수를 한 학교 주변에는 워낙 많은 동기 연수생들과 선배들이 배운 베트남어를 써먹으려 하기 때문인지 별 감흥이 없다. 하지만 조금만 벗어나면 나는 때로는 동물원 원숭이가 되기도 한다. 사람이 모인 공간에서 베트남어를 쓰게 되면 일단 처음에는 신기한 눈빛으로 바라보는 것이 느껴진다. 물론 이 눈빛과 반응들은 나는 호의적이라고 말하고 싶다. 나와 언어가 통하는 외국인에게 조금 더 마음을 열고, 경청하고, 받아들일 준비가 되었다고 말하는 듯 했다. 나는 결국 이곳에 비즈니스를 하기 위해 왔다. 나에게 마음을 조금이라도 더 열어줄 수 있다는 것은 굉장한 이점이라고 본다.

GYBM 현지 (구)연수원_하노이 문화대학교
※연수원은 현재 하노이 공공의과 대학교로 이전

2장 베트남어를 배웠다
그리고 한 걸음 다가갔다

현지 연수 과정을 마치고, 나는 호치민 지역 원단회사의 영업 담당자로 일하게 된다. 이때 나의 팀원들과 함께 나눈 대화에서 새로운 난관에 봉착하게 된다. 이미 얘기는 들어 알고 있었지만, 내가 배운 베트남어가 호치민에서는 이상한 나라의 말이 되고 만다. 우리나라도 각 지역마다 사투리가 있지만, 대한민국보다 약 3배가 더 큰 이 나라에서도 당연히 북부와 남부의 말투가 다르다. 현지인들도 우스갯소리로 서로 말을 못 알아듣는다고 하지만, 아마 일부 단어를 다른 말로 표현하는 수준일 것이다. 그런데 나는 정말 하나도 못 알아듣겠더라. 먼저, 억양부터가 다르다. 내가 하노이에서 배운 베트남어는 나름 명확하고, 억양이 또박또박하며, 5성조를 명확하게 구분하는 편이다. 하지만 호치민 사람들은 적어도 내가 처음 듣기에는 모든 말을 연음 처리하듯 흘려버린다. 입사하고 며칠 동안 소위 엥엥 거리는 소리만 귀에 맴돌았다. 이 난관을 어떻게든 헤쳐 나가야 했다.

먼저 내 동기들의 해결책을 들어보면 크게 2가지로 나뉜다. 하나는 내 발음에 직원들이 익숙하게 만드는 것이었고, 하나는 언어를 새로 배우듯이 남부의 억양을 쫓아가는 것이다. 듣는 것의 문제에 있어서는 매일 현지어에 부딪치게 되면 자연스레 익숙해지기 마련이다. 내가 선택한 방법은 후자에 가까우나, 나는 내 말을 전할 때 최대한 또박또박 천천히 말을 하고자 했다.

우리는 외국인이기에 아무리 베트남어를 한다 한들 현지인과 똑같이 말을 내뱉기에는 어느 정도 한계가 있다. TV속에서 나오는 외국인들이 한국어를 하는 모습을 보면 매우 신기하지만, 가끔 억양이 우리와 다르다는 것을 느낀다. 하지만 그 사람들이 외국인이기에 우리는 어떻게든 이해하려고 한다. 베트남도 다르지 않다. 나의 말이 조금 어눌할지언정, 베트남인도 최대한 이해하려 하고 알아듣고자 노력한다. 물론 외국인의

베트남 창업 마지막 기회를 잡아라

베트남 말에 듣는 노력조차 않는 베트남인도 꽤나 많다. 서양 사람이 말을 걸면 '나 영어 못해요' 하며 도망가는 몇몇 우리나라 사람과 다르지 않다.

언어는 꼭 비지니스적 측면뿐만 아니라 생활에 있어서는 더욱 필수적이다. 이곳에 어느 정도 정착을 하기 위해서는 내가 살아야 할 집을 구해야 하고, 기본적인 생필품을 구매해야 하며, 또 내가 사고 싶은 물품을 찾아야 한다. 물론, 현재 베트남에는 한국 교민이 약 15만 명에서 최대 20만 명 정도가 있기에 웬만한 서비스는 한국어 지원이 가능하며, 최소 영어로 지원을 받을 수 있는 환경이 조성되어 있다. 특히 호치민의 푸미흥, 하노이의 미딩 지역과 같은 한인촌 등에서는 한국말만 하고도 충분히 살 수 있다. 하지만 베트남어를 습득하게 되면 정보의 수집과 영역에 있어서 더욱 다양성을 구축할 수 있다. 인터넷에 같은 단어를 영어로 검색했을 때와 베트남어로 검색했을 때 나오는 결과는 당연히 다르다. 현지인들이 더 많이 검색해본 기록을 바탕으로 나에게 검색 결과를 도출시켜 준다. 이는 기본적으로 정보의 질적인 측면에서 차이를 불러온다.

현지어를 습득하면서 얻는 가장 큰 장점이라면 자신감이다. 현지어를 못하는 주변의 한국인들에 비해 나는 비교 우위를 가지고 있다는 자신감을 갖게 된다. 물론 언어는 사업에 꼭 필요한 조건이 아니라 단지 대화의 수단, 단지 그 정도에 그칠지도 모른다. 하지만 내가 어느 누구와도 대화를 할 수 있다는 자신감은 판매자와 구매자를 찾을 때, 베트남의 법령과 제도를 알아보고자 할 때 등 수 많은 경우에서 힘을 발휘한다. 잠시 출장을 가는 것이 아니라 현지에서 사업을 하고 싶다면, 어느 누구에게든 현지 언어의 습득은 필수적이다.

언어적 측면에서 베트남의 현실을 한 가지 더 짚어볼 맥락이 있다. 베트

2장 베트남어를 배웠다
그리고 한 걸음 다가갔다

남어를 하는 인력에게는 아직까지 분명 취업 또는 사업에 있어서 이점이 있다. 우리는 베트남어를 하는 외국인으로서 이 숫자가 점점 늘어나고 있다는데 관심을 두어 볼 만하다.

현재 베트남어의 교육은 정부 지원 하에 운영되고 있는 각 사단법인들의 교육 과정과 현지 대학교에서 외국인을 대상으로 하는 베트남어 교육으로 나뉜다. 전자의 경우는 교육기관을 통해 일정 기간 동안 소속되어 교육 과정을 밟아 나가는 것이고, 후자의 경우는 한국에도 있는 어학당 개념이라고 보면 된다. 이 두 가지 경우를 제외하고는 현지인에게 직접 받는 과외 등이 있는데 모두 그 수요가 늘어나고 있다. 베트남에 대한 관심이 뜨거워진 만큼 베트남어를 습득하는 외국인 또한 점차 늘어나고 있는 추세다.

더불어, 한·베 가정과 같은 베트남인과 외국인의 결합에서 태어난 2세들이 본격적으로 취업 시장에 발을 내딛고 있다. 한·베 가정으로만 국한하여 보았을 때, 유년 시절부터 베트남어와 한국어를 자연스럽게 접한 2세들의 언어 능력은 성인이 되어 베트남어를 배운 우리에 비할 바가 못 된다.

즉, 구직자로서도 이 곳 베트남에서도 그 경쟁은 점차 가열되고 있다. 점점 뛰어난 능력을 갖춘 우수 인력들이 베트남 시장으로 유입되고 있는 것이다.

2) 베트남 대학생들과 공부하기

  베트남어를 공부하는 데 있어, 내가 가장 효과를 봤던 방법은 현지 학생들과 함께 대화하고 공부했던 방식이다. 기본적인 교육이 수업 위주로 이루어지지만, 대부분의 자습시간은 자신만의 방법대로 추가적인 학습을 했다. 내가 현지 학생들과 함께 공부를 하자고 했던 이유는 과거의 실패를 되풀이하지 않기 위해서다.

  지난 초·중·고 12년과 대학생활 4년을 합친 16년 기간 동안 우리는 영어를 꾸준히 공부했으나, 외국인과 대화를 하게 되면 현실의 벽에 부딪히곤 한다. 개개인의 능력과 공부 방법에 따라 다르겠지만, 우리는 입시를 위한 영어 공부를 했지, 대화를 위한 공부를 했다 생각하지 않았다. 영어 회화의 문제는 대학교 때부터 나를 따라다닌 지독한 스트레스였는데, 교환 학생으로 미국을 가게 되면서 그나마 입을 떼기 시작할 수 있었다. 교환 학생 당시에도 깊은 자괴감에 빠져 방법을 쉽게 찾지 못했는데, 무턱대고 외국 친구들과 대화를 하고 함께 어울려 놀려 다니는 친구들이 생활 회화는 가장 빠른 진척을 보여줬었다.

  그때부터 나도 미국의 현지 친구들과 진지한 공부를 하기 보다는 함께 어울려 노는 것부터 시작하였다. 함께 점심을 먹으러 다니고, 저녁 시간이 되면 가까운 바에 들려 맥주 한잔을 하며 사는 이야기를 나누는데 집중하였다. 비록 6개월의 짧은 시간이었지만, 적어도 나는 영어에 대한 자신감을 키울 수 있었다.

베트남에서도 나는 같은 방법으로 언어적 문제를 해결하고 싶었다. 연수원 측에서 우리들의 공부를 도와주기 위해 베트남어 학습 자원봉사자를 해당학교에서 지원 받았었는데, 한국 문화에 관심이 많고, 한국에 대한 인식이 좋은 다수의 친구들이 적극적으로 지원하였다고 한다. 매 수업이 끝나고 자습시간이 되면 나는 그 친구들과 오늘 배웠던 공부 중에서 잘 모르는 부분에 대해 질의응답을 하고, 자유롭게 사는 이야기들을 하며 천천히 내공을 쌓아갔다. 2주에 한 번씩 우리는 베트남어 시험을 봤지만, 한 번 한 번의 시험성적보다는 내가 베트남인들과 대화를 했을 때 얼마나 더 말이 유창해졌는지, 내가 얼마나 더 이 친구의 말을 잘 이해하고 있는지를 스스로 중요하게 생각했다.

주말이 되면 공부를 도와줬던 친구들과 함께 하노이 시내를 나가거나, 그 친구들만의 맛집을 찾아 가기도 했는데, 그런 사소한 경험들이 베트남에서의 적응을 빨리 도와주었다. 아쉬웠던 점은 사람과 사람의 인연을 맺는 것이 쉽다면 쉽고, 어렵다면 어려운 것인데 지금까지도 꾸준하게 연락을 못하고 있는 것이 아쉽다. 베트남에서의 회사 생활을 마치고, 내 사업을 시작하게 되니, 아무 목적 없이 친해졌던 베트남 친구 하나하나가 아쉽다. 지금은 대부분의 일을 비즈니스로 만나기 때문에 베트남 사람을 만나더라도 막역한 친구 사이가 되는 것이 쉽지가 않다. 그때 당시 만났던 친구들에게 다시 연락할 용기가 없어, 계속 미루었지만 지금이라도 다시 연락을 시작해보고자 한다.

최근에 해외여행이 잦아지면서 많은 사람들이 외국에서 인연을 맺는

베트남 창업 마지막 기회를 잡아라

경우를 많이 보곤 한다. 그 중에는 꾸준하게 연락을 하여 다시 인연을 맺기도 하는 반면, 잠시 동안의 인연을 추억으로 남기는 사람들도 많다. 내가 다시 가지 않을 여행이라면 개개인의 성향에 따라 선택적이겠지만, 비즈니스를 꿈꾸는 국가라면 현지인들과의 인연을 소중하게 생각할 줄 알아야 한다.

우리는 외국인이기에 현지인들의 작은 도움부터 큰 도움까지 받을 일이 분명히 생기게 된다. 그때 마음 편하게 연락할 수 있는 친구 한 명의 소중함은 자신에게 큰 자산이 된다. 심지어 그 친구와의 인연으로 오랜 시간 동안 동업을 하고 계시는 분들도 흔하게 볼 수 있다.

하노이 호안끼엠 호수 거리 전경

2장 베트남어를 배웠다
그리고 한 걸음 다가갔다

3) 처음으로 방문한 한인촌

앞서 언급했지만, 베트남 교민 사회는 현재 약 15만 명, 집계에 추산되지 않은 인원들까지 보았을 때 최대 20만 명으로 볼 수 있다. 15만 명 기준으로 호치민이 약 9만 명, 하노이가 약 6만 명의 한인 교민들이 살고 있다.

코트라의 2019년 해외 출장 자료를 보면 호치민을 중심으로 한 베트남 남부 지역은 섬유•신발 산업이 중심을 이루고, 하노이는 삼성전자를 중심으로 전기•전자 산업 기반의 한국 기업들이 포진해있다. 노무비에 민감한 봉제•섬유 산업이 현지 임금이 점차 올라가면서 산업 발전의 정체를 맞고 있는 반면, 전자 산업은 아직까지 확장을 유지하는 추세다. 이는 후에 호치민, 하노이의 경제•산업을 더욱 자세히 다루도록 하겠다.

이처럼 한국 교민들이 점차 증가하면서, 북부를 대표하는 하노이는 미딩•중화 지역에 한인촌을 형성하였다. 한편 남부 대표 도시인 호치민에서는 푸미흥에 한인촌이 형성되어 있으나, 최근에는 2군 안푸 지역으로 점차 이동하는 추세다.

하노이 연수 기간 중 택시를 타고 가장 멀리 가본 곳이 바로 한인촌

미딩이다. 지금은 가장 대표적인 하노이 한인촌이 미딩 지역이지만, 그 전까지만 해도 중화 지역이 대표적인 한인촌이었다고 한다. 이곳의 첫 인상은 강렬했다. 이 두 지역만 돌아다녀도 내가 먹고 싶은 한식부터 각종 한국산 생활용품까지 다 찾아볼 수 있었다.

  2014년 당시와 비교하여 현재 2020년에는 그 상품 구성이 더욱 다양해졌다. 우리나라 인천에도 있고, 세계 어디에도 있는 차이나타운과 비교해도 손색없는 수준이라고 느꼈다. 한식이 생각나는 주말마다 한 번씩 찾아갈 수 있는 소중한 곳이었다. 연수원이 있던 곳은 한인들이 없는 완전한 로컬에 있어 잘 몰랐지만, 대부분의 한국인들은 이 곳 한인촌에 모여 산다. 이유는 집과 편의성 때문이다.

  최근에는 조금 더 지역을 확장하고 있지만 한국식 아파트 또는 한국인이 일반적으로 살 수 있을만한 아파트가 이 곳에 모여 있다. 다른 또 하나의 이유는 각종 한인 마트, 한국 식당, 약국, 병원, 쇼핑 시설 등이 한데 밀집되어 있는 이유다. 최근의 한식당은 한국 부럽지 않게 다양한 종류와 맛을 자랑한다. 이 곳도 경쟁이 점차 심화되어 인기가 없는 식당은 정리가 되고, 새로운 식당이 빠르게 들어서고 있다.

  한 번씩 들리는 이곳이 매우 소중했지만, 나도 처음에는 베트남식 위주로 식단을 구성하고, 현지 친구들과 어울려 놀 수 있는 방법만을 강구했다. 하지만 일을 하면서 보니, 한인촌에 발을 디미며 사는 것이 확실히 편리하더라. 각자의 사정이 있겠지만, 베트남에 모여 사는 한인들은 몇 가지 특징이 있는데 그 중에서도 가장 큰 특징은 한국인간의 비즈니스 관계가 대부분이라는 것이다.

  내가 세상 물정을 몰랐던 것인지, 나는 해외에 진출하면 외국 기업에서 외국인들과 함께 교류를 하고 일을 하게 될 줄 알았다. 일부 유럽이나 미주 같은 경우에는 그런 경우가 많을지 모르겠는데 베트남은 아니

2장 베트남어를 배웠다
그리고 한 걸음 다가갔다

다. 현재 베트남에 진출해 있는 한국 기업의 수는 코트라 자료 기준으로 약 4,200여개로 추정된다. 대부분의 한국인들은 이 곳 베트남에서 한국 기업에 주재원 또는 현지 채용의 형태로 고용이 되어 있다. 즉, 개인적인 성향으로 현지인들과 어울려 사는 것을 적극적으로 선호하지 않는 이상 대부분의 교민들은 편리한 한인촌에 모여서 살고 있는 것이다. 이곳에서는 단순히 편리성을 추구하는 것뿐만 아니라, 한국인간의 비즈니스가 도모되기도 한다. 평일, 주말을 가리지 않고 식당 및 카페에서 업무 관련 이야기를 나누는 것을 쉽게 볼 수 있다.

 일반적인 한국 기업들의 업무 형태를 보면, 업종이나 주요 아이템은 한국과 같을지언정 하부 구조가 조금 다르다. 주 고객은 한국 기업 또는 제 3국의 기업이 되는 경우가 많으며, 최종적으로 협력업체는 현지 기업이 되는 경우가 많다. 허나, 전자 산업과 같은 경우는 기술적 문제로 3차 협력업체까지 한국 업체가 진출해 있는 경우도 많다.

 위와 같은 구조는 베트남의 값 싼 노동력을 기반으로 진출한 경우이다. 베트남의 시장성을 보고 진출한 기업의 경우는 최상위 고객이 베트남 기업이 되는 경우가 많다. 예를 들면, 대형 할인마트에 납품하기 위해 진출한 도·소매품 및 식품 관련 업체가 해당된다. 이 밖에도 다양한 구조의 기업 진출 형태가 있으나, 베트남 전반에 관한 부분은 뒤에 베트남 경제 산업에서 더욱 자세히 다루도록 하겠다.

4) 골목 탐험, 베트남 적응의 시작

　나의 골목 시장 탐방은 점차 반경을 넓혀 나갔는데, 첫 몇 주간을 학교 인근에서만 머무르다가 주말을 이용해 더 멀리 나가기 시작했다. 이 때, 나는 많은 자괴감을 느끼기 시작했는데, 학교 주변을 벗어나니 내 베트남어가 전혀 통하지 않기 시작했다. 연수원에서 우리에게 베트남어를 가르치는 선생님, 관리자, 학교 인근의 상점들은 어눌한 한국인의 베트남어에 익숙해져있었다. 개떡같이 말해도 찰떡같이 알아듣는다. 이 표현이 그렇게 피부로 와 닿을 수가 없었다. 결국 말에 몸짓을 섞기 시작했는데 그 버릇이 아직도 나에게 남아 있다.

　여행을 와서 베트남 골목을 조금 다녀 본 한국 여행자들이 흔히 하는 말이 있다. 나이 지긋하신 분들이 특히 더 자주 하는 말인데, '우리나라 80년대랑 똑같다'라는 말이다. 일부는 맞고 일부는 틀리다. 좁은 골목에 자리 잡고 행상을 하며 물건을 파는 베트남인들과 도로 정비 상태, 전반적인 시민 의식 등이 우리나라의 80년대와 유사하다는데 동의한다. 하지만 우리나라의 80년대는 인터넷뿐만 아니라 스마트폰도 없었던 시절이었고, 프랜차이즈 커피숍인 스타벅스도 없던 시절이었다. 베트남은 경제 지표와 그들의 실제 생활을 비추어 볼 때, 우리나라의 80년대와 닮아 있지만, 2020년에 우리와 똑같이 공존하고 있다. 즉, 우리가 대한민국에서 누리고 있는 대부분의 것들을 베트남에서도 체험할 수 있으며, 이에 쉽게 베트남에 접근했다가 낭패를 보며 돌아가기 일쑤다. 자세한 내용은 4단원의 '통계 자료로 설명 할 수 없는 베트남'에서 다시 다루기로 한다.

 다시 본론으로 돌아와서, 베트남 골목에는 내가 경험할 수 있는 다양한 것들이 있는데 다양한 길거리 음식부터 시작해서 옛날 우리의 잡화점처럼 다양한 물건을 내다놓고 파는 모습도 볼 수 있다. 다양한 길거리 음식 중 베트남을 다녀온 사람이 가장 흔하게 접할 수 있는 음식은 작은 수레에 이끌려 행상을 하는 반미(bánh mì)다. 반미는 프랑스 식민지 영향을 받은 음식으로 바게트 빵에 샌드위치 식으로 다양한 속 재료를 넣어 만든 베트남인의 간편식이다. 이미 여행 프로그램이나 책자에서 베트남에 가면 꼭 먹어야 할 길거리 음식으로 많이 소개되었다. 내가 골목을 다니며 반미를 처음 사먹었던 때가 기억이 남는다. 반미 쑥식(Bánh mì xúc xích)이라고 바게트 빵에 소시지를 넣어 먹는 음식인데, 빵을 구워 완성된 음식을 A4 용지에 싸서 건네준다. 물론 아직도 대부분의 반미는 이렇게 손님에게 건네진다. 한국에서는 A4용지가 형광물질이 많은 종이라 음식에 사용하기 부담스럽다는 인식이 있다. 당시 부족한 베트남어로 최대한 이 종이는 더러우니, 다른 종이로 바꿔보는 것이 어떻겠냐고 말을 건네 보았다. 주인은 손사래 치며 깨끗한 종이라며 어떤 것도 인쇄되지 않은 하얀 A4용지라고 말해준다. 사실, 어떤 것도 인쇄되지 않은 A4용지이면 양반이다. 대부분의 행상 음식들은 재활용 종이를 사용하기도 하고, 기름이 잔뜩 묻은 신문지에 싸서 건네주기가 일쑤다. 우리나라만 해도 내 어린 시절에는 당연하게 음식

베트남 중부 호이안의 전경

을 신문지에 싸서 받아먹기도 했다. 이 현상은 동전의 앞뒷면과 같다. 하나는 베트남은 아직 의식 수준이 높지 않다라고 느낄 수 있는 반면, 아직 발전할 여지가 충분하다라고 느낄 수도 있다.

많은 한국 사람들이 베트남을 만만하게 본다. 아직 의식 수준이 낮고, 한국에서 유행하고 있는 상품이 또는 특정 시스템이 베트남에서도 쉽게 통할 수 있을 것이라 생각한다. 베트남에서 사업을 하기 위해서는 베트남인들의 시선에서 바라볼 필요가 있다. 우리나라에서 심지어 글로벌 시장에서 통한 상품이라고 베트남에서 꼭 성공하리라는 보장은 없다. 이곳만의 문화가 있고, 소비 시장이 형성되어 있다. 중요한 것은 이 곳 베트남을 결코 만만하게 보지 않고, 발전할 여지가 아직 많이 남아 있는 시장으로 바라봐야 한다는 것이다.

5) 베트남의 회사 생활

앞서 언급한대로 연수를 마치고 나는 원단회사의 영업 담당자로 일하게 된다. 지난 10개월의 연수기간 동안 개인적·조직적으로 정신 무장을 하고 사회에 다시 뛰어 들었는데, 막상 입사를 해보니 한국에서 일했던 환경과 비슷하다. 내 사업이 하고 싶어 베트남에 왔지만, 베트남의 사회 현실에 대해 빠르게 파악할 수 있는 방법은 회사 생활을 직접 경험해 보는 것이다. 나에게 심지어 월급이라는 명목으로 돈까지 주며 일을 시켜주는데 마다할 이유가 하나 없었다.

첫 직장에서 내가 맡은 첫 업무는 원자재를 구매하여 고객사에 납품하는 일이었다. 한국에 있는 영업 관련 부서와 같은 업무처럼 보이지만, 사실 직위에 있어서 차이가 있다. 만약 한국에서 처음 입사를 하여 영업부서에 들어간다면, 원자재 하나하나의 아이템의 특성부터 시작해서 원자재 납품업체를 일일이 관리하고 세부적인 업무를 수행하겠지만, 나는 처음부터 관리자로 업무를 시작한다. 물론, 모든 한국인들이 관리자로 일을 시작하는 것은 아니지만, 대부분의 한국 회사들은 한국인을 관리자로 채용한다. 작은 업무를 맡기는 것이라면 약 10배 차이가 나

2장 베트남어를 배웠다
그리고 한 걸음 다가갔다

는 임금을 지불하며 한국인을 고용할 이유가 없다. 베트남 현지의 한국인 1명의 임금은 베트남인 8명에서 10명 정도의 임금과 같다. 심지어 제조업을 기반으로 하고 있는 회사라면 적게는 백 명 많게는 천 명의 직원을 관리하기도 한다.

이러한 구조는 긍정적인 측면으로 보자면, 소위 말하는 잡무부터 시작하는 것이 아니라, 회사의 중심적인 관리자로서 일을 시작한다는 점이 있다. 하지만 개인적으로 굉장히 큰 부담이 되기도 하는 자리였는데, 나보다 먼저 입사를 한 베트남 직원들보다 더 많은 임금을 받고, 더 높은 직위에 위치해 있다는 말이기도 하다. 즉, 나는 회사에서 업무 역량을 빠르게 키워야 한다는 사명감이 생겼다.

주변의 말들을 종합해보면, 회사마다 분위기가 크게 두 분류로 나뉜다. 하나는 한국인 중심으로 기업의 조직 문화, 규율 등을 한국적으로 운영하는 회사, 또 하나는 베트남인과 한국인의 구분 없이 평등하게 운영하는 회사. 대체적으로 전자가 더욱 많은 편이다. 이 때 막 입사한 신입사원들을 대하는 베트남인의 태도는 대부분 비슷한 것 같다. 먼저, 서로 정보를 교환하며 신입사원에 대한 간략한 정보를 나누기 시작한다. 그 후 이 사람의 업무 능력, 회사의 평판 등을 종합하게 된다. 이때 너무도 당연한 이야기지만, 좋은 평가를 받는 사람이 좋은 상사로서 자리 매김을 할 수 있다. 베트남 사람들은 직위에 대해 꽤나 엄격한 편이다. 흔히 쎕(sép)이라는 표현으로 상사를 표현하곤 하는데, 이는 존중의 의미를 함께 담고 있다. 베트남 사회에서 내가 '쎕'으로 인정받기 위해서는 단순히 직위뿐만 아니라 업무적 능력이 동반되어야 한다.

앞서 말한 대로 대부분의 한국인들은 한국 회사에서 관리자로서 커리어를 시작하게 된다. 이때 베트남의 회사 문화, 법령, 제도, 수출입 등 다양한 분야를 접할 수 있는 기회가 펼쳐지는데, 각자의 목표에 맞게

베트남 창업 마지막 기회를 잡아라

최대한으로 업무 경험을 쌓아놓는 것이 좋다. 아직 내가 어떤 사업을 펼치게 될지 길을 정하지 않은 상태에서 모든 정보는 나에게 큰 자신이 된다.

 나는 회사를 직접 운영하고자 하는 측면에서 먼저 노동법과 인사 체계에 대한 정보를 모으기 시작했다. 비록 부서는 조금 달랐지만, 직원들을 관리하는 관리자 입장에서 자연스럽게 정보가 모아지기 시작했다. 또한, 베트남 국내에서 물품을 구매하여 고객사에 납품을 했기 때문에 국내 유통 및 물류에 대해서도 자연스럽게 정보를 접할 수 있게 되었다. 비록 전문가적이지 못하지만 내가 보고 들은 정보에 한해서만큼은 확실하게 기억할 수 있도록 따로 정리를 하기 시작했다. 자연스럽게 이런 정보들이 모이게 되면서 나는 회사에서도 나름 제 몫을 할 수 있는 위치가 되어가기 시작했고, 내 업무에 대한 자신감도 부쩍 늘어날 수 있었다.

 처음 입사를 한 후 회사 적응을 하느라 정신이 없었다. 3개월가량이 지나고 나서야, 함께 공부했던 동기들을 만나며 많은 정보를 나누게 된다. 그렇게 되면서 점차 호치민 인근에 어떤 회사가 있고, 주로 하는 업무는 무엇이며, ○○회사의 고객사는 □□회사라는 정보를 자연스럽게 접할 수 있었다.

 약 1년가량이 지나고 나니, 동기 중에 전문성을 갖추기 시작한 친구들이 나타나기 시작한다. 누군가는 수출입 업무에 있어 점차 두각을 나타내기 시작하고, 또 다른 누군가는 생산 관리 업무를 제대로 배워 이제 직접 기획을 하기 시작했다고 한다. 시간이 지날수록 우리가 나누는 대화의 질은 깊어져간다. 각종 사례가 발생하기 시작하면서, 서로 나누는 정보의 양과 질은 점차적으로 깊어져 가는데 이런 각자의 커뮤니티를 생성하는 것은 모든 것이 낯선 외국에서 큰 자신이 된다.

2장 베트남어를 배웠다
그리고 한 걸음 다가갔다

6) 베트남의 현실을 마주한 사람들

 매우 조심스럽지만 직장인들은 대체로 불평을 달고 산다. 상사가 일을 너무 가혹하게 시킨다든가, 회사의 조직 체계를 문제 삼기도 하고, 심지어는 화장실의 휴지도 가장 싸구려를 쓴다며 혀를 차기도 한다. 극단적으로 보일 수도 있겠지만, 나조차도 그랬고, 한국에서 회사를 다니고 있는 친구들도, 베트남에서 회사를 다니고 있는 친구들도 다 저마다 불만이 있다. 이 회사에 다니는 것이 너무 행복하고 미래를 꿈꿀 수 있고 모든 것이 완벽하다는 이야기는 듣기 힘든 것이 회사 생활이다. 나는 다시 그 환경에 노출되었다. 어느 정도 베트남에서의 회사 생활에 익숙해지다 보니, 한국에서 직장 생활을 하며 느꼈던 감정이 다시 피어오르기 시작한다.

 물론 그 때와는 상황이 많이 다르다. 한국에서는 남들처럼 대학을 졸업하고 당연하게 취업을 하였고, 어떻게 살아야 할 것인가에 대한 나의 답이 없었다. 지금은 내 사업을 하고 싶어 이곳 베트남에 왔고, 현지 사회의 구조와 제도를 배우기 위해 일을 하고 있었다. 구체적이진 않지만, 무언가를 이룩하기 위한 목표가 있다는 것은 내 생활에 큰 버팀목이 되었다.

하지만 주변을 둘러보면 적응을 하지 못하거나, 한국 생활이 그립거나, 힘든 회사 생활을 이유로 베트남을 떠나가기 시작하는 사람들이 보인다. 앞서 언급했듯이, 베트남에서 일을 하고 있는 한국인은 크게 두 가지 분류다. 하나는, 한국의 본사에서 출장의 형태이든, 주재원의 형태이든 파견 근무를 나와 있는 형태이고 다른 하나는 나와 같이 현지에서 직장을 구해 입사한 현지 채용 인력들이다. 어느 타국의 회사에나 있는 문제지만, 주재원과 현지 채용간의 대우 차이, 업무의 강도, 외국 생활에 대한 불안정함 등 각각의 이유로 문제가 발생하게 된다. 하나, 둘 이 생활을 청산하고 다시 조국으로 돌아가는 경우가 있다. 또는, 베트남이 아닌 제3국으로 향하는 친구들도 있다. 본인의 기대와는 다른 환경에 실망을 하고 있는 사람들이 발생하기 시작한 것이다.

중요한 것은 본인의 목표와 신념이다. 내가 베트남에 온 이유가 무엇이든, 처음의 이유와 달라지든 간에 본인의 목표와 신념이 이 곳 베트남에 부합한다면 더 남아 있을 이유가 있는 것이고, 그 모든 것이 변했다면 다시 자신의 길을 찾아 떠나가는 것이 많다. 힘든 회사 생활을 토로하며, 한국으로 돌아가는 것을 고민하는 친구들에게 나름 모진말도 해가며 달래보았지만, 결국 떠나갈 친구들은 모두 떠났다. 그럼에도 불구하고 동기 100명을 기준으로 아직 약 70명 정도가 베트남에서 각자의 업을 이어가고 있다.

만약 여러분이 베트남 또는 제3국으로의 진출을 꿈꾸고 있다면, 꼭 본인의 목표와 신념이 해당 국가에 부합하는지를 살펴 볼 필요가 있다. 모든 경험이 개인의 자산이 된다는 옛 말이 있지만, 경제생활을 할 수 있는 짧다면 짧은 기간 동안 자칫 개인의 경력이 뒤엉켜버리는 결과를 초래할 수 있기 때문이다. 흘러가는 대로 삶을 지속하기에는 이

**2장 베트남어를 배웠다
그리고 한 걸음 다가갔다**

곳 베트남의 환경이 마냥 좋다고 할 수는 없다. 한국에서 인생의 대부분을 살아왔던 사람이라면, 힘들고 외로울 때 힘이 될 수 있는 가족도, 친구도 모두 멀리 떨어져 있기 때문이다. 여행을 온 친구들에게 흔히 들을 수 있는 말이 베트남은 물가도 싸고, 한국인들에게 우호적이기 때문에 살기 좋을 것 같다는 말을 쉽게 듣게 되는데, 정작 정착하여 사는 사람들에게는 그 점들이 베트남에서 살아야 하는 큰 이유가 되지 않는다. 나도 모르겠지만, 아마 개개인의 목표와 희망이 있을 것이고, 그 목표와 희망이 약하다면 한국으로 돌아가야 할 이유를 계속 찾고 있을지도 모른다.

베트남 창업 마지막 기회를 잡아라

3장

베트남에서 창업을 해보자

1) 첫 번째 사업 아이템

 베트남에서 1년간의 회사 생활을 경험했다. 그리고 나는 다시 퇴사를 결정했다. 한국에서도 약 1년간의 회사 생활 후 퇴사를 결정했고, 베트남에서도 비슷한 흐름의 의사 결정을 했다. 하지만 내가 퇴사를 선택한 환경은 많이 달라져 있었다. 먼저, 무대가 바뀌었다. 베트남에서는 한국에서보다 사업을 시작할 수 있는 환경이 개방적이다. 아니, 개방적이라고 느껴진다. 한국에서 이루어지고 있는 사업들이 아직 베트남에는 없는 것들이 꽤나 많다. 나를 포함한 많은 한국 사람들이 쉽게 사업을 논할 수 있는 근거가 되기도 한다.
 물론, 무대가 베트남이라고 해서 결코 쉬운 일은 없고, 더 개방적이지도 않다. 오히려 외국인에게는 제한 사항이 당연히 더 많으며, 시작 할 수 없는 사업조차도 많다. 다만, 한국보다 후진국이라고 해서 괜한 자신감이 생기는 것이다. 나는 이 자신감이 사업의 시작점에서 빼놓을 수 없는 필수 요소라고 본다. 나는 한국에서 겁이 났고, 걱정이 많았다. 절차와 법령, 제도 등은 베트남보다 더 명문화되어 있고, 체계적이다. 누구나 시작을 할 수는 있다. 다만, 내가 무엇을 해야 할지에 대한 대안이 없었고, 그러니 자연스레 겁이 나기 시작했던 것이다. 이곳에서는 아직 베트남에 없는 것들을 하나하나 찾아내며, 내가 할 수 있을 것이라는 자신감이 생겼다.

내가 생각했던 첫 번째 아이템은 영어 교육 사업이었다. 그 중에서도 전화 영어 사업을 시작해보고자 했다. 한국에서는 이미 대중화된 교육 사업이다. 미국, 캐나다, 필리핀 등에서 외국인과 인터넷을 통해 대화를 하며, 본인의 영어 회화 실력을 향상시키는 프로그램이다. 베트남에서는 개발도상국답게 영어 교육에 대한 열정이 넘쳐난다. 많은 학생들이 학원, 커뮤니티 등 다양한 방법을 통해 영어를 배우려 한다. 하노이와 호치민에 오게 되면, 서양인들을 흔하게 볼 수 있는데, 대다수가 영어 교육을 본업 또는 잠시 동안의 아르바이트를 하며 지내는 사람들이라 한다. 아무튼, 이런 환경이 나에게는 사업 아이템으로 보이기 시작했다. 이미 한국에서 대중화된 사업으로 수익성을 따지긴 섣불렀지만, 꽤나 많은 고객을 창출 할 수 있을 것이라는 확신이 들었다. 또한, 이곳의 교육열과 맞물린다면 초기에 시작하기에 꽤나 좋은 사업이 될 수 있을 거라 생각했다.

내 자신감과는 다르게 내 첫 사업 아이템이었던 영어 교육 사업은 이루어지지 못했다. 많은 난관에 부딪혔는데 가장 큰 문제는 외국인 명의로 교육 관련 법인 설립이 쉽지 않았다는 것이다. '베트남에서 할 수 없는 것은 없지만, 할 수 있는 것도 없다'는 말이 새삼스레 다가왔다. 어느 정도 법인의 정체성에 대한 위험을 감수하고 시작해야하는지에 대한 의문이 들었다. 또 하나의 난관은 필리핀의 전화 영어 선생님의 시급을 계산해서 대략의 손익 계산을 해보니, 약 200명이 넘는 회원을 모집했을 때 비로소 손익이 나온다는 계산이 나왔다. 나름 책과 인터넷을 통해서 이 분야에 대해 자세하게 알아보았다고 생각했는데, 내

3장 베트남에서 창업을 해보자

계산에 문제가 있던 것이었는지, 처음부터 투자를 하기에는 너무 큰 숫자가 나왔다.

영어 교육 사업에 대한 의지를 접고, 다른 아이템으로 눈을 돌렸다. 이번에는 수제 맥주 사업을 시작해보고자 했다. 2015년 당시 이미 한국에는 수제 맥주를 판매하는 매장을 심심치 않게 볼 수 있었고, 시장에서 나름 호황기를 맞이하고 있던 때였다. 베트남의 음주 문화에서 가장 큰 비율을 차지하는 것이 맥주 시장이었고, 외국인들이 직접 수제 맥주를 공급하며 자기만의 브랜드를 하나, 둘 만들어가기 시작했다. 아직 정착되지 않은 이 시장에 빨리 뛰어 들어야겠다는 생각이 들었다. 이 사업을 하기로 한 내 나름의 근거는 첫째, 주류 시장은 수익성이 좋다는 것, 둘째, 생산뿐만 아니라 유통시장까지 바라 볼 수 있다는 점 그리고 마지막으로 시장에서 수제맥주에 대한 반응이 이미 검증되었다는 것이었다.

수제 맥주의 제조 관련된 책들을 무작정 찾아 읽기 시작했고, 인터넷에서 정보를 찾기 시작했다. 그리고 내 다음 행동은 한국으로 넘어가 수제 맥주 공장에 단기 아르바이트로 일을 하기 시작했다. 베트남에서 직접 맥주를 제조하려면 내가 밑바닥부터 배워야 한다는 생각이 있었다. 다른 모든 위인전의 인물들처럼. 약 한 달간 일을 하였는데, 내가 내린 결론은 이 사업 아이템 역시 접어야겠다는 판단이었다. 먼저, 생각보다 더 큰 규모의 제조 공장이 필요했다. 양조 공장과 맥주를 숙성하는 창고 등 간단하게 생각했는데 상상 이상의 규모가 필요했다. 내가 당시 초기 사업을 하기 위해 모아놓은 돈은 단 2천만 원이었다. 어느 정도의 대출금을 확보한다고 해도, 기본적으로 공장을 임대하고 기본 설비를 갖추는 것조차 버거운 상태였다.

나는 그렇게 다시 베트남으로 돌아왔다. 생각나는 아이템을 적어놓

베트남 창업 마지막 기회를 잡아라

고, 인터넷에 검색을 해가며 계속해서 시장조사를 이어갔다. 이거다 싶은 확신이 생기는 아이템이 생각나지 않았다. 괜찮다 싶으면 자본이 부족했고, 관련된 지식이 없었다. 물론 지금은 무엇이든 시작할 수 있다는 자신감이 생겼다. 하지만 당시에는 첫 사업을 시작한다는 것이 그렇게 힘든 일 일줄 생각도 못했다. 아무 결정도 할 수가 없었고, 그렇게 한 달의 시간이 아무 소득 없이 흘러가고 있었다.

그러다 문득 한 생각이 스쳐 지나갔다. 베트남에 있는 교민들은 직장인이든, 집에 있는 주부든 모두 사업에 대한 열망이 있다. 하지만 한국에 기반을 두고 있는 사람들이 아니기 때문에 오히려 섣불리 시작 할 수 없는 부분도 있다. 심지어 외국에서 한국 사람들을 더욱 조심해야 한다는 말을 들어 보았는가? 이 이야기가 팩트인지도 모른 채 이 곳의 교민들은 누가 한국 사람에게, 또는 베트남 사람에게 사기를 당했다 라는 말을 서로 돌려가며 이야기한다. 여담이지만, 내가 보기에는 본인의 정보력 부족으로 더욱 비싼 값을 주고 지불하면 사기라고 이야기하는 경우도 흔히 보인다. 이런 교민 분위기 속에서 젊은 청년이 신뢰감을 줄 수만 있다면 시장성이 있을 수 있겠다 생각했다.

지금은 내 나이의 청년이 나와 같은 컨설팅 업을 하고 있는 것을 심심치 않게 볼 수 있지만, 당시에만 해도 베트남에 약 10년 이상의 체류 경험을 내세우며 업을 이어가고 계시는 나이 지긋하신 분들이 대부분이었다. 자연스레 내 고객 타깃은 20~40대의 젊은 청년 사업가가 될 수 있었고, 사업을 시작하기에도 큰 자본이 필요하지 않다 생각했다. 고민만 하며 시간을 보내기에는 나의 주머니 사정과 정신적인 스트레스가 더 이상 버티지 못할 것 같았다.

그렇게 문득 든 생각에 확신을 가지고 부딪쳐 본 것이 지금의 VUCCESS이다. VUCCESS는 베트남의 'V'와 성공의 'SUCCESS'를 결

3장 베트남에서 창업을 해보자

합한 상호명이다. 우리가 광고하는 많은 자료에도 소개가 되고 있지만, 우리의 캐치플라이 중 가장 대표적인 것은 '베트남에서 대한민국 기업을 지원한다.'이다. 내가 사업이 너무 하고 싶었고, 베트남이라는 환경에서 그 시작을 하려고 했다. 내가 처음 해보려고 알아보다 보니, 주변의 도움 없이는 사업을 시작하기에 쉽지 않다라는 것을 직접 몸소 느끼게 되었다. 그 근거에 기반해 시작한 사업이다. 회사를 다니면서 알게 되었던 믿을 만한 베트남 친구를 직원으로서, 함께 사업을 시작하는 파트너로서 맞이하였다. 그렇게 소소하지만 내 나름 큰 용기를 가지고 도전정신으로 만들어진 것이 나의 첫 회사 'Reon VUCCESS'이다.

VUCCESS 사무실 전경

베트남 창업 마지막 기회를 잡아라

2) 월세 30만원의 사무실

　　회사 설립 전 사무실 임대료와 직원 월급 등을 고려하여 고정비를 계산해보았다. 당시 내가 가진 자본에서 매 달 약 50만 원가량의 사무실 비용만 계산해보아도 채 1년이란 시간을 버티기 힘들 것이라는 것을 깨달았다. 심지어, 사무실 비용뿐만 아니라 당장 직원까지 채용해야 하는 입장에서 너무 부담스러운 사무실 비용은 나의 주머니 사정을 더욱 옥죄어 왔다. 결국, 알아본 사무실 중에 가장 저렴한 곳으로 일단 사무실을 열어야 했다.

　　그렇게 선택한 곳이 호치민의 한인촌 푸미흥에서 조금 떨어진 지역에 있는 응웬티탑(Nguyễn Thị Thập) 거리의 월세 30만원 사무실이었다. 당시 비용 절감을 위해서 사무실 내부 인테리어는 꿈도 못 꾸었다. 처음 임대를 했을 당시 있던 책상과 에어컨이 전부였다. 사무실을 오픈하면서 내가 구매했던 첫 상품은 선풍기 한 대에 불과했다. 당시에 내가 썼던 책상이 임대 당시에 리셉션 위치에 있던 작은 책상이었다. 지금 생각해보면 그 사무실에서 고객과 계약을 이끌어냈다는 것이 믿기지 않을 정도다. 돌이켜 생각해보면, 내가 그 사무실에 가도 차마 계약서에 서명을 해주기가 쉽지 않을 것 같은 낡고 초라한 사무실이었다. 당시에 나는 사무실의 외관보다는 처음 마음먹은 대로 고객에게 진실성 있게 다가가는 것이 더 중요하다고 생각했다. 그리고 고객이 찾아올 때 누구보다 솔직하게 설명을 했다. 우리는 이제 막 사업을 시작한 회사이며, 내가 잘 모르는 분야에 대해서는 자세히 알아보고 빠른 피드백을 드리겠다고 약속했다. 거짓말하지 않았고, 있어 보이려 말을 부풀리지도 않았다. 그 진실성에 믿을만한 회사라 생각하여 고객이 계약을 해준 것이 아닌가 싶다.

그 작은 사무실에서 사업을 시작하며, 하나하나 일을 해나가고 있을 때 한 친구가 사무실을 방문해서 해준 이야기가 내가 처음으로 사무실을 옮기게 된 결정적인 이유가 되었다. 친구가 말하기를 "언제든지 도망가도 이상하지 않은 사무실"이라고 말하는 것을 듣고 나름 큰 충격을 받았다. 나의 업종은 기업 컨설팅이었고, 어느 분야보다 신뢰가 중요한 사업 분야다. 물론 제대로 된 고객은 외관보다는 내실이 얼마나 있는지를 보려 할 것이고, 나는 그 분야에 있어서만큼은 자신감을 가지고 있었다. 하지만 외모를 너무 안 가꿀 수는 없는 노릇이었다. 사실 나는 사무실뿐만 아니라 내 몸을 치장하는 것에 큰 관심을 두는 편이 아니다. 옷을 사 입는 것이 가장 귀찮은 일 중의 하나이고, 남들이 하는 인터넷 쇼핑도 해 본적이 없을 정도다. 하지만 영업에 지장이 있을 수도 있겠다는 생각이 드니, 마음이 급해졌다. 이제 막 고객을 하나, 둘 확보해가기 시작할 때 즈음이라, 섣불리 움직이기도 겁이 났다.

일단 제대로 된 건물에 사무실을 내려면 어느 정도가 하는지부터 알아보기 시작했다. 그 때 당시 기준으로 약 월세 백 만원 정도의 사무실을 들어가게 되면, 좋은 위치와 더불어 넓고 깔끔한 사무실에 들어갈 수 있을 것 같았다. 사업은 돈을 벌어야 하는 궁리만 하는 것이 아니라, 어떻게 투자를 해야 하느냐의 고민도 함께 해야 한다는 것을 깨달았다. 나는 겁이 났던 것 같다. 약 한 달간을 고민하면서 점점 예민해져갔다. 나 역시도 첫 사업이다 보니, 사무실을 옮기는 것 하나 조차도 맞는 판단인지에 대해 끝없이 고민을 해 나갔다. 당시 직원이 4명이 되어가던 즈음에 나는 결국 사무실을 옮기기로 결정했다. 더 많은 고객을 만나고 소통하려면, 외관부터 제대로 갖추어야 한다는 생각이 들었다. 그래도 최대한 경비를 아끼고자 중고 가구를 알아보고 가장 저렴하게 새로이 사무실을 이전하였다.

3장 베트남에서 창업을 해보자

3) 홈페이지 만드는 것도 겁이 났다

　기업의 목적은 수익을 내기 위함이다. 적어도 내가 배운 경영이라는 학문에서는 수익이 나지 않는 기업은 지속적으로 영위하기 힘들다는 것을 가르쳤다. 그리고 우리는 분명히 투자라는 개념이 기업의 활동에 포함됨을 알고 있으며, 투자가 없는 기업에게는 미래가 없다는 것 또한 알고 있다. 활자로 배웠던 이 개념들을 내 실제 사업에 적용 하는 것은 생각보다 쉽지가 않았다. 회사 법인을 오픈하고 나는 당장 고객을 찾아야 했다. 고객을 확보하는 가장 보편적인 방법은 무엇일까? 바로 광고•마케팅이다. 내가 아무리 좋은 역량과 빼어난 직원들을 보유했을지언정 내 기업을 대상 고객에게 알리지 못한다면 거래가 이루어질 수 없다. 나는 회사가 오픈되면서 누구에게든 우리 회사를 알려야만 했다.

　당시에 많은 광고 수단을 생각해보니 자체적인 광고 노력과 외주를 이용한 광고 이렇게 크게 두 가지 항목으로 나눌 수 있었다. 우리 회사의 고객 타깃은 베트남으로의 진출을 모색하고 있는 젊은 20~40대 청년이었고, 베트남 내 한국 교민 사회와 한국에서 베트남에 관심을 가지고 있는 예비 고객 모두에게 광고를 해야만 했다. 베트남 내 교민 사회는 내가 이곳에서 생활하면서 직접 얻은 정보를 활용했다. 현재 베트남 교민 사회의 정보는 크게 1)인터넷 카페 2)교민 잡지 3)SNS 채팅방 으로 구성되어 있다. 이 밖에도 다양한 방법으로 회사를 노출 시킬 수 있겠지만, 한국인을 대상으로 하는 일에 있어 이 세 가지 방법을 크게 벗어나지 않는다. 우리가 어떤 서비스를 제공하는지 각각의 광고 플랫폼의 특징과 규격 등을 종합해 제작해야했다. 그런데 이런 광고를 무작정 하게 되었을 때, 연락이 오는 고객에게 더욱 자세한 설명을 곁들여야 하는데 이를 증명할 자료가 없다면 어떻게 될까? 나는 이 질문을 만나게 되었고, 기본적으로 회사 홈페이지와 회사소개서는 필수적으로 있어야겠다는 생각이 들었다.

먼저, 회사 홈페이지 제작을 알아보니 직접 제작하는 방법과 외주로 제작하는 방법이 있었다. 최근에는 젊은 청년들이 창업을 하게 될 때 기본적인 홈페이지 제작 플랫폼을 이용하여 손쉽게 홈페이지를 만들 수 있다고 한다. 기본적인 컴퓨터를 이용한 업무는 모두 할 수 있지만, 나는 나의 미적 감각을 믿을 수 없었다. 외주 제작을 알아보니 기본 돈 백만 원이라는 비용은 들 것 같았다. 나는 다시 고민에 빠지기 시작한다. 아직 제대로 된 일거리도 없는 마당에 백만 원을 투자한다는 것이 옳은 것일까? 먼저 시장에 부딪히고 어느 정도 수익을 내게 되었을 때 갖추어도 괜찮지 않을까? 초기 투자금을 매우 부유하게 가지고 시작하는 것이 아니라면 누구든지 이런 비슷한 고민을 하게 된다. 백만 원이라는 돈이 사업에 있어서 작다면 작고 크다면 큰돈이 될 수가 있다.

홈페이지뿐만 아니었다. 검색창에 베트남 사업 관련 컨설팅을 검색하게 되었을 때 검색 결과 가장 상단에 위치 할 수 있도록 하려면 역시 돈을 지불해야 한다. 이 때에도 같은 고민을 반복하게 된다. 과연 이

투자를 함으로 인해 나에게 수익이 발생 할 수 있을까? 광고 투자금 대비 실제 고객이 접촉해오는 빈도가 얼마나 될까?

 이는 사실 회사소개서 제작, 홈페이지 제작뿐만 아니라, 사업 초기 법인 설립을 시작하면서부터 맞닥뜨린다. 한국에서도 인터넷에 법인 설립 검색만 하면 수 없이 많은 기업을 보게 된다. 이는 베트남에서도 다양한 방법으로 접할 수 있다. 지금은 서비스를 제공하지 않고 있지만, 법인 설립은 기업 활동의 시작이기에 벅세스도 초기에는 이 서비스를 제공하고 있었다. 이때 나는 베트남 변호사를 직접 만나 법인 설립에 대해 알아보았는데, 각 변호사마다 그리고 컨설팅 기업마다 가격을 모두 다르게 책정한다. 가격이 무조건 저렴하다고 해서 계약이 체결되는 것은 아니다. 특히 외국인이니만큼, 안정적으로 법인을 세우고 싶어 하는데 담당 변호사의 신원확인부터 기업일 경우 컨설팅 경력들을 따져가며 안전하고 저렴한 업체를 찾게 된다. 나는 당시 믿을만한 베트남인의 명의를 빌려 기업을 처음 세우게 되었는데, 약속한 금액의 50%를 지불하니 1주일 만에 법인이 나오게 되었다. 내가 직접 하면서도 일을 이렇게 해도 될까 싶었는데 법인이 설립되는 것을 보니 의아했다.

 우리는 이와 같은 상황을 사업을 시작하게 되면서 수도 없이 마주하게 된다. 이 때 이성적인 판단을 할 수 있어야 하는데 우리가 맞서야 하는 것은 바로 두려움이다. 어떤 일에 투자를 했을 때 손해를 볼 수도 있지 않을까 하는 두려움, 일이 잘못되어 오랜 시간 수익이 나지 않을 수도 있다는 가정. 우리는 많은 사업 관련 책에서 최소 1년 또는 최소 2년이라는 시간을 버틸 수 있는 자금이 필요하다는 식의 조언을 많이 볼 수 있다. 나 역시도 그와 같은 책들을 수없이 많이 보았고, 그때 당시 가진 자본을 기반으로 수도 없이 손인 예산을 해가며, 얼마나 버틸 수 있을지에 대한 계산을 하고 있었다. 경영학적으로 리스크 관

베트남 창업 마지막 기회를 잡아라

리는 기업에 꼭 필요한 하나의 업무임을 알고 있었지만, 나처럼 작게 사업을 시작하는 사람에게는 누구나 리스크를 안고 뛰어 들어가야 하는 분야가 생기게 된다. 물론, 홈페이지를 제작하는 것이 리스크를 안고 뛰어 들어갈 만큼의 큰 결정이라는 것은 아니다. 내가 말하고 싶은 점은 처음 창업을 하면서 기본적인 투자를 할 때에는 꽤나 과감한 결정을 통해 기업 안정의 속도를 낼 수 있어야 한다는 것이다. 미리 사업에 대해 알 수 있는 것은 없다. 경험을 통해 성공과 실패를 반복해가며 더욱 효율적인 방법으로 나아가야 한다. 사업 초기에는 기업의 명운이 걸릴만한 큰 자금이 아니고서야 과감하게 일을 진행하는 것이 안정적인 스타트를 하기에 최고의 방법이 아닐까 싶다.

VUCCESS 홈페이지 http://www.vuccess.com/

4) 길거리에서 신발을 팔았다

 처음 법인 설립을 하고, 제대로 된 일거리가 딱히 없었다. 30만원짜리 사무실에서 직원과 함께 회사를 광고하고 홍보하는 데 매진하고 있을 때의 이야기다. 뜬금없이 전화가 울려 통화를 하였더니, 찾아와 미팅을 하고 싶다 했다. 너무 반가운 마음에 설레기까지 했다.

 미팅을 해보니, 이 고객은 한국에서 옛날에 유행하였던 '휠리스'를 대량으로 가지고 와 베트남에서 팔고 있는 분이었다. 기존에 쓰던 창고의 계약 기간이 다 되었고, 남은 재고를 보관할 곳도 마땅치 않은 상태였다. 이 고객은 우리에게 남은 재고의 신발 판매를 할 수 있는 판매처를 찾아 줄 것을 요청하였다. 그리고 우리에게 재고를 보관할 수 있는 장소를 찾기 어렵다는 고민을 토로했다.

 당시 남은 신발 재고는 1,000개 정도였고, 박스로는 40박스 정도가 된다고 했다. 그러다가, 혹시 남은 재고를 이 사무실에 보관 할 수 있겠냐고 요청을 했다. 조건은 한 달에 20만원을 창고 비용으로 지불하는 것이었다. 사실 사무실에 재고를 쌓아둘 공간은 있었다. 하지만 이제 막 회사를 설립해서 고객 한 명 한 명을 맞이할 공간이었다. 나에게는 나름 자존심이 걸린 문제라 생각했다. 처음에는 정중하게 거절을 하는 것이 맞다고 생각했다. 일단 거래처를 찾아보기로 약속한 후 미팅이 종료되었다.

  고객이 돌아간 후, 정체성의 혼란이 찾아오기 시작했다. 한국 기업을 지원한다는 캐치플라이에는 분명 맞는 일이나, 내가 생각했던 멋진 기업의 컨설팅과는 조금 거리가 있는 일이었다. 하지만, 처음부터 배부를 수 없는 일이었고, 이 일을 해내야 다음 일이 찾아올 수 있겠다 생각이 들더라. 그리고 아무 일 없이 회사 고정비가 나가고 있는 입장에서 회사의 공간을 빌려주고 20만원을 받는다는 것이 매달 지출되는 월세를 보전하기 좋은 방법이었다. 일단 자존심보다는 생존이 우선이었다.

  결국, 다시 전화를 걸어 신발 재고를 보관하기로 하였다. 그리고 이번에는 내가 먼저 제안을 했다. 거래처를 찾는 것도 하겠지만, 동시에 직접 판매를 해보겠다고 제안하였다. 고객은 흔쾌히 수락해주었다. 위탁판매와 같은 방법으로 신발을 팔아주면 일정 수익을 보전해주겠다 하였다.

  계산기를 두들겨 보니, 사무실에 쌓여 있는 신발 전체를 팔면 약 1천만 원 정도를 벌 수 있겠다는 계산이 나왔다. 일이 없던 회사가 회생할 수 있는 길이 열렸다는 생각과 함께 빨리 재고를 처리해야만 다음 고객을 마음 편히 맞이할 수 있겠다는 생각이 들었다.

  판매를 해야겠다고 마음을 먹고, 내가 한 첫 번째 행동은 인터넷에 마케팅을 해보는 것이었다. 회사 법인을 오픈하고 약 4개월가량의 시간이 지난 뒤였고, 나는 그 동안 페이스북 페이지의 구독자 수를 늘리는데 집중하고 있었다. 약 1만명 가량의 구독자가 있는 페이스북에 해당 제품을 올리면 어느 정도 반응이 나올 수 있을 것이라 생각했다.

  하지만 실제 구매로 이어지는 거래는 거의 찾아 볼 수 없었다. 이후의

3장 베트남에서 창업을 해보자

내용에서 다루겠지만, 베트남에서는 페이스북을 통한 거래 형태가 굉장히 활성화 되어 있다. 내 믿음에 금이 가기 시작했다. 그리고 현실적인 압박이 들어오기 시작했다. 스스로 이 제품들을 한 달 안에 해치우자는 결심을 하였는데, 시장의 반응은 냉담했다.

어떻게든 남은 재고를 처리하여야 했고, 직원과 상의해서 무작정 밖으로 가지고 나가보기로 했다. 내가 자리를 잡았던 사무실은 인근에 학교가 많았고, 다른 호치민 내 지역보다는 부촌에 속한 곳이었다. 직원과 학교 하교 시간을 알아본 후 진열대도 없이 박스에 신발을 올려두고 팔기 시작했다.

첫 날 팔린 신발은 총 5켤레. 나를 포함해 3명이 나가서 5만원을 벌었다. 조금만 판매에 속력을 내면 남은 재고를 모두 소진 할 수 있겠다는 자신감이 생겼다. 판로를 더욱 다양하게 하는 것이 중요했다. 우리 직원으로는 한 개 지점 밖에 자리를 잡을 수 없어, 아르바이트생들을 모집하기 시작했다. 그렇게 여러 학교 앞에 지점 아닌 지점을 만들고 나는 오토바이를 타며 각 지점을 관리하기 시작했다. 마치 내가 처음 입사했던 때에 편의점들을 돌아다니며 지점 관리를 했던 시절의 추억이 떠오르기도 했다.

며칠이 못가 하루에 20개씩 판매가 이루어지기 시작했다. 장사가 되다 보니 직접 문의가 오는 일도 있었는데, 한 베트남 어머니가 어떻게 알고 사무실까지 직접 찾아오셨다. 학교 같은 반 친구가 휠리스를 타고 다니는 것을 보고, 아이가 엄마에게 같은 것을 사달라고 졸랐나보다. 어머니가 바퀴 달린 신발이 있지 않느냐며 사무실에 찾아온 것을 보고, 장사꾼들의 장사하는 재미라는 것이 무엇인지를 잠깐이나마 느낄 수 있었다.

그렇게 약 2달간의 시간 동안 우리는 천 개의 신발을 모두 팔 수 있

베트남 창업 마지막 기회를 잡아라

었고, 우리에게는 천만 원의 수익과 고객 만족 두마리 토끼를 모두 잡을 수 있었다. 마치 성공한 사람의 일대기에나 나올 법한 갑작스러운 이벤트가 나에게도 펼쳐졌고, 지금 생각해도 아주 소중한 경험을 했다.

내가 만약 그 때 컨설팅이라는 멋들어진 말의 뒤에 숨어, 그 제안을 거절했었더라면 어떻게 됐을까? 직접 시도해보지 않았다면 절대 해보지 못 할 소중한 경험을 했다. 나는 누구에게나 이런 우연한 기회가 찾아온다 생각한다. 비록 내가 신발을 팔아 일확천금의 큰 재산을 번 것은 아니지만, 그때 당시 나에게 천만 원이라는 돈은 무엇과도 바꿀 수 없는 소중한 자산이었다. 덕분에 회사 운영에 유연함을 더할 수 있었고, 인력 채용을 조금 더 과감하게 할 수 있었다.

처음 사업을 시작하는 주변의 사람들을 보면, 명확하게 거래처를 가지고 시작하는 것이 아닌 이상, 다들 일거리를 찾아 헤메기 일쑤다. 그러던 중 주변의 작은 제안 또는 기회가 찾아오게 되는데, 이 기회를 소중하게 생각하고 과감하게 뛰어 들어야 한다. 체면은 후배들에게 밥 한끼 사줄 때나 차리는 것이 맞다. 무슨 사업이든이라고 말하긴 조심스럽지만, 시작할 때부터 억 단위 소리 나는 것이 아니라면, 무슨 일이든 가볍게 시작을 해보는 것이 좋다.

어느 글에서 보듯이, 아침에 일어나면 이불을 개는 것으로 하루를 시작하는 것이 좋다고 한다. 보기 좋게 예쁘게 이불을 개는 것이 중요한 것이 아니라, 내가 이불을 갰을 때 느끼는 성취감의 중요성을 이야기 하는 것이다. 작고 쉬운 일이지만, 아침에 이불을 개는 것으로 하루 중 첫 번째 성취감을 쉽게 느낄 수 있다고 한다.

이렇듯 일의 성과를 내면서 조금씩 만들어가는 것이 인간에게 동기 부여가 강하게 된다. 처음부터 대형 프로젝트를 계약한다면 물론 좋겠지만, 작은 일부터 시작하여 마침표를 찍는 것이 무엇보다 중요하다. 특히 나와 같이 작은 사업체부터 시작을 하게 된다면, 성과를 낼 수 있는 일을 조금씩 해 나가는 것이 본인을 포함한 직원들에게 큰 동기부여가 될 수 있다.

5) 3개월간 상담 했던 고객의 첫 계약

  법인을 설립한 후, 아무런 소득이 없었던 것은 아니었다. 엄밀히 고객과 계약서를 쓰고 첫 계약을 한 것은 법인 설립 서비스였다. 이 고객의 경우는 베트남에서 이제 막 사업을 시작하는 작은 중소기업의 사장이었고, 베트남에 법인 설립을 통해 한국에서 무역 관련 업무를 시작하기를 원하셨다. 하지만 아직 직원을 채용할 상황이 아니었고, 실제 업무를 영위할만한 사무실을 임대하기에는 아직 부담이 있는 상태의 고객이었다.

  한국에도 이와 같은 상황이 발생하게 될 경우, 가상 오피스(Virtual Office) 개념을 이용하여 법인 설립을 하기도 한다. 이와 같은 방식을 문의하였을 경우, 베트남에서는 가상 오피스라는 개념이 명확하게 있는 것은 아니지만 이와 유사한 방식의 서비스가 있다. 오피스텔 또는 오피스 목적으로 임대 가능한 공간을 주소만 대행하여 서비스 비용을 지불하는 것이다.

  물론, 실제 오피스를 임대하는 것 보다는 가격적인 측면에서 부담이 더 적은 방법이나, 실제로 사무실을 사용하지는 못하게 된다. 이제 막 베트남에서 사업을 시작하시는 경우 또는 베트남에 법인 설립이 필요하나, 사무실 임대 및 직원 채용에 부담을 느끼시는 경우 이와 같은 서비스를 많이 찾아주시곤 한다.

사무실을 처음 찾아오신 고객은 아니었지만, 계약으로 이루어진 첫 번째 케이스였기 때문에, 개인적으로도 어떤 경로를 통해 우리 회사를 찾아오게 됐는지를 여쭤 보곤 했다. 당시에 회사 광고를 아직 인터넷 웹사이트 상에 게시하지 않은 상태였고, 블로그 및 카페 등을 통해 직접 게시글을 작성하여 광고를 하던 때였다. 이 고객은 베트남 관련 카페의 게시글을 보고 직접 연락을 주셨던 고객이었고, 많이 누추하던 사무실에 직접 방문해 계약까지 이어졌던 첫 번째 케이스였다.

물론 법인 설립 대행 서비스 중에서 주소 대행 업무만을 하였기 때문에 회사의 이익에 큰 영향을 줄만큼의 정도는 아니었지만, 첫 번째 계약과 함께 처음으로 계약금이 납입된 경우였기 때문에 잊을 수 없는 고객이다. 당시 첫 고객의 계약을 이끌어 내면서 회사가 생각한 방향과 고객의 가치를 창출하는 방향성의 일치성에 대해 다시금 생각할 수 있는 계기가 되었고, 정말 고객에게 필요한 것이 무엇인지에 대해 재고해 볼 수 있는 기회가 되었다.

위와 같은 첫 계약의 고객이 있었지만, 사실 이번 장에서 내가 소개하고 싶은 마음속의 첫 계약은 화장품을 취급하는 '코리아나'와의 계약이다. 계약 규모가 크기 때문에 첫 계약으로 기억하고 싶은 것이 아니다. 우리가 제공하는 통합 컨설팅 서비스를 처음으로 제공한 곳이 기 때문이다.

당시 코리아나는 베트남 진출을 놓고 법인 설립을 준비 중이었고, 광고를 한 것이 도움이 됐는지 우리 회사로 연락을 취해왔었다. 우리로서도 모든 사람이 알만한 기업과 일을 함께 할 수 있는 첫 번째 기회이기도 했고, 개인적으로도 욕심이 나는 계약 건이었다. 하지만 생각보다 일이 빠르게 진행되지는 않았고, 전화 또는 메일로 약 3개월 간 문의에 답변하는 형식으로 일이 진행 되었다. 쉽지 않다는 것은 알고 있었지만, 제대로 된 업무를 처리 해 볼 수 있는 첫 기회였기 때문에, 그 어느 때보다 신경을 곤두세우고 있었다.

결국 3개월간 문의만 하던 고객이 정식 계약을 제의를 했고, 우리는 그렇게 첫 대형 계약을 체결 할 수 있었다. 모든 업무가 처리된 후에 베트남 법인장님을 통해 들은 이야기지만, 처음 방문했을 때는 볼품없는 사무실에 경험도 많지 않아 사실 큰 기대를 하지 않았었다고 한다. 하지만 문의 사항에 그 어느 업체보다 빠르게 답변을 해주었고, 그 내용 또한 타 업체에 비해 충실했다고 한다. 그리고 가장 중요했던 것은 믿을 만한 기업이고, 성실한 사람이라는 생각이 들었다는 것이었다. 당시 나에게는 그 어떤 칭찬보다 값어치 있는 말이었다. 베트남에서 한국 기업을 지원한다는 목표 아래 해외에서 사소한 어려움을 겪는 기업들에게 도움이 되는 컨설팅 업체가 되리라 다짐했다. 그리고 그 작은 도움들이 모여 신뢰를 쌓는 기업이 되는 것이 나의 목표였다. 비록 기분 좋으라고 던진 작은 말이었을지 모르지만, 내가 생각한 기업의 이상향적인 모습을 고객이 느꼈다는 것에 그 어느 때보다 뿌듯했던 기억이 있다.

당시 계약은 회사의 역량 발전에 내적·외적으로 큰 영향을 미쳤다. 먼저, 내부적으로 일거리가 많아졌다. 당시 우리의 통합 컨설팅 서비스에는 법인 설립 업무부터 회계 서비스, 마케팅 서비스가 모두 포함되어 있었는데, 이 업무들을 처리하기 위한 우수한 직원들이 필요했다. 한 명의 직원에게 두 가지 이상의 업무를 전담하게 했던 상황에서 정식으로 제공될 서비스를 위해 전문 직원을 늘리기 시작했다. 회계, 마케팅 분야에 전문 직원을 두어, 고객의 업무를 적극적으로 지원 할 수 있게 된 것은 향후 회사의 발전에 있어서 지대한 영향을 끼쳤다. 첫 고객을 받아들이게 되니, 자연스레 두 번째, 세 번째 고객에게 제공하는 서비스의 질은 점차 향상될 수밖에 없었고, 추후의 고객들에게 우리의 업무를 보여 줄 수 있는 실제 서비스 과정이 만들어졌다.

또한, 회사 외적으로도 괄목할만한 팽창이 있었는데, 가장 큰 부분은 사무실 이전이다. 30만원짜리 좁고, 낡은 사무실에서 고급스럽기까지 한 정도는 아니지만, 그럴듯한 빌딩의 한 사무실을 얻을 수 있었다. 그리고 직원을 확충할 수 있는 계기가 되었다. 법인 설립 후 두 명으로 구성되었던 직원의 수를 7명까지 늘려 사세를 확장할 수 있었던 계기가 되었다.

누구에게나 기회는 찾아온다. 다만 기회는 우연히 찾아오는 것이 아니라 노력의 산물이라고 생각한다. 다만 나는 운이 좋게도 그 기회가 빨리 찾아온 편에 속한 것이며, 빠른 시간 안에 회사를 안정화 시킬 수 있었다. 만약 나에게 코리아나의 계약 성사 건이 없었다면, 얼마나 오랫동안 불안정한 시간을 보냈을지 알지 못한다. 고객분들 중에서 그리고 주변에서 이제 막 사업을 시작한 사람들을 보아도, 사세가 확장되는 시기는 각기 제각각이다. 업무 분야의 특징 때문일 수도 있고, 개개인의 능력에 따른 결과일 수도 있다. 하지만 올바른 방향으로 회사를 가꾸고, 발전시켜 나간다면 누구에게나 기회는 찾아온다고 생각한다. 물론 기회를 기회라 알아차리기조차 쉽지 않다. 생각지 못한 변수에 의해 별 것 아닌 일이라 생각했던 것이 부피가 커지기도 할뿐더러, 큰 일이라 생각했던 일이 별 것 아닌 일로 마무리 되는 경우도 많다. 적어도 지금까지 내가 느낀 사업은 이런 것이다.

정해진 것에 의해 계획대로 움직여지는 사업은 없다고 생각한다. 방

베트남 창업 마지막 기회를 잡아라

향을 정해놓고 나아가면서, 부딪히는 많은 변수들을 해결하고 어느새 끝을 모를 종착역에 도착하는 것 같다. 궁극적으로 고객을 만나는 일을 겁내지 않아야 하고, 설사 내가 정한 방향이 조금 잘못됐을지라도 언제라도 방향을 수정해 올바른 방향으로 나아가고자 하는 것이 중요하다. 사업은 분명히 어려운 일이나, 그만큼 성과에 대한 내적·외적 보상이 있는 일이다. 확실치 않은 미래의 일에 너무 많은 시간을 쏟는 것보다 직접 부딪혀가며 문제를 해결하는 것을 추천한다.

6) 베트남 직원의 반란

 어느 정도 회사의 기반이 잡혀지고, 각각의 필요한 부서에 적합한 인력을 배치하기 시작했다. 기존 직원들을 각자의 역량에 맞게 각 부서의 장으로 배치하였으나, 첫 법인 설립 때부터 회사와 동고동락을 함께 해온 직원이 문제가 되었다. 앞서 언급하였지만, 나는 좁고 낡은 사무실에서 직원 두 명과 함께 회사를 설립하여 운영하였다. 한 명의 직원이 A부터 Z까지 모든 일을 도맡아 하다 보니, 이 직원이 조직에서 빠지게 되었을 경우에 대해 전혀 대비를 하지 못했다. A직원이 급한 일이 생겨 휴가라도 가는 날이면, 내가 정신이 없어 제대로 업무를 볼 수 없는 지경이었다. 회사가 제대로 된 모습을 갖추기 위해 부서를 나누었으나, 여전히 핵심 인력이 미치는 파급력은 거대했고, 더 이상 가만히 두고 볼 수 없는 상태라 판단하였다.
 나는 직원과 면담을 통해 업무를 다른 직원들과 나눌 것을 제안하였으나, 해당 직원은 제안을 거부하였다. 본인의 권한과 이득이 걸린 문제였기 때문일 것이다. 결국, 나는 처음으로 채용했던 직원과 아쉬운 이별을 하기로 선택하였고, 본인의 최종 선택에 따라 퇴사 처리 되었다. 해당 직원이 퇴사한 이후의 회사 상황은 말도 안 나올 정도로 어수선했다. 당장에 서비스를 제공하던 많은 분야에서 구멍이 나기 시작했고, 고객들에게 큰 손해를 끼치는 상황까지 도달하지는 않았지만, 각종 분야에서 무너져버린 담을 되메우느라 많은 비용과 시간이 소모되었다.

초기 소규모 기업은 나와 같은 상황에 직면하기가 매우 쉽다. 회사의 규모가 매 년 정해진 할당량만큼 성장하는 것이 아니라, 어느 순간 사세가 확장되기 마련이다. 이럴 때 급한 일을 먼저 처리하고자 가장 믿을 만한 직원에게 대부분의 업무 지시가 이루어지게 되고, 해당 직원의 성과 등을 인정해주기 위해 직급과 임금 등이 상승하게 된다. 위에 언급된 우리 회사의 직원도 초기 입사 때보다 임금이 1년 동안 2배가 상승하였으며, 회사 내에서의 위치 또한 사장 다음으로 중요한 자리가 되었다. 즉, 인력에 대한 의존도가 심해질 경우 소위 사장은 직원에게 협박 아닌 협박을 받게 된다. 본인의 위치를 직원 자신도 잘 알고 있기에, 업무의 어려움과 성과에 대한 보상을 이유로 임금 상승을 요구한다. 그렇지 않으면 나에게 더 높은 임금을 제시하는 타 회사로 이직하겠다는 것이 소위 '에이스' 직원들의 요구 사항이다. 이 소단원의 앞에서 이야기했던 베트남인의 직업 선택 첫 번째 기준을 기억하는가? 바로 급여다. 사장과 직원 간에 신뢰관계는 분명히 장기근속에 지대한 영향을 미치나, 급여 수준이 보장되지 않는 이상 베트남 직원들은 이직에 이직을 거듭한다.

애초부터 직원이 제한적 정보를 가질 수 있게 제한하면 되지 않을까라고 반문할 수 있겠지만 베트남에서 사업을 하는 특성상 어쩔 수 없이 현지인에게 의존해야 하는 부분이 발생한다. 특히 나와 같은 컨설팅업의 경우 베트남 당국의 특정 부서와 관계를 맺는 일이 필요한데, 공무원이 외국인과 직접 관계를 맺는 경우는 극히 드물다. 또한 그 관계

3장 베트남에서 창업을 해보자

라는 것이 가격이 정해진 것이 있는 반면, 자연스레 형성된 시장 가격에 의해 지불되는 경우가 대다수이다. 이쪽 분야에서 능력 있는 직원이란 관계 형성이 매우 탄탄하여, 문제가 발생하지 않고 시장 가격보다 낮은 가격을 회사가 지불하게 만드는 직원이다. 굳이 나와 같은 컨설팅 업이 아닐지언정, 많은 한국 기업들이 로컬 매니저의 능력에 의해 회사의 능력이 결정되는 경우를 볼 수 있다. 그 뿌리를 자르지 못해, 계속 끌려가다가 회사가 도산되는 경우도 보이기도 한다. 심지어, 최근에는 외국인 명의의 회사로 대다수의 한국 기업들이 베트남에 진출을 하지만 과거에는 베트남인의 명의를 빌려 사업을 하는 경우가 많았는데, 로컬 매니저에 의해 회사를 빼앗기는 경우도 다수 발생한다. 이는 모두 해외에서 사업을 하게 되었을 때, 로컬 직원에게 회사의 주도권을 빼앗기게 되는 경우가 대부분이다. 어떻게 하여야 한다고 말하고 싶은 것이 아니라 해외에서 사업을 한다면, 현지 직원이 가져가는 이득은 어느 정도 감수를 해야 한다고 말하고 싶다.

다만, 회사가 흔들리지 않기 위해서는 개인의 능력을 이유로 남들과 차별화되는 과도한 급여 인상 또는 직급의 인상을 허용해서는 안 된다. 현재 사업을 유지하기 위해 어쩔 수 없는 선택이었다고 자위할지언정, 결국 내 사업체가 내 것이 아닌 상황을 맞닥뜨리게 되는 경우가 발생할 수 있다. 어느 정도 회사가 안정화되기 시작하였다면, 썩은 뿌리를 잘라내고 더 튼튼한 새싹이 자라날 수 있게 땅을 다지는 것이 어떨까 제안한다.

7) 하노이까지 확장을 하자

베트남은 2개의 대도시로 이루어져 있다. 한 마디로 두 도시를 요약하자면, 호치민은 베트남의 경제 수도의 역할을, 하노이는 정치 수도의 역할을 한다. 베트남에 처음 온 친구들이 연락을 해서 늘 하는 말이 있다. '나 베트남에 왔는데 얼굴 볼 수 있냐'는 연락이다. 나는 채 안부를 묻기도 전에 먼저 확인해야 할 말이 있다. 하노이, 호치민, 다낭, 냐짱 중에 어느 도시로 여행을 왔냐는 것이다. 결론부터 말하자면 위 도시 중에서 어느 도시를 기준점으로 잡아도 차를 타고 이동하기에는 무리가 있다. 베트남은 남북으로 1,650km의 길이를 보유하고 있는 영토가 긴 국가 중 하나다. 하노이에서 호치민까지는 1,137km가 떨어져 있으며, 기차로 1박 2일(38시간), 버스로도 1박 2일(40시간), 비행기로도 무려 2시간을 날아가야 한다. 실제로 여행을 목적으로 하노이 호치민 구간을 기차 또는 버스로 이용하는 사람이 있을 뿐 모두 비행기를 타고 이동을 해야 한다. 모든 도시가 1일 생활권 안에 들어와 있는 우리나라 사람들은 베트남의 넓은 영토를 실제로 느끼기가 쉽지 않다. 이렇듯 하노이 호치민 사이를 비행기를 제외하고는 하루 안에 갈 수 있는 곳이 아니다보니, 과거에는 더욱 교류가 없었을 것이고 자연스럽게 두 도시 간에는 문화적 차이가 발생한다.

베트남 북위 17도선 히엔르엉교(Cầu hiền lương)

여러분도 잘 알다시피 베트남 또한 남북으로 분단된 국가였다. 1883년부터 프랑스의 지배를 받던 베트남은 2차 세계 대전이 터지고 일본의 지배를 받게 된다. 1945년 2차 세계 대전의 종료와 함께 베트남의 호치민은 베트남 공산주의 혁명을 일으키게 되는데 이때 프랑스가 베트남을 지배할 권리를 내세우게 된다. 이후 8년간 전쟁이 발발하게 되는데 이것이 인도차이나 전쟁(1946~1954)이다. 하지만 베트남의 강력한 저항과 세계의 여론에 밀려 프랑스는 1954년 제네바 협정을 체결하게 되는데 이 때 베트남이 북위 17도선을 기준으로 북베트남과 남베트

베트남 창업 마지막 기회를 잡아라

남으로 나뉘게 된다. 이후 국제적인 냉전 체제에서 북베트남의 공산주의의 확대를 막고자 '통킹 만 사건'을 구실로 베트남 전쟁을 확대하게 된다. 결과적으로 베트남은 호치민의 북베트남에 의해 통일이 되었고, 지금의 베트남 사회주의 공화국 체제가 이어지고 있다.

 위와 같은 역사적 사실을 알아두는 것은 비즈니스를 영위하는 데 있어서도 꽤나 중요한 정보가 된다. 대부분의 고객들과 상담을 하다 보면 공통적인 고민거리를 접수하게 되는데 베트남 진출 시 하노이 또는 호치민 중 어느 곳에 기반을 두고 일을 시작할지의 문제다. 앞서 베트남의 역사에서 잠시 살펴본 바와 같이 베트남은 비록 통일된 하나의 국가이지만, 중국과 같이 각 성이 자치성을 보유하고 있다.

 호치민은 과거부터 외세의 영향에 의해 자본주의적 성격이 타 지역에 비해 더욱 뚜렷하게 나타나는 곳이다. 그래서인지 통일 이후로도 베트남의 경제수도의 역할은 전 분야에 걸쳐 아직까지 호치민이 담당하고 있다. 하지만 베트남이 발전하면서 지역 균형 발전을 목표로 북부는 하노이를, 중부지역은 다낭을 기점으로 활발한 개발이 이루어지고 있다. 사업 분야에 따라 세제 혜택 등이 지역마다 차별적으로 이루어지고 있으며, 본인의 사업 분야에 적합한 장소를 물색하는 것 또한 매우 중요하다.

 위와 같은 배경을 통해 벅세스는 법인을 운영한지 2년 만에 하노이 지사를 설립하기로 했다. 실제로 회사 운영 중에 하노이 출장을 가야 하는 경우가 매우 많았고, 각각의 행사 목적에 따라 각각 하노이, 호치민 법인만을 대상으로 행사 취득을 할 수 있는 경우가 빈번하였다. 베트남에 진출하는 모든 잠재 고객을 대상으로 사업을 하고 있었기에, 어느 한 지역을 포기한다면 시장 고객의 50%를 잃는 것이었다. 아직 지사를 설립할 정도로 안정적인 회사는 아니었지만 결국 과감하게

3장 베트남에서 창업을 해보자

하노이 지사를 설립하는 것으로 결정했다. 내 입장에서는 과감한 투자를 결정한 셈이고, 하노이와 호치민 지사 모두를 발전시켜야 한다는 부담감이 생겼다. 하지만 베트남 전문 기업으로 거듭나기 위해서는 필연적으로 해야 하는 작업이었고, 궁극적으로 한국, 하노이, 호치민을 잇는 베트남 전문 컨설팅 기업이 되는 것이 회사의 목표가 되었다.

VUCCESS 하노이 사무실

베트남 창업 마지막 기회를 잡아라

4장

베트남 통계와 통계로 설명 할 수 없는 것

1) 인구 통계

– 베트남에 호치민, 하노이만 있는 것은 아니다

　베트남을 대표하는 도시는 분명히 호치민, 하노이다. 우리나라의 경우 서울에 인구가 집중 분포되어 있는 반면, 넓고 긴 영토를 자랑하는 베트남은 다행스럽게도 2개 도시에 인구가 분포되어 있고, 베트남의 남부와 북부를 대표하는 도시로 호치민과 하노이를 꼽는다. 베트남의 인구는 2018년 기준 9,500만 명으로 약 1억의 인구를 가진 국가이다. 이 중 호치민과 하노이에 약 16%인 1,600만 명의 인구가 집중되어 있다.

도시	면적(㎢)	인구(만 명)	인구 대비 비율
호치민	3,324.5	859	9.00%
하노이	2,095.5	752	7.90%
(호치민+하노이)	5,420	1,611	17.00%
기타 지역	325,549.9	7,889	83.00%
합계	330,966.9	11,111	100.00%

＊ 2007~2017 하노이 주택 수요 공급
출처: CBRE VIETNAM(2018)

베트남 창업 마지막 기회를 잡아라

물론, 대부분의 비즈니스가 북부는 하노이, 남부는 호치민을 기준으로 이루어진다. 소비 시장 또한 두 개의 대도시에 의해 구성되어 있는 것 또한 사실이다. 하지만 베트남의 인구 약 1억 명 중 호치민과 하노이의 인구 합계인 1,600만 명만을 대상으로 한다면 시장이 매우 축소되는 것을 볼 수 있다. 베트남을 소개하는 여러 책자 또는 인터넷의 정보들을 보면, 인구가 약 1억이 되기 때문에 소비 시장이 매우 크다고 소개한다. 하지만 정작 인구 1억을 대상으로 하는 비즈니스는 결코 찾아보기 힘들다. 심지어 호치민과 하노이를 동시에 타겟팅 하여 비즈니스를 영위하는 사업 또한 쉽게 찾아보기 힘들다.

결국, 전 국민을 대상으로 하는 비즈니스는 소수의 베트남 기업에 의해 독식되고 있다. 비록 처음부터 베트남 1억 인구를 대상으로 하는 비즈니스를 영위하기란 쉬운 것은 아니다. 다만, 베트남의 1억 인구를 바라보며 한국 보다 큰 소비 시장을 겨냥하였다면, 결코 하노이와 호치민의 시장만을 바라보지 않으면 하는 마음이다. 아래 베트남 5개의 중앙 직할시와 58개 성의 인구 분포를 인구가 많은 순으로 소개한다.

순서	도시명	인구 수(만 명)
1	Ho Chi Minh city	859.9
2	Ha Noi	752.1
3	Thanh Hoa	355.8
4	Nghe An	315.7
5	Dong Nai	308.6
6	An Giang	216.4
7	Binh Duong	216.4
8	Hai Phong	201.4
9	Dak Lak	191.9
10	Nam Dinh	185.4
11	Kien Giang	181.1

4장 베트남 통계와
통계로 설명할 수 없는 것

12	Hai Duong	180.8
13	Thai Binh	179.3
14	Tien Giang	176.2
15	Dong Thap	169.3
16	Bac Giang	169.2
17	Binh Dinh	153.5
18	Long An	150.3
19	Quang Nam	150.1
20	Gia Lai	145.9
21	Phu Tho	140.4
22	Soc Trang	131.6
23	Lam Dong	131.3
24	Can Tho	128.2
25	Ha Tinh	127.8
26	Quang Ngai	127.3
27	Thai Nguyen	126.8
28	Ben Tre	126.8
29	Quang Ninh	126.7
30	Bac Ninh	124.8
31	Son La	124.3
32	Binh Thuan	123.9
33	Khanh Hoa	123.2
34	Ca Mau	123
35	Hung Yen	118.9
36	Thua Thien-Hue	116.4
37	Tay Ninh	113.3
38	Ba Ria - Vung Tau	111.3
39	Vinh Phuc	109.2
40	Da Nang	108.1
41	Vinh Long	105.2
42	Tra Vinh	105
43	Binh Phuoc	98
44	Ninh Binh	97.3

45	Phu Yen	91
46	Bac Lieu	89.7
47	Quang Binh	88.8
48	Ha Giang	84.7
49	Hoa Binh	84.6
50	Yen Bai	81.6
51	Ha Nam	80.8
52	Lang Son	79.1
53	Tuyen Quang	78
54	Hau Giang	77.7
55	Lao Cai	70.6
56	Dak Nong	64.5
57	Quang Tri	63.1
58	Ninh Thuan	61.2
59	Dien Bien	57.7
60	Cao Bang	54
61	Kon Tum	53.5
62	Lai Chau	45.6

* 베트남 5개 직할시, 58개 성 인구분포도
출처: 2018 베트남 통계청

베트남의 인구 통계에서 절대 빼먹을 수 없는 통계가 있다. 연령대별 인구 통계이다. 사실 1억 인구의 매력보다는 베트남의 연령대별 인구 통계에 더 큰 끌림을 안고 베트남에 진출하는 것이 일반적이다. 베트남은 주요 생산 계층과 소비 계층인 20~49세까지의 인구가 전체 인구의 반을 차지하고 있다. 2020년 기준으로 47%가 이 계층에 해당된다. 즉 젊은 국가라는 이야기이다. 고령사회(노인 인구가 전체 인구 중 14%)를 준비하고 있는 우리나라와 비교했을 때, 젊은 베트남 사회는 생산 시장과 소비 시장 모두 매력적으로 다가온다. 특히, 전체 인구의

34%를 차지하는 15~34세의 젊은 층은 베트남 내수 시장의 핵심 소비 계층으로 분류된다. 이 소비 계층은 온·오프라인을 통하여 IT, 생활가전 제품, 유아용품 시장 등을 빠르게 성장시키고 있다.

베트남의 젊은 층의 소비력은 베트남에 살고 있는 사람들조차 느끼기 쉬울 정도로 막강하다. 다만, 소비의 폭을 가늠하기가 어렵다. 온라인 마켓 기준으로 보았을 때, 특정 제품은 가격이 낮음에도 불구하고 판매가 이루어지지 않는 반면, 상대적으로 고가의 IT 제품은 구매로 이루어지는 행태를 종종 볼 수 있다. 결국, 우리가 지금까지 내릴 수 있는 결론은 젊은 층을 대상으로 하는 비즈니스를 하되, 시장성은 직접 부딪혀 확인해 보아야 한다는 것이다.

예를 들면, 베트남인의 현재 패션의 상태와 한국 의류의 상품성을 이유로 동대문에서 의류를 가져와 장사를 하시는 분을 어렵지 않게 볼 수 있다. 대부분의 경우 높은 수익은 제쳐두고, 사업을 유지하기가 쉽지 않다고 한다. 왜 그럴까?

첫 번째는 가격이다. 한국에서는 질이 좋고 싼 옷에 속하는 동대문산 의류들도 베트남에 오면 고가의 제품이 되어 버린다. 베트남인의 의류 관련 쇼핑 행태를 보면 평균적으로 20~50만동(1만~2만5,000원) 사이의 제품을 구매한다. 그렇다고 50만동 수준의 제품을 가져온다 한들 제품이 무조건 팔린다고 볼 수도 없다.

두 번째는 홍보/마케팅이다. 베트남 젊은 층이 의류를 구매하는 가장 많은 경로는 페이스북이다. 장사가 잘 되는 페이스북의 페이지를 보면 몇 가지 특징이 있다. 먼저, 오프라인 샵을 병행하는 업체다. 오프라인 샵을 병행한다는 것은 베트남인에게 꽤나 큰 의미가 있는데, 소비자가 직접 의류를 확인할 수 있는 곳이라는 의미다. 다시 말하면, 사기를 칠 확률이 낮다라고 인식을 한다.

베트남 창업 마지막 기회를 잡아라

셋째, 유명 인플루언서의 존재 유무이다. 뒤에 베트남의 페이스북에 대해 자세히 다루겠지만, 베트남은 페이스북 천국이다. 그에 따라 우리나라에서처럼 팔로우 수를 어마어마하게 가지고 있는 유명 인플루언서들이 많이 존재한다. 이 모델들이 입고 있는 옷은 날개 돋힌 듯이 팔린다고 한다. 베트남에 젊은 층이 많고, 한국의 의류가 베트남의 옷보다 예쁘기 때문에 이 사업이 덜컥 될 것 같다는 생각이 든다면 다시 한 번 심사숙고하여 전략을 잘 짜길 바란다.

연령대	2015		2020f *f=추정치		2030f *f=추정치	
	인구 수	%	인구 수	%	인구 수	%
0~9세	14,962.00	16%	15,299.90	16%	13,693.90	13%
10~19세	13,587.60	15%	13,771.30	14%	15,164.30	14%
20~29세	17,467.50	19%	15,614.30	16%	13,536.60	13%
30~39세	15,079.00	16%	16,423.60	17%	15,283.90	15%
40~49세	12,644.80	14%	13,609.60	14%	16,068.30	15%
50~59세	10,093.30	11%	11,151.90	11%	13,048.80	12%
60~69세	5,208.50	6%	7,458.90	8%	10,113.90	10%
70~79세	2,528.20	3%	2,833.20	3%	6,002.60	6%
80세 이상	1,876.60	2%	1,993.80	2%	2,308.40	2%
총계	93,447.50	100%	98,156.50	100%	105,220.70	100%

* 베트남 연령별 인구
출처: Euromonitor, KOTRA 2019

2) 소득 & 소비시장

– 월 소득 166달러의 베트남?

 발전하고 있는 개발도상국 베트남의 경제 성장률은 최근 들어 조금씩 잠잠해지고 있으나, 여전히 6% 중반대의 성장률을 유지하고 있다. 19년 7월 발표한 IMF의 경제 전망치를 보더라도 2020년까지 6.5%의 성장은 유지되리라 전망하고 있다. 특히 2018년에는 7.1%의 성장률을 기록해 10년 만에 가장 높은 수치를 기록했다. 우리가 주목하고자 하는 지표는 아래 표에서 1인당 GDP 수치이다. 2019년 전망치 기준으로 1인당 2,728달러로 단순 1년 12개월로 나누어 보았을 경우, 1인당 227.3달러의 월 생산성을 낸다고 볼 수 있다.

구분	단위	2017	2018	2019f	2020f
GDP 증가율	%	6.8	7.1	6.5	6.5
GDP 규모	억 달러	2,204	2,413	2,605	2,824
1인당 GDP	달러	2,353	2,551	2,728	2,929
CPI	%	3.5	3.5	3.6	3.8
외환보유액	억 달러	492	553	662	777

* IMF 베트남 경제 주요 지표 전망
  출처: IMF Country Report(19.07), KOTRA

하지만 이는 국가 전체 GDP 기준으로만 봐야 한다. 개발도상국 특성상 도시 지역과 지방의 소득 격차는 매우 크다. 호치민 지역은 2018년 기준 1인당 GDP가 약 5,500달러로, 베트남 내 모든 지역 중에서 가장 높은 생산성을 보이고 있다.

그렇다면, 베트남인의 1인당 총 수입과 총 지출이 얼마나 되는지 알아보자. 2018년 베트남 통계청 자료에 따르면 1인당 총 수입은 국가 전체 기준으로 166.4달러이다. 앞서 언급한대로 베트남은 개발도상국이다 보니, 도시와 지방 간 수입의 격차가 매우 크다. 아래 표를 보면, 도시 지역의 경우 월 소득의 65%(169.1달러)가 임금으로 구성되어 있으나, 기타 지방 도시의 경우 농수산업과 비(非) 농수산업의 비중이 크다는 것을 알 수 있다.

단위: USD($)

구분	총 수입	임금	농수산업	비 농수산업	기타
국가 전체	166.4	85	22.1	37.9	21.3
도시 지역	262.5	169.1	4	55.9	33.5
홍강 델타 지역	207.5	120	14.2	46.3	27.1
북부 산간 지역	105.4	51.1	22.1	21.1	11.1
북중부 지역	129.4	63.3	19.1	29	17.9
중앙 고원 지역	124.3	46.5	42.1	25.5	10.1
남동부 지역	245	141.5	13	61.9	28.6
메콩 델타 지역	154	57.3	37.6	34.7	24.3

* 베트남 지역별 소득 현황 (출처: 2018 베트남 통계청)

단위: USD($)

구분	총 지출	생활 비용	음식&식품	비식품	기타
국가 전체	109.3	101.6	48	53.6	7.6
도시 지역	150	141	63.9	77.1	9.1
홍강 델타 지역	88.8	81.9	40	41.8	6.9
북부 산간 지역	129.5	120.7	55.3	65.4	8.8
북중부 지역	85.8	80.2	36.7	43.5	5.7
중앙 고원 지역	93.6	87.1	43.5	43.6	6.5
남동부 지역	95.9	88.1	37.4	50.7	7.8
메콩 델타 지역	143.7	135.2	64.6	70.6	8.6

* 베트남 지역별 지출 현황 (출처: 2018 베트남 통계청)

4장 베트남 통계와
통계로 설명할 수 없는 것

제시된 두 표를 비교해 보면, 국가 전체 기준으로 보았을 때, 1인당 총 수입은 166.4달러이며, 총 지출은 109.3달러이다. 도시 지역으로 눈을 돌려 바라보면 총 수입은 262.5달러이고 총 지출은 150.0달러이다. 좀 더 원활한 이해를 돕기 위해 한화로 환산해보면 베트남인은 평균적으로 한 달에 약 20만원을 벌고, 12만 5,000원을 소비한다. 위의 자료만을 보고, 베트남 진출의 여부를 결정한다면 큰 오산이다. 낮은 소득 수준을 바라보며 베트남에 진출을 한다면 생각보다 높은 베트남인의 소득 수준에 놀랄 것이다. 또한 낮은 소비 수준을 보고, 베트남 진출을 접한다면, 생각보다 높은 베트남인의 지출 능력에 놀랄 것이다. 즉, 베트남 통계청에서 발표되는 자료는 높은 신뢰성을 가지고 있지 않다. 이유는 여러 가지로 생각해 볼 수 있겠지만, 가장 큰 원인은 지하경제 시장이 아직까지 큰 이유다. 대부분의 한국 사람들이 여행을 가는 호치민, 하노이, 다낭 등의 대도시는 이제 어디에서나 카드 결제가 가능한 도시가 되었지만, 지방 도시에서 식사를 한 후 카드를 내밀었다가 준비되지 않은 현금에 당황스러운 상황을 맞이하는 경우가 종종 있다. 대도시의 경우도 작은 상점 등에서는 아직까지 현금거래만 가능한 곳이 대부분이다. 이 때 발생되는 소득과 소비 금액은 국가 통계에 집계되지 않는다. 베트남 정부는 2020년 집계되는 GDP부터 지하경제를 통계하여 발표하기로 하였다. 풀브라이트(Fulbright) 대학 베트남 학교(FUV)에 따르면, 베트남의 지하 경제 규모는 GDP의 25~30%에 달한다고 한다.

그런데 지하 경제 규모까지 합산하여 베트남 경제를 바라본다 하더라도, 이 책을 앞에서부터 읽어 내려온 독자라면 이상한 점을 느껴야 한다. 바로 3단원에서 우리 회사의 베트남 직원들의 수입이 얼마나 되는지를 언급했기 때문이다. 다시 짚어보자면, 우리 회사의 직원들의 평균 급여는 1,400만동(한화 기준 약 70만원) 수준이다. 호치민 시내에 있는 회사이기 때문에 일반적으로 지방 공장에서 공인으로 일하고 있는 노동자보다 높은 수준의 급여를 받는 것이 맞다. 그래서 2지역 기준 의류•봉제 공장 직원 약 4,000여 명의 평균 급여를 조사하였더니, 600만 동(한화 기준 약 30만원)의 급여를 수령하고 있다. 지방에서 일반적으로 급여 수준이 가장 낮은 의류•봉제 공장에만 다녀도 도시 지역의 평균 수입인 260달러를 수령하는 것이다. 여기에 믿기 어려운 통계 자료를 하나 더 추가하도록 하겠다. 18세 이상의 베트남인 300명을 기준으로 최근 1년간 부업 경험을 묻는 통계에서 남녀 평균 약 66%의 인원이 부업을 경험했거나 지속하고 있는 것으로 나타났다. 부업을 경험한 통계 인원 중 50%가 부업의 이유로 추가적으로 돈을 더 벌기 위해서라고 답하였으며, 약 70%가 합법적인 부업을 영위하고 있다고 밝혔다. 이와 같이 우리가 통계자료만을 가지고 베트남인의 소득과 소비 수준을 판단한다는 것은 무리가 있다. 실제 베트남에서 생활을 하다 보면, 한국 언론에 공개되는 베트남인의 평균적인 소득과 소비 수준에 고래를 젓는 사람을 흔하게 볼 수 있다. 실제 생활을 하면서 느끼는 베트남인들의 소득•소비 수준과 괴리감을 느끼기 때문이다. 고소득층의 소득•소비 수준은 차치하더라도, 일반적으로 직장을 다니고 있는 베트남인의 경제력을 통계치보다 더욱 높게 바라봐야 하는 이유이다.

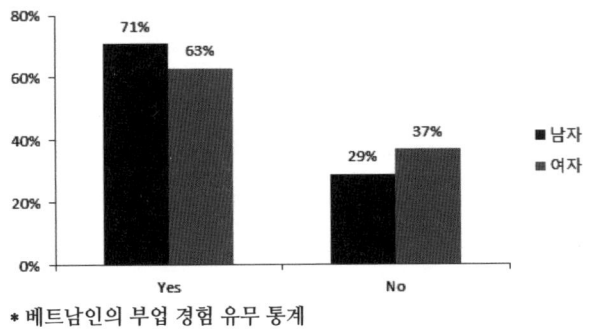

* 베트남인의 부업 경험 유무 통계

4장 베트남 통계와
통계로 설명할 수 없는 것

3) 부동산 시장

- 베트남 부동산 버블 논란?

한국인들의 베트남 부동산 시장에 대한 관심은 뜨겁다. 일반적인 경제 통계를 언급하다 부동산 시장에 대한 통계를 알아보고자 하는 것은 그만큼 문의가 많기 때문이다. 최근 몇 년 사이 베트남 부동산 투자를 위해 직접 다녀간 관광객을 쉽게 볼 수 있고, 투자 문의가 끊이지 않는다고 한다. 중국의 부동산 투자 요건이 까다로워지면서 베트남 부동산 시장으로 관심이 돌려진 까닭이다. 지난 2015년 베트남 외국인 투자법이 개정되었고, 2016년에 외국인 투자법 시행세칙 개정에 따라 사실상 부동산 시장의 문호가 개방되었다. 이에 외국인들은 '포스트 차이나'의 기대감과 함께 빠르게 성장하고 있는 베트남의 국가 경쟁력을 바탕으로 부동산 시장을 두들기기 시작했다.

외국인 주택 구입 조건 시행령을 살펴보면, 관광객까지 투자를 할 수 있도록 외국인의 범주가 확대되었고, 사회주의 사회임에도 불구하고 제한적으로 토지를 구매할 수 있는 법령까지 개선이 되었다. 다만 실질적으로 개인으로 투자를 할 경우, 표12의 소유 제한을 눈여겨보아야 한다. 먼저 외국인은 한 동 또는 한 단지 기준으로 30% 범위에서만 구매가 가능하다. 예를 들어, 아파트 단지의 한 동 100세대 기준으로 보았을 경우, 외국인에게 분양이 가능한 세대는 30%인 30세대가 된다. 3번 항목의 상업 주택 건설 프로젝트라면 외국인이 구매할 수 있는 주택의 종류를 일컫는다. 아파트, 빌라, 연립주택도 구입 또는 소유가 가능하나 일반주거단지의 아파트나 특수 지역 내 주택은 구매할 수 없음을 의미한다. 실질적으로 외국인이 베트남의 부동산 구매 후 전매를 목적으로 투자가 이루어지기 때문에 큰 제약사항은 아니다.

구분	내용	비고
투자 대상	1)적법하게 입국한 관광객까지 확대 2)투자허가서를 소유하고 있는 회사도 가능	외국인의 범주 확대
소유 제한	1)30%범위에서 구입 가능(한 동/한 단지 기준) 2)한 단지 내 주택(빌라) 경우 250채 이내 3)상업 주택 건설 프로젝트에 한정	무분별한 외국인 투자 제한
소유 기한	1)개인: 소유기한 50년, 갱신 권한 부여 2)회사: 투자 허가서 잔존 기간에 따름 3)소유 기간 만료 전 내국인에게 판매 또는 갱신	외국인 토지 소유 제한 사실상 폐지

* 베트남 외국인 주택 구입 조건에 관한 시행령(제99호/2015/ND-CP/2015/12/10)
출처: 베트남 정부 발표 자료(2015)

한국에서 큰 관심을 가지는 몇 가지 사항을 추가적으로 소개하자면, 첫째 외국인이 자신이 소유한 주택으로 임대 사업이 가능하다. 임대사업을 할 경우 정부 기관에 신고 후 임대 수익에 대한 세금을 납부하면 된다. 둘째, 외국인이 분양 받은 주택은 전매가 가능하다. 외국인의 경우 현재까지 소위 '핑크북'이라 일컫는 소유권 증서가 관련 법안 미비로 발급이 되고 있지 않다. 하지만 핑크북이 없다고 해서 구매한 부동산에

4장 베트남 통계와
통계로 설명할 수 없는 것

대한 소유를 주장할 수 없는 것은 아니다. 일반적으로 분양사 또는 원소유자와 핑크북이 발급 될 때까지 한시적으로 권리 계약을 맺는 형태로 이루어지고 있다. 핑크북 발급에 대해서는 베트남 내에서도 많은 이슈가 있었기 때문에 관련 법안이 준비될 것으로 전망하고 있다.

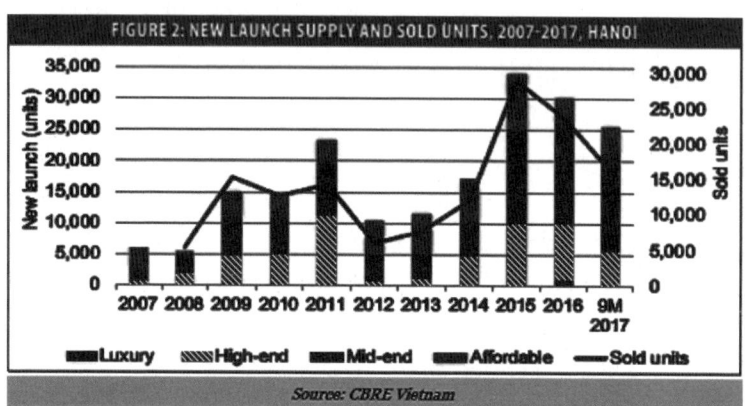

* 2007~2017 하노이 주택 수요 공급
출처: CBRE VIETNAM(2018)

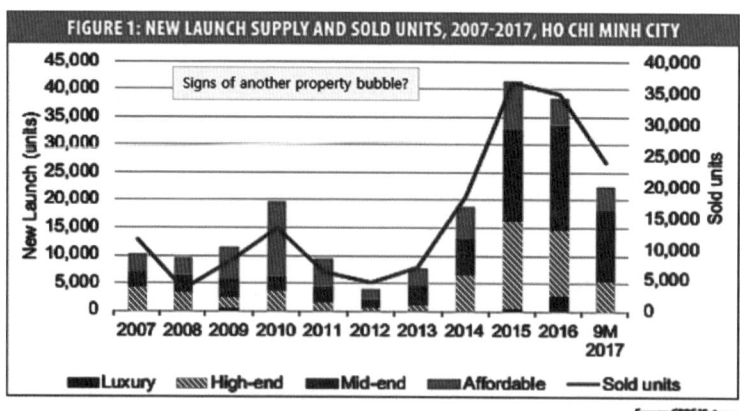

* 2007~2017 하노이 주택 수요 공급
출처: CBRE VIETNAM(2018)

이야깃거리를 만들기 좋아하는 언론은 빠르게 성장하고 있는 베트남 부동산 시장에 대해 버블 논란을 수차례 제시하였다. 그 증거는 사실 꽤나 논리적이다. 2015년부터 외국인 투자법이 개정되면서 공급과 수요 물량이 기하급수적으로 증가했기 때문이다. 외국인에게 부동산을 개방하면서 베트남의 부동산 시장이 일시적으로 활황을 맞았고, 버블로 인해 침몰하는 것이 아니냐는 우려이다.

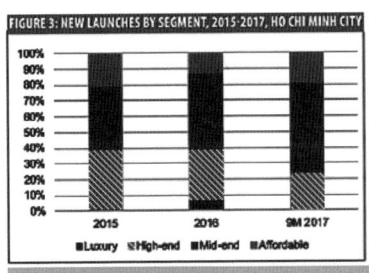
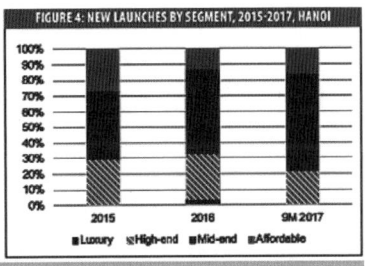

* 2015~2017 호치민-하노이 주택 유형별 공급 비율
출처: CBRE VIETNAM(2018)

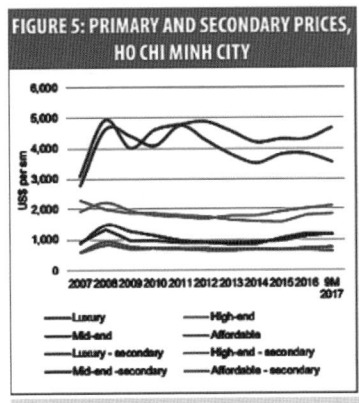
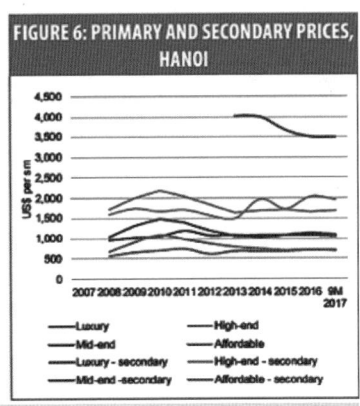

* 2007~2017 하노이/호치민 주택 발행시장가격-유통시장 가격 비교
출처: CBRE VIETNAM(2018)

**4장 베트남 통계와
통계로 설명할 수 없는 것**

하지만 부동산 시장에서 꽤나 권위 있는 CBRE의 분석 자료를 살펴보면, 베트남의 버블 논란은 섣부르다는 결론이다. 첫 번째 근거로 베트남 금융당국의 부동산 투기 통제 시스템을 강화를 뽑았다. 베트남 정부는 부동산 시장 과열과 투기 성행 및 각 신용기관의 중장기자금 유동성 악화를 우려하여 부동산 투자자들의 대출 접근 가능성을 제한하는 시행령을 발표하였다(Circular No.06/2016/TT-NHNN). 두 번째 근거로 기존의 높았던 럭셔리 주택 공급 비율이 낮아지고, 중저가 아파트 보급률이 높아졌다는 점이다. 이 통계가 주는 의미는 투기적 성향의 부동산 거래보다 실수요자 중심의 거래가 높아졌다는 의미이다. 마지막으로 주택 발행 시장 가격과 유통 시장 가격의 차이이다. 조금 더 쉽게 풀이하자면 초기 주택 공급 가격을 발행시장가격이라 하고, 재판매 되는 개념을 유통시장가격이라 칭한다. 아래 제시된 표를 보면 호치민과 하노이의 주택 발행시장가격과 유통시장가격의 차이가 크지 않다는 점을 마지막 근거로 들었다.

4) FDI (외국인 직접투자)

- 든든한 베트남 경제의 버팀목?

베트남에는 우리나라 사람에게는 약간은 생소한 통계 개념이 있다. 바로 외국인 직접 투자 통계이다. 1986년 베트남은 사회주의 시장경제를 목표로 세계에 문호를 개방한다. 그 이래로 지난 33년간 베트남은 연평균 6.5%의 GDP 성장률을 기록하여 세계에서 경제 성장이 가장 빠른 국가로 급부상하였다. 베트남의 빠른 경제 성장에 가장 큰 힘이 되었던 것은 외국인 직접 투자 즉, FDI(Foreign Direct Investment)다. 1988년부터 2018년 6월까지 누계 기준으로 對 베트남 외국인 직접투자는 2만 5,953건, 금액으로는 3,312.3억 달러이다.

(단위: 백만 달러, 건)

구분	2012	2013	2014	2015	2016	2017	2018. 6
투자금액	16,348	22,352	20,230	24,115	26,890	37,100	20,333
투자건수	1,287	1,530	2,182	3,038	9,832	9,000	4,622

* 연도별 외국인 직접투자
  주: 2016, 2017, 2018년 6월 통계는 출자 및 주식매입 포함
  출처: 베트남 통계청, 2019 베트남 진출전략(KOTRA)

4장 베트남 통계와
통계로 설명할 수 없는 것

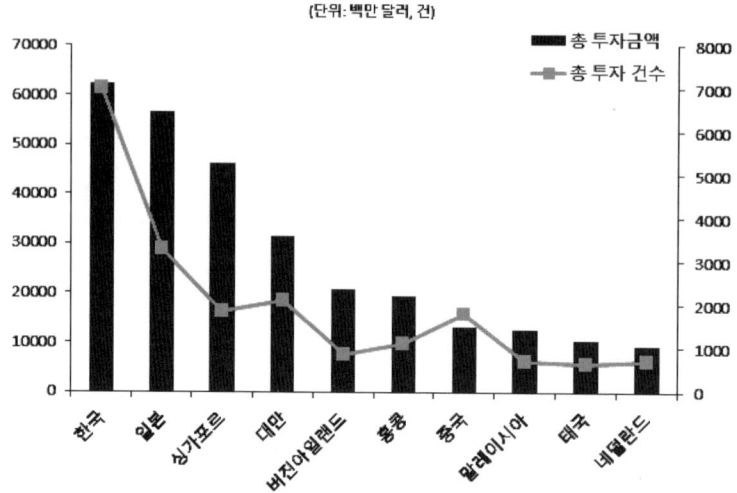

* 베트남 투자 상위 10개 국가 투자 현황
출처: 베트남 외국인 투자청, 2019 KOTRA

위의 그림에서 보듯이 우리나라가 FDI 총 금액과 건수 면에서 압도적인 면을 보이고 있다. 앞서 언급하였듯이, 베트남에 진출한 한국 기업의 수만 약 4,300여개 기업이고, 투자건수만 보았을 때는 7,000건이 넘는 투자 의욕을 보이고 있다. 우리나라의 성장 정체와 맞물려 베트남으로의 진출 및 투자를 서두르는 모양새다. 우리나라뿐만 아니라 세계적으로도 매력적인 투자 국가로 거듭나고 있다. 미국의 'US NEWS & WORDL REPORT'에서 발표한 2019 투자 최적국 지수에서 베트남은 8위를 기록하여 동남아시아의 말레이시아(13위), 싱가포르(14위), 인도네시아(18위)보다 높은 순위를 차지하였다. 왜 세계적으로 베트남에 투자 매력을 느끼고 있는 걸일까?

먼저, 베트남에 FDI 자금이 많이 유입되는 가장 큰 이유는 외국인 투자법에 있다. 기존 외국인이 국영기업 주식을 소유할 수 있는 한도를 최대 49%까지 제한하고 있으나, 2018년 말 외국인 지분법 제한 규정을 사실상 폐지하는 증권법 개정안을 발의함에 따라 FDI가 지속 증가하고 있다.

또한, 사회주의 국가임에도 불구하고 정치·경제적으로 안정되어 있어 리스크가 낮다는 점이다. 베트남은 중국의 사회주의와 구조적으로 닮아있지만, 자유도 측면에서는 더 개방적이라는 평가다. 세계 경제의 패권을 놓고 미국과 다투는 중국과 다르게 베트남은 모든 국가에 대해 개방적이며, 국가 간 수교와 교류에 있어서 온화한 편이다.

마지막으로 풍부한 경제활동인구와 자원을 기반으로 한 성장 잠재력이다. 베트남의 인구 구조에 대해 앞서 언급한 것을 다시 상기하여 보자. 베트남은 20~49세의 인구가 1억 인구의 약 절반가량을 차지하고 있는 나라다. 경제 활동이 가장 활발한 국가 중 하나라는 것은 의심의 여지가 없다. 덧붙여, 최근에는 제조업 기업들의 탈 중국 현상이 베트남의 FDI를 늘리는 효과를 내고 있다.

그렇다면 베트남의 FDI의 꾸준한 증가에 대해서 우리는 어떻게 바라봐야 할까? 분명히 베트남 국가의 경쟁력을 강화하고 투자 매력도를 꾸준히 올린다는 점에서 FDI의 증가는 긍정적으로 평가하는 것이 당연하다. 하지만 베트남 전체 경제력 중 FDI의 비중이 너무 높지 않냐는 시선이 존재한다. 최근 3년간(2014~2016) FDI 기업의 수출액과 수입은 각각 17.53%, 14.77% 성장하였다. 2018년도 상반기도 전년 동기 대비 각각 15%, 7% 상승해, 긍정적인 성장 신호를 보임에는 분명하다. 하지만 베트남 전체 수출액 대비 FDI 기업의 수출액 비중은 2018년 상반기 기준 약 70%를 차지한다. 베트남 전체 수출에서 FDI 기업군의 비중이 상당히 높으며, 베트남의 외국인 투자 의존도가 과도한 것 아니냐

4장 베트남 통계와
통계로 설명할 수 없는 것

는 의견도 존재한다.

그렇다면 베트남의 경제 펀더멘탈은 건강하다고 판단해도 되는 것일까? 베트남은 전 세계에서 엄청나게 성장하고 있는 국가이지만, 기업 활동의 폭을 베트남 국내 기업으로만 국한하면 그 수치가 턱없이 낮아진다. 실제로 우리나라에서처럼 대기업의 힘을 보이며 제조업 또는 미래사업에 투자하고 있는 기업은 매우 적다. 최근 VIN GROUP이 자동차 제조 시장에 뛰어든 것 외에는 굵직한 소식이 들리지 않는다. 시가총액 기준으로 순위 내에 있는 대부분의 기업들은 부동산 및 건설 관련, 자원 관련, 은행 및 소비재 업체들이다. 베트남은 최근 들어 급격한 발전을 맞이하다 보니, 1차에서 2차, 3차로 이어지는 산업이 점층적으로 발전한 것이 아니다. 1차 산업 즉, 농수산업이 아직도 국가의 기반 산업이고, 최근 추세에 맞추어 3차 산업을 주 업종으로 운영 하는 국내 기업들이 생겨나고 있는 실정이다. 베트남 국내 기업 중 제조업을 기반으로 하는 기업이 적다 보니, 외국 기업에 의존하지 않는다면 경제 펀더멘탈에 구멍이 하나 생기게 된다. 이를 베트남의 값 싼 노동력과 소비 시장을 바라보고 외국기업이 진출해 구멍을 메우게 된 꼴이다.

이렇게 되니, 베트남 전체 경제를 바라보았을 때는 탄탄한 구성으로 보이나, 외국 기업이 정치·경제적 이슈 또는 베트남에서 더 이상의 기업 운영이 어려운 상황이 발생하게 될 경우 한 순간에 경제가 무너질 수 있는 리스크는 존재한다. 물론, 어디까지나 가정일 뿐이고, 베트남 경제가 한 순간에 무너질 수 있는 시나리오의 가능성은 매우 낮다. 많은 경제 전문가들은 베트남이 향후 꾸준한 성장세를 바탕으로 동남아시아에서 한 축을 담당할 것으로 예상하고 있다.

베트남 창업 마지막 기회를 잡아라

구분	2015	2016	2017	2018 (상반기)	2015~2018 CAGR*
수출액	110,556.6 (17.7)	123,874.4 (12.0)	152,188.7 (22.9)	79,961.0 (15.7)	17.53
수입액	97,226.5 (15.5)	102,436.0 (5.4)	126,372.8 (23.4)	64,865.6 (7.5)	14.77
총 교역액	207,783.1 (16.6)	226,310.4 (8.9)	278,561.6 (23.1)	144,826.6 (12.0)	16.2
무역수지	13,330.10	21,438.40	25,815.90	15,095.40	-

* 2015~2018 CAGR은 2015~2017년 연평균 성장률
* ( )안은 전년 대비 증가율
출처: 베트남 세관총국, 2019 KOTRA 자료

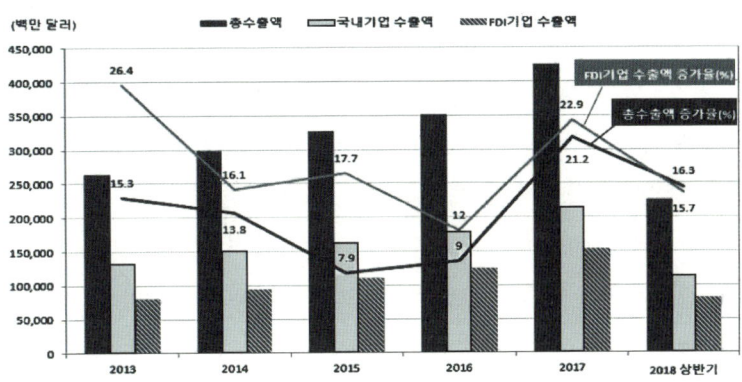

* 베트남 내 FDI 기업군의 수출성장 추이
출처: 2019 베트남 진출전략(KOTRA)

4장 베트남 통계와
통계로 설명할 수 없는 것

5) 임금시장

- 베트남 직원들은 얼마를 받을까?

베트남인들이 직업을 선택하는 데 있어 가장 중요한 요소는 무엇일까? 바로 돈이다. 베트남의 한 통계 사이트에서 18세 이상의 성인 일천 명을 대상으로 직업 선택에서 가장 중요한 요소를 물었다. 그 중 가장 많은 득표를 차지한 분야는 37%로 '급여'를 꼽았다. 두 번째로 높은 득표를 한 14%의 '수당'까지 넓은 개념의 임금으로 본다면, 51%가 임금 수준을 직업 선택의 첫 번째 요소로 선택한다는 이야기다. 사실, 어느 나라에서나 급여가 직업 선택의 첫 번째 기준이 되는 것은 당연한 통계 결과일 수도 있지만, 베트남에서는 조금 더 해석의 여지가 있다.

먼저, 우리는 베트남의 최저 임금에 대해 자세히 살펴볼 필요가 있다. 베트남인의 최저 임금은 매년 3자 논의(정부, 사용자, 노동자)를 거쳐 진행되며, 베트남 노동총연맹(VGCL, Vietnam General Confederation of Labor)와 베트남 상공회의소(VCCI, Vietnam Chamver of Commerce and Industry) 간의 의결 조율을 거쳐 정부의 최종 발표를 통해 임금이 결정된다. 이때, 베트남의 63개 시·성을 총 4개 지역으로 나누어 최저 임금 인상률을 차별적으로 결정한다. 2020년에는 1지역의 임금이 최초로 4백만 동을 넘어선 442만동(약 192달러)으로 결정이 되었다. 물론 연도별 임금상승률은 해마다 점차 감소하는 추세이며, 의류 및 제조업 중심의 산업을 유지·발전하기 위해 향후 5~7% 사이의 임금 인상률이 전망된다.

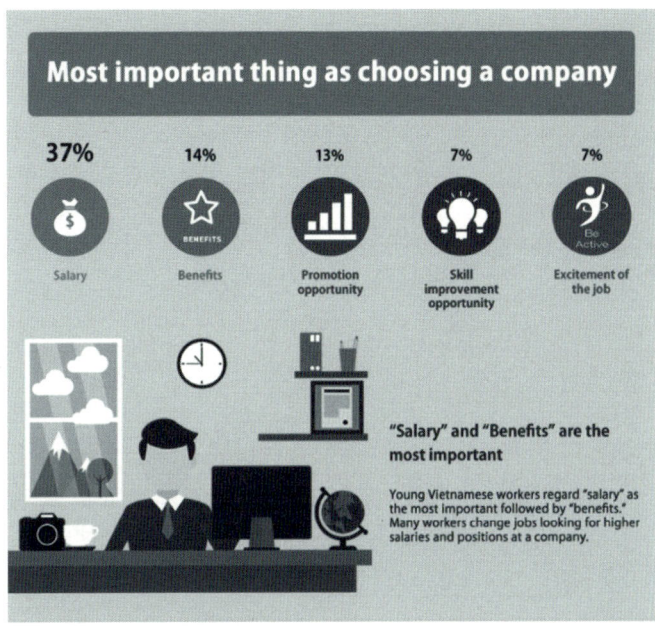

직업 선택 시 가장 중요한 요소
출처: 베트남 민간 통계 사이트 Q&Me

구분	2020년	2019년	인상률(%)
1지역	4,420,000 (약 192달러)	3,980,000	5.7
2지역	3,920,000 (약 170달러)	3,530,000	5.7
3지역	3,430,000 (약 149달러)	3,090,000	5.5
4지역	3,070,000 (약 133달러)	2,760,000	5.1
		평균	5.5

* 2020년 베트남 최저임금
　출처: KOTRA(한국무역진흥원)

4장 베트남 통계와
통계로 설명할 수 없는 것

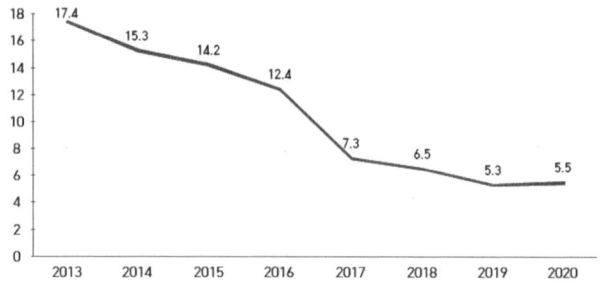

베트남의 최저 임금 수준을 보고 이 나라의 경제 수준을 짐작하기에는 아직 큰 무리가 있다. 아래 우리 회사의 직원들의 급여 수준을 대략적으로나마 공개하도록 하겠다. 우리 회사의 경우 호치민 1지역에 속하는 회사이며, 공장에서 근로하는 공인들이 아닌 일반 사무직원들로만 구성되어 있는 회사이다. 아르바이트를 제외한 정직원의 경우 최대 2,000만 동에서 최저 950만 동으로 1인당 평균 약 1,400만 동의 급여를 수령한다. 물론 회사 특성상 타사 대비 높은 임금을 지불하고 있는 실정이나, 각 기업 간 경쟁 및 장기근속자 이탈 방지를 위해 최소 3년 이상의 실력 있는 경력자일 경우 우리와 비슷한 수준의 급여를 수령하고 있다.

구분	직책	급여 수준(VND)
직원 A	통역	20,000,000
직원 B	마케팅 부서장	19,000,000
직원 C	회계 부서장	18,000,000
직원 D	IT 부서장	15,000,000
...	...	...
직원 Y	마케팅 직원	10,000,000
직원 Z	마케팅 직원	9,500,000
아르바이트 평균	아르바이트	4,900,000
평균(아르바이트 제외)		14,000,000

* 벅세스 베트남 직원 급여 테이블

실질적으로 최저 임금을 지급하는 회사일지라도, 각종 수당으로 지급되는 급여까지 합한 통합 임금을 살펴보면 결코 최저 임금과 같은 숫자가 나오지 않는다. 일반적으로 최저 임금을 기반으로 직원의 기본급을 산정하고 각종 수당을 업무와 직급에 따라서 나뉘어 산정하고 있다. 전자 산업에서 근무하는 공인보다 일반적으로 더 낮은 급여를 수령하고 있다고 알려져 있는 의류•봉제 공장의(2지역) 평균적인 공인이 받는 수입은 실상 월 약 600만~700만 동 수준이다. 고용주 입장에서 식대 제공 및 사회 보험료까지 추가로 지출되어야 한다. 사회 보험료에 대해서는 뒤에 6장 세무•회계 분야에서 더욱 상세히 다루도록 하겠다.

구분	항목	기준 금액(VND)	지급 기준
급여성	기본급	4,000,000	2020년 최저 임금 기준
	직책수당	200,000~2,000,000	직급에 따라 차별
	위험수당	160,000	기본급의 4%
	기술수당	280,000	(기본급+위험수당)의 7%
	만근수당	200,000	
	근속수당	30,000~150,000	근속기간 1년 이상 30,000동 최대 150,000(5년 기준)
	유류수당	200,000	기준근무일 충족 시 지급
복리성	육아수당	20,000	2만동/1자녀 4만동/2자녀, 6세 이하 자녀
	생리수당	30,000	여직원 개별 30,000동 지급
	생일수당	20,000	생일자에 한하여 현물 지급
	식대	20,000	1식 동일 20,000동 기준
기타	노조지원	-	개인별 사회보험료 산정의 2%

* 베트남 A 생산 공장 임금 지급 기준표

4장 베트남 통계와
통계로 설명할 수 없는 것

이처럼 최저 임금과 실제 임금의 격차가 발생하는 이유는 베트남의 생활 물가와 밀접한 연관이 있다. 우리가 알고 있는 1인당 베트남 경제 소득 수준은 2018년 기준 2,587달러로 전 세계 151개 국가 중 109위에 해당한다. 경제개발도상국에 속하는 베트남은 현지의 많은 사람들이 인지하고 있듯이 소득불평등 즉, 빈부격차가 점차 심해지고 있다. 자연스레 고소득층이 누리는 문화가 평범한 사람들의 눈에도 보이기 시작하였으며, 더욱 높은 소득을 쫓아 일자리를 찾아다니게 되는 형국이 되었다. 하노이, 호치민 등 시내의 주요 외국계 기업에서 일하는 베트남 직원들은 한국 사람들과 동일한 대우를 받는 경우도 많이 있으며, 이에 따라 베트남인간의 임금 격차는 점차 커지고 있는 실정이다.

순위	국가명	1인당 GDP(달러)
1	룩셈부르크	11만 4,340.5
2	스위스	8만 2,838.93
3	노르웨이	8만 1,807.2
...	...	...
26	한국	3만 3,346.3
...	...	...
108	라오스	2,567.54
109	베트남	2,563.82
110	이집트	2,549.14

* 1인당 국내총생산(GDP) 순위
출처: 통계청(2018)

6) 주식시장

– 베트남 주식 투자, 안전한가?

최근 한국에서 가장 주목받고 있는 투자 종목이 베트남 주식시장이 아닌가 싶다. 각 증권사별로 베트남 주식 연계형 상품을 연이어 내놓고 있고, 투자율 또한 해외 펀드 중 항상 상위권에 위치해 있다. 이에 많은 우리나라 사람들이 관심을 보이고, 증권 계좌 개설을 위해 직접 베트남에 방문하기도 한다. 앞서 살펴본 베트남 부동산 시장과 함께 한국에 거주하면서 베트남에 직접 투자할 수 있는 또 하나의 방법이 주식 투자이기 때문이다. 하지만 한국에서 많은 관심을 받고 있는 정도에 비해 현지에서는 부동산 시장이 아직까지는 더욱 큰 관심을 받고 있는 것이 사실이다. 베트남 주식 시장이 과연 황금 알을 낳는 거위가 될지 천천히 살펴볼 필요가 있다.

먼저, 베트남 주식시장은 시총 약 215조 원, 상장 기업 수 1,562개, 일평균 거래 대금 3,000억 원의 시장이다. 시총 약 1,600조 원 규모의 한국 주식 시장에 비교해보자면 8분의 1 수준이다. 하지만 그 성장세가 엄청나다. 베트남은 2015년 외국인 투자자 지분 제한을 완화한 후 전체 규모와 상장 기업수의 급격한 상승을 보여주고 있다.

4장 베트남 통계와
통계로 설명할 수 없는 것

구분	호치민 거래소	하노이 거래소	업컴거래소
축약어	HSX	HNX	UPCoM
설립년도	2000년 7월	2005년 3월	2009년 6월
상장종목수	375	374	813
특징	대형주	중·소형주	소형주 및 국영기업
시가총액	160조원	10조원	45조원
주가지수	VN지수	HNX 지수	UPCoM 지수
일평균 거래량	2억 1백만 주	4천 5백만 주	1천만 주
일평균 거래대금	2,668억 원	200억 원	80억 원

* 베트남 거래소별 정보
출처: Bloomberg, 미래에셋 베트남 주식전망(2019)

 베트남 거래소는 장외시장까지 합쳐 총 4개 시장으로 구분되어 있으나, 실질적으로 외국인이 투자가 가능한 거래소는 호치민 거래소(HSX), 하노이 거래소(HNX), 업컴거래소(UPCoM)이다. 베트남의 가장 대표적인 주식 거래소인 호치민 거래소는 한국의 KOSPI 지수와 유사하다고 보며, 하노이 거래소는 KOSDAQ과 유사하다. 최근 들어 업컴 상장 기업 수가 크게 증가되었는데 이는 베트남에서 IPO 후 국영 기업은 90일 이내, 민영 기업은 30일 이내에 업컴에 등록해야 하는 법규가 제정되었기 때문이다. 이 배경에는 베트남 공기업의 민영화 추진이 큰 역할을 하고 있다. 여기서 민영화라는 것은 베트남 국영기업들의 주식화 컨설팅 입찰을 의미한다. 베트남은 2017년부터 2020년까지 총 137개 기업을 민영화하겠다는 목표를 세웠다. 이 민영화 목록에는 베트남 최대 국영통신기업인 'VNPT' 등이 포함되어 있으며, 항만·항공·건설·통신·도소매 등 다양한 분야에 걸쳐 민영화가 실시된다. 사실, 베트남 기업의 민영화 추진은 이미 오래 전부터 추진되어 온 이슈이지만, 베트

베트남 창업 마지막 기회를 잡아라

남 정부와 재계 간 비리가 연루되어 쉽사리 진척되지 않았던 분야이다. 베트남 정부는 이번 기회에 민영화 추진을 바탕으로 시장의 외국인 참여를 늘려 시장 확장의 의중을 가진 것으로 파악된다. 많은 전문가들은 베트남 주식 시장에 많은 호재가 있을 것으로 바라본다. 대표적으로 앞서 언급했던 국영화 기업의 민영화와 더불어 신흥국지수 편입, 증권법 개정안 통과(2020 예정) 등 시장을 긍정적으로 바라 볼 수 있는 요소가 많이 있다고 한다.

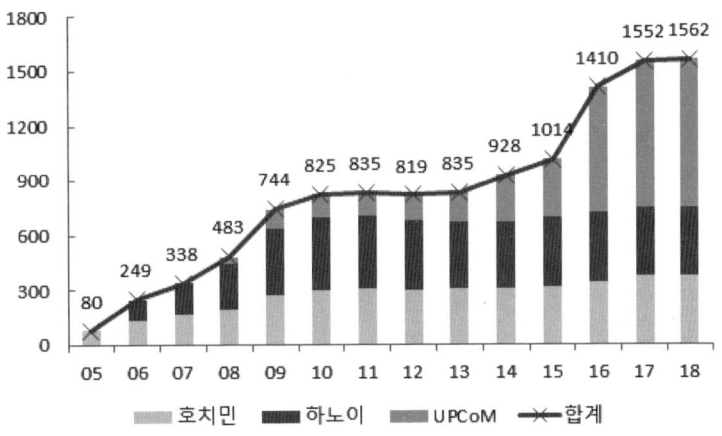

* 거래소별 상장 기업 추이
출처: 미래에셋 베트남 주식시장 전망(2019)

이렇게 긍정적인 시장 전망에도 불구하고 한국에 있는 지인들이나 심지어 베트남에서 생활을 하고 있는 사람들도 주식을 직접 하고 있다는 사람들에게 투자의 안정성에 대해 자주 묻곤 한다. 개인적인 투자에 대해서 수익을 보장할 수 없고, 리스크에 대한 부담은 온전히 본인이 져야 하기 때문에 제3자의 입장에서 크게 결정할 수 있는 사항은 없다. 다만, 개인의 판단에 의해 주식 투자를 결정하였다면 베트남에서

4장 베트남 통계와
통계로 설명할 수 없는 것

주식 계좌를 개설하고 투자 후 수익에 대한 회수는 안전하다고 할 수 있다. 대부분 대형 현지 증권사 또는 한국 증권사를 통해 주식 투자를 감행하기 때문에 일정 수수료를 지불한다면 한국으로의 자금 회수가 가능하다.

 우리 책은 베트남 주식 투자에 대해 상세한 정보를 제시하는 것과는 거리가 있다고 판단하기 때문에 관심을 가지는 사람들이 어떻게 현지에서 주식 계좌를 열 수 있는지를 알려주려 한다. 과거에는 증권 계좌 개설에 많은 준비물이 필요하였지만, 현재는 여권만 있으면 계좌 개설이 가능하다. 기본적으로 계좌를 개설하는 증권사의 담당자와 미리 연락을 하여 기본 정보를 제공하면 필요한 서류 및 각종 서류의 공증 방법 등의 여부를 알려준다. 여기서는 내가 직접 개설하였던 SSI증권의 계좌를 열었던 방법을 공유하도록 하겠다.

---

①증권사 담당자 연락 - 기본 정보 제공 (한국어, 영어 서비스 제공)
②여권 및 여권 사본 공증 - 하노이, 호치민 인민위원회 공증 가능
 (약 500원 소요)
③증권사 방문 - 각종 서류 서명 및 동의 (현지 직원이 준비)
④E-TRADING 승인 - 아이디/비밀번호 설정 (약 1주~2주 정도 소요)

 이 외에 기타 필요한 자료는 본인의 담당 직원에게 연락하면 소통이 가능하다. 언어는 대부분 영어로 진행하게 된다. 베트남 주식에 관한 정보는 해당 직원 및 증권사에서 지속적으로 메일링 서비스를 제공하며, 본인의 관심 종목을 하나하나 설정해가며 리서치 하는 것이 중요하다. 특히 베트남 현지가 아닌 한국에 체류하며 투자를 할 경우에는 정보 리서치에 더욱 주의를 기울일 필요가 있다.

베트남 창업 마지막 기회를 잡아라

7) 정치·사회 구조

- 사회주의 공화국 베트남?

 베트남은 사회주의 공화국이다. 옛 소련과 중국과 같은 사회주의 국가 정치 체제를 유지하면서 베트남 특유의 제도가 혼합되어 있는 형태다. 한국의 지인들이 베트남에 찾아오면 늘 빠지지 않고 물어보는 질문 중의 하나가 바로 이 베트남 정치체제다. 하지만 생각보다 베트남의 정치체제에 대해 많이 알고 있는 사람은 찾기 힘들다. 막상 이 곳에 정착하여 살고 있는 사람들은 이 나라가 사회주의 국가라는 사실을 망각하게 된다. 우리가 세계의 역사에서 배우고 언론에서 접하는 여타 사회주의 국가의 모습과 많이 다르기 때문일 것이다. 외국인의 입장에서 바라보았을 때 베트남이 사회주의 국가임을 증명하는 모습은 길거리에서 교통을 통제하고 있는 공안 경찰 정도가 전부다.

 베트남은 앞서 살펴본 바와 같이 역사적으로 중국, 프랑스 등의 열강에게 침략을 당해왔으며, 피지배 국가로서의 역사가 길다. 소련을 기점으로 한 사회주의 이데올로기가 창궐하던 시기 베트남에도 북부를 기점으로 사회주의가 팽창하였으며, 1975년에 이르러서야 호치민의 북베트남에 의해 통일이 된 국가다.

4장 베트남 통계와
통계로 설명할 수 없는 것

오랜 전쟁 끝에 베트남은 호치민의 국가 정치 이념과 같은 국가의 자유와 독립을 최우선으로 여기게 된다. 여기서부터 베트남은 사회주의라는 정치 체제를 유지하면서도 경제 발전에 매진을 하게 된다. 정치체제와 무관하게 경제 발전을 위해 여러 국가들과 우호관계를 형성하여 경제 협력을 지속적으로 확충하였으며, 지금의 베트남에 이르기까지 개방과 혁신을 지속적으로 외치고 있는 모습이다.

베트남은 1986년 제6차 베트남 공산당 전당대회에서 그 유명한 도이머이(Đổi Mới) 슬로건을 내세우며 대외 개방을 시작하였다. 사실상 시장 경제를 도입한 시기가 된다. 이후 베트남은 각 국가와 수교를 맺었고, 우리나라와는 1992년에 이르러서야 정식으로 수교를 맺게 된다. 또한, 2007년 WTO 가입 및 각종 FTA 등 다수의 무역협정 체결과 국제 금융기구와의 협력 강화를 위해 지속적으로 노력한다.

이렇게 사회주의 체제를 유지하면서 경제적으로 시장 경제를 표방하는 베트남의 정치 체제는 어떻게 운영될까? 베트남은 공산당 일당체제의 사회주의 국가이다. 이에 따라 중국과 같이 5년마다 공산당 전당대회가 개최되고, 주요 부처의 인선이 정해진다.

이때 정해지는 인선에 따라 사실상 공산당 서열이 정해지게 된다. 2018년 9월 Tran Dai Quang 주석이 서거하면서 현재 베트남의 서열 2위인 주석의 자리는 당 서기장인 Nguyen Phu Trong이 겸직하고 있다. 이는 베트남 공산주의 역사상 처음 있는 일로, 서열 1·2위를 손에 쥔 Nguyen Phu Trong의 더욱 강화된 권력에 세계가 주목하고 있다. 현재의 베트남 당 서기장은 사회주의식 시장경제 체제를 옹호하는 인물로 베트남의 경제 발전에 더욱 가속도를 붙일 인물로 평가되고 있다.

베트남의 외교 활동 중 특히 주목되는 부분은 미국과의 점진적 우호 관계이다. 2016년 오바마 미국 전 대통령이 베트남을 방문한데 이어,

2017년에는 Nguyen Xuan Phuc 수상이 미국을 방문하여 베트남 투자 포럼 등 다양한 행사와 더불어 국가 정상 간 회담이 이루어졌다. 베트남과 미국은 트럼프 정부 이후 무역 불균형 해소가 이슈로 떠올랐다. 미국의 무역적자 국가 6위를 차지하고 있는 반면, 베트남의 최대 무역 흑자국은 미국이기 때문이다.

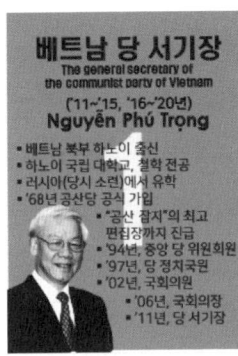

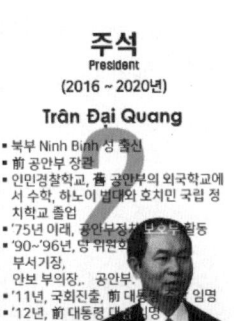

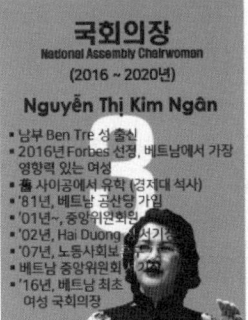

* 베트남 신임지도부 주요 인사(권력서열순)
주: 2018년 9월 21일 Tran Dai Quang 국가 주석 서거
출처: KOTRA 호치민 무역관

4장 베트남 통계와
통계로 설명할 수 없는 것

하지만 최근 북한과 미국 정상 간의 회담이 하노이에서 열리는 등 미국은 동아시아의 전략적 우호 국가로 베트남을 중요하게 여기고 있다. 이는 중국의 경제적 성장에 따른 세계 경제 패권의 주도권을 놓치지 않기 위해, 중국의 주변 국가들과 우호적 관계를 맺음으로서 간접적으로 영향을 주기 위함으로 보인다.

이처럼 베트남은 정치는 사회주의 체제, 경제는 시장주의 체제를 혼합하여 국가를 운영하고 있다. 이는 중국식 사회주의 체제와 유사하지만 자유도적인 측면에서 조금 더 개방적이라고 보인다. 또한 많은 한국 사람들은 베트남 사회를 한국의 70~80년대와 비교하여 베트남의 현실과 미래를 논하지만, 내가 보기에는 중국식 사회주의의 경제 발전 체제와 유사하다.

조금 더 자세하게 살펴보면, 베트남이 발전하고 있는 양상은 일단 동남아시아에서 1위 국가를 탈환하는 것을 목표로 하는 것처럼 보인다. 항만 건설과 하노이•호치민 내 전철과 도로 교통 정비 계획 등을 보면 인근 동남아시아 국가인 태국과 말레이시아 등을 모델로 미래 계획을 세우고 있는 것으로 보인다. 전 세계에서 가장 경제 성장 속도가 높은 나라에 속하는 베트남이 이 기세를 이어간다면 싱가포르를 제외한 동남아시아의 패권 국가가 되는 날도 멀지 않았다.

8) 교육제도

- 베트남 대학 진학률 28.3%

　79개 국가를 대상으로 15세 이상의 학생들을 대상으로 하는 PISA(시험국제학업성취도 평가)의 2018년 발표에 따르면 베트남은 평균 점수 505점으로 미국과 같은 13위를 기록했다. 국가 경제력을 생각하면 꽤나 높은 위치에 속해 있는 순위다. 베트남은 아직까지 교육 체제와 수준에서 미비한 모습을 많이 보여주고 있지만, 높은 교육열로 인해 발전의 속도가 빠르고 시장이 점차 커지고 있는 모양새다.

　베트남의 교육을 크게 공교육과 사교육 두 가지로 나누어 보자. 먼저 베트남의 정규 교육은 5-4-3-4학제를 따르고 있다. 초등학교 5년과 중학교 4년은 의무교육으로 국가에서 무상으로 제공된다. 중학교를 졸업하고 고등학교 진학을 하거나 기술학교에 입학할 수 있게 된다. 기본적으로 9월에 입학 시즌이 시작되며, 여름 방학(6~8월)이 존재하나 겨울 방학은 없다. 대학교에 진학하기 위해서는 우리나라의 수능과 같은 입학시험(Thi tuyển sinh đại học)을 치러야 하며, 지원 학교의 수는 제한이 없다. 매년 7월 시행되며 9월말에서 10월초에 결과가 발표된다.

학교	학령 및 교육 기관
유아원	생후 3개월~3년
유치원	3~5세(3년)
초등학교	6~10세(5년)
중학교	11~14세(4년)
고등학교	15~17세(3년)
기술학교	1)중학교 졸업대상: 3~4년 2)고등학교 졸업대상: 2~2.5년
대학교	준 학사(전문대학) 과정(3~3.5년) 학사과정(4년), 약대(5년), 의대·치대(6~7년) 석사과정(2년), 박사과정(2~4년)

* 베트남 정규 교육 과정
출처: 외교부 베트남 개황 자료(2018)

 이러한 베트남의 공교육 제도는 많은 변화가 있었음에도 불구하고 아직까지 많은 문제점을 노출하고 있다. 먼저, 각 학교의 학제에서 교사의 역량이 부족함을 꼽을 수 있다. 베트남에서 교사는 급여가 매우 낮은 직업군에 속한다. 한 조사 기관의 연구 결과에 따르면 베트남 선생님의 평균 연봉은 약 1,800달러이다. 세계적으로 교사의 급여는 1인당 GDP와 비슷한 수준을 각 국가별로 유지하고 있다. 이 중 1인당 GDP보다 임금을 가장 높게 지불하고 있는 국가는 우리나라다(175%/1인당 GDP). 베트남의 2018년 기준 1인당 GDP는 2,551달러로 약 700달러가량을 더 낮게 수령하고 있는 셈이다. 이에 베트남 현직 교사의 대부분이 낮은 임금에 대해 불만을 가지고 있다. 심지어 정규 초·중·고 학교의 담임교사를 역임하면서 해당 반 학생을 개인 교습하는 경우도 일어난다. 이런 분위기에 있다 보니, 과거에 우리나라에 있었던 '촌지'문화가 당연히 베트남에도 존재한다.

베트남 창업 마지막 기회를 잡아라

교사 문제와 더불어 베트남의 교육은 중앙 교육청에서 수업 내용을 정해놓기 때문에 교육기관의 자치권이 취약하고, 최신 산업 트렌드를 학교에서 따라가지 못하는 점이 있다. 이러한 점과 맞물려 부모들은 자식들을 사립학교에 보내기도 하고, 사교육을 병행하기도 한다. 먼저 사립학교 측면에서 보았을 때, 주로 하노이와 호치민 대도시에서 성행하고 있다. 일반적으로 대부분의 학교에서 유치원(3세)부터 고등교육(17세)까지 전체 학제에 걸쳐 교육제도를 운영 중이다. 사립학교 중 인지도가 높은 학교는 하노이 기준 암스테르담, 브랜든, 마리퀴리, 올림피아 스쿨, 아르키메데스 등이 있으며 학비는 초등•중등•고등에 따라 차별적으로 책정되며 연 250만원~800만원 선이다. 호치민도 학비적인 측면에서는 크게 다르지 않다. 많은 한국인들은 자녀들의 국제학교 진학을 놓고 고민을 한다. 국제학교에 가게 될 경우 연간 10,000달러에서 25,000달러 정도로 사립학교보다 비싼 편이며 그 외에 부대비용이 추가로 들어간다고 한다.

베트남의 대학 진학률은 약 28.3%에 불과하다. 인근 동남아시아 국가인 태국과 말레이시아의 대학진학률은 각각 43%와, 48%인 것에 비교하면 굉장히 낮은 수치이며, 세계적으로도 가장 낮은 진학률에 속한다. 이는 여러 가지 이유가 있을 것으로 풀이 된다. 먼저, 가정의 소득을 올리기 위해 고등학교 졸업 후 바로 취업을 하는 경우가 많다. 개발도상국답게 각 지방에 많은 공장이 생겨났고, 늘 인력을 채용하는 공고가 동네방네 뿌려지게 된다. 대학을 졸업하게 되어도 급여 수준에서 큰 차이가 나지 않는다는 인식이 베트남의 고등학생들을 바로 취업전선으로 내몰게 되었다. 물론 이 현상이 나쁘다는 이야기는 아니다. 하지만 대도시에서는 높은 수준의 교육을 받은 인력을 수급받기를 원하는 측면이 적지 않다. 이에 베트남 정부는 해외 기관과 기업에 적극적인 투자를 요청하고 있는 상태다. 베트남 투자청(FIA)에 따르면, 새로운 교육에 대한 투자의 부족함을 해외 투자로 메우려 하고, 관련 분야의 법령을 완화하는데 초점을 맞추고 있다고 한다.

기관명	국적	소개	홈페이지
ILA VIETNAM	베트남	-2001년 설립 -7개 도시 내 37개 지점 보유 -한해 수강생 4만 명, 강사 500명 이상 -수강료: 약 720달러(19주 74시간 과정)	ila.edu.vn
VUS VIETNAM	베트남	-뉴욕시립대(CUNY)의 베트남 전략적 파트너사 -호치민 내 15개 지점 운영 -수강료: 약 223~321달러(11주 과정)	vus.edu.vn
Apolo English Center	영국	-1995년 베트남 진출 -100% 외투 기업 -수강료: 약226달러(7~12세, 48시간 12주 과정)	apollo.edu.vn
Apax	베트남	-베트남 북부 지역에서 우세(북부 28개, 호치민 8개 지점) -2016년 청담러닝과 전략적 파트너십 체결 -수강료: 약 528달러(3개월 과정)	apaxenglish.com
Wall Street English	미국	-호치민 내 6개 지점 보유	wallstreetenglish.edu.vn
AMA	베트남	-Vietnam Investment Group이 소유한 영어 교육 기관 -베트남 전역에 20 지점 운영 중 -수강료: 약 383달러(64시간 과정)	ama.edu.vn

* 베트남 대표적인 영어 사교육 기관
출처: 호치민 무역관(KOTRA)

이러한 교육 분위기 속에서 사교육 시장은 점점 커져 가고 있다. 베트남 학부모들은 특히 영어 사교육을 선호하고 있는 모습을 보이고 있다. 기존 공교육 수준에서 성과가 나오지 않기 때문에 베트남 학부모들은 비싼 수강료를 지불하고 자녀를 영어 학원에 보내고 있다. 베트남 내에서 영어를 구사할 수 있다는 것은 추후 비즈니스뿐만 아니라 취업 시에도 급여의 차이를 불러일으킨다. 또한 외국계 기업이 많이 진출하면서

베트남 창업 마지막 기회를 잡아라

영어 가능자에 대한 수요가 끊임없이 생기고 있으며, 외국계 회사에 취직을 할 시 기회에 따라 일반적인 베트남인의 급여 수준과는 차원이 다른 임금을 받을 수 있는 기회를 부여받는다. 이런 사회 분위기에 따라 베트남은 영어 사교육 열풍이 끊이질 않고 있는 실정이다. 아래 제시된 대표적인 영어 기관 외에도 온라인 영어 교육 시장 또한 확장되어 가고 있으며, 한국계 영어기관 또한 이미 많이 진출을 한 상태이다. 베트남인 431명의 부모를 대상으로 한 통계 조사에서 약 56%의 부모가 자녀의 사교육을 진행하고 있다고 대답하였으며, 그 주요 교육은 영어, 수학 등 주요 교과목이 높은 순위를 차지하였다.

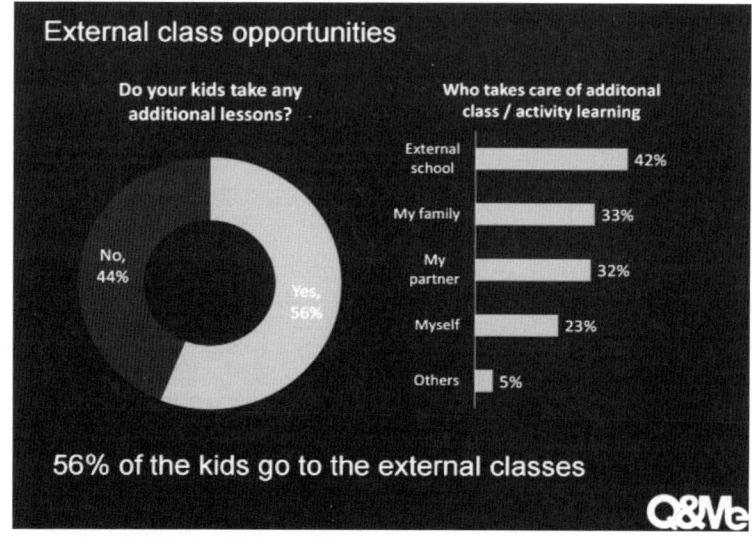

베트남인 사교육 비중
출처: Q&ME (베트남 사설 통계업체)

9) 온라인 유통 시장

- 100억 달러 규모의 온라인 유통 시장?

베트남의 온라인 유통시장의 성장세가 무섭다. 2017년 25% 성장을 시작으로 2018년도 비슷한 성장을 보였다. 2015년 베트남 정부는 2020년까지 기존의 30억 달러 규모의 온라인 유통시장을 100억 달러 규모로 키우겠다고 발표했다. 당시 과도한 목표 설정이라는 비판이 있었지만 2016년 이미 50억 달러 규모를 넘어섰고, 2020년 100억 달러 규모의 시장 성장과 전체 유통 시장의 5%를 점유할 것으로 예측하고 있다. 최근 한국에서 핸드폰만 쳐다보고 있는 사회적 현상은 베트남에서도 크게 다르지 않다. 약 1억 인구 중 인구의 60%가 인터넷을 사용하고 있고, 베트남 내 사용 등록된 이동통신기기 수는 1억 1,900만대 이상으로 집계 되었다.

베트남의 온라인 유통 시장이 빠르게 성장할 수 있는 가장 큰 이유는 앞서 살펴본 인구 통계에서 유추할 수 있다. 전체 인구 중 20~49세의 젊은 층이 전체 인구의 절반이다. 젊은 층이 많다 보니 인터넷을 사용하는 인구 비율이 자연스레 높아지고 스마트폰을 통한 온라인 시장 점유율이 확대되고 있다. 이 풍부한 인구를 뒷받침하는 경제 성장 또한 온

  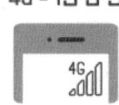

베트남 인터넷 사용 인구
출처: 호치민 무역관(KOTRA) (2019)

라인 시장의 확대를 돕고 있다. 이렇게 폭발적인 시장 성장을 일으키고 있는 또 하나의 결정적인 이유가 있다. 바로 온라인 유통에 대한 신뢰성이다. 온라인 유통을 하는 이유는 내가 직접 가지 않고 인터넷을 통해 물품을 구매하는 편리함과 시간 절약이 가장 크다. 2014년 베트남인을 대상으로 한 설문조사에서 온라인 쇼핑을 망설이는 이유를 물었을 때, 대부분의 대답은 품질에 대한 우려였다고 한다. 당시의 상세한 대답을 들어보면, '상품을 직접 만져보길 희망하기 때문'이 57%이고, '제품이 모조품이거나 중고품일 가능성을 걱정' 이 49%, '가격 흥정이 불가능하기 때문'이 39%로 조사되었다. 온라인 유통 시장이 많은 성장을

4장 베트남 통계와
통계로 설명할 수 없는 것

이루었지만 아직도 인터넷 쇼핑을 망설이고 있는 베트남인들도 위와 같은 이유로 아직까지 구매를 하지 않을 가능성이 크다. 당시만 하더라도 이제 막 온라인 쇼핑몰이 생겨나기 시작하였을 즈음이다. 현재는 많은 온라인 쇼핑몰이 성행을 하고 있는 상황으로, 구매 이용 빈도가 급격하게 늘어나고 있다. 이 과정에서 기존의 구매를 망설이던 소비자들이 온라인 시장에게 신뢰를 보이기 시작하고 있다.

2019년 3분기 온라인 쇼핑몰 시장 순위(최신)
출처: IPRICE VIETNAM (2019)

2019년 현재 베트남의 온라인 유통시장 점유율을 살펴보면 위의 그림과 같이 쇼피(Shopee)가 가장 높은 시장 점유율을 보이고 있다. 베트남 온라인 시장을 처음 접하는 사람에게는 그런가보다 할 수 있는 상황이지만, 사실 2018년 2분기까지만 하더라도 라자다(Lazada)가 5분기 연속 압도적인 1위 자리를 놓지 않고 있었다. 쇼피와 라자다는 모두 싱가포르에 본사를 두고 있는 국제 기업이다. 이 두 회사는 싱가포르를 기점으로 태국, 필리핀, 인도네시아, 말레이시아, 베트남, 대만까지 총 7개 국가에서 경쟁을 벌이고 있다. 2016년에 싱가포르에서 출범한 쇼피는 베트남뿐만 아니라 많은 국가에서 라자다를 역전하는 모습을 보였다. 그 비결로 모바일 친화적인 쇼핑 환경을 구성하여 고객 친화적으로 접근을 한 점이 시장에서 통했다는 것이다. 또한 쇼피의 또 다른 성장 비결로 꼽는 것은 판매자가 입점하기 가장 좋은 환경이라는 것이다. 자연스레 판매자가 많아지다 보니, 구매자들 또한 쇼피로 몰려가고 있는 모양새다.

　우리나라의 온라인 유통시장과 베트남 온라인 유통시장의 가장 큰 차이점은 바로 결제 방식이다. 우리나라에서는 기본적으로 계좌이체, 카드 결제 등 물품에 대한 선 결제 후 배송을 원칙으로 하고 있다. 베트남에서는 COD라고 하여 Cash On Delivery 방식 즉, 물품 배송과 동시에 물품 대금을 배달원에게 결제하는 방식이 가장 선호되고 있다.

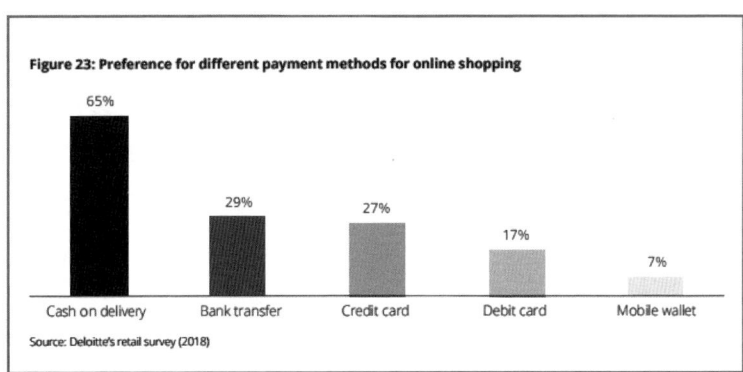

＊온라인 쇼핑시 결제 방법 순위
출처: 딜로이트(Deloitte)_2019

4장 베트남 통계와
통계로 설명할 수 없는 것

이는 앞서 언급한대로 온라인 유통 초기 모조품과 가품을 판매하는 것이 아니냐는 불신에서 나온 독특한 문화이다. 소비자의 니즈에 맞추어 베트남 온라인 유통 시장은 물품을 확인하고 대금을 지급할 수 있도록 발전하였으며, 현재 대부분의 쇼핑몰에서 계좌이체와 카드 결제 등을 지원함에도 불구하고 여전히 COD 결제 방식이 가장 선호되고 있다.

그렇다면 베트남인은 온라인 쇼핑몰에서 어떤 상품을 구매하고 있을까? 국제적인 통계 조사 업체 DataReportal의 2019년 자료를 살펴보면 금액별로는 여행상품, 전자기기, 패션, 가구의 순서로 나타났고, 성장률 측면에서는 식품, 장난감(취미), 가구, 전자기기 순서로 나타났다. 금액별 순위에서 가장 큰 금액을 차지한 여행상품은 소비자가 직접 물품을 받는 소비재가 아니므로 전자기기의 판매금액이 가장 크다고 볼 수 있다. 이는 전자기기의 개당 단가가 의류(패션)에 비해 높은 것은 감안하였을 때, 건별로는 의류(패션) 구매가 가장 많다고 볼 수 있다. 한편 이 통계에서 눈여겨 볼만한 또 다른 점은 실제 구매로 이어지는 확률이 랩톱(노트북)이나 데스크탑을 이용하는 것보다 핸드폰을 이용한 구매가 더 높다는 점이다. 베트남에서 온라인 쇼핑을 구상하고 있다면 앞의 쇼피의 사례와 더불어 꼭 참고해야할 사항이다.

베트남 온라인 유통시장 연합(VECITA)의 2018년 공식적인 집게는 28억 달러다. 그렇다면 앞서 말한 2016년 50억 달러 규모, 2020년 100억 달러 규모를 넘보고 있다는 이야기는 무슨 말일까? 바로 페이스북이다. 베트남에서 개설된 페이스북 개정은 5,200만개로 인터넷을 사용한 경험이 있는 대부분의 이용자가 페이스북을 사용하고 있다고 밝혔다. 페이스북은 뒤에 더욱 자세히 다루겠지만 베트남의 비즈니스 영위에서 선택이 아닌 필수적인 마케팅 옵션이다. 베트남 사람들의 사랑을 받

베트남 창업 마지막 기회를 잡아라

고 있는 페이스북은 높은 이용자 수만큼 SNS 자체에서 제공하고 있는 상업적 활동 역시 높은 이용률을 보이고 있다. 페이스북에서 거래되고 있는 총 금액은 조사기관에 따라 차이를 보이고 있지만, 베트남 전체 온라인 유통 시장에서 최소 30%, 최대 70%까지 점유하고 있다고 알려져 있다. 페이스북에서 이루어지는 거래는 대부분 법적 절차를 거치지 않고 판매하는 판매자와 소비자 간에 현금 거래로 이루어지기 때문에 국가 통계에 잡히기가 힘들다. 베트남에서도 온라인으로 전자상거래 수익을 낸 기업은 법에 따라 세금을 납부해야 하지만 자발적으로 세금을 납부하는 페이스북 판매자는 많지 않다. 이에 베트남 정부는 골머리를 앓고 있으며, 관리 강화에 나서고 있지만 우후죽순으로 생겨나는 판매자를 제제할 뚜렷한 방법이 나오지는 않은 상태다. 앞서 제시한 2020년 100억 달러 규모의 온라인 유통 시장은 페이스북 거래를 포함한 잠재적인 추정치로 최소 30억 달러에서 최대 70억 달러 규모가 페이스북 거래에 해당된다.

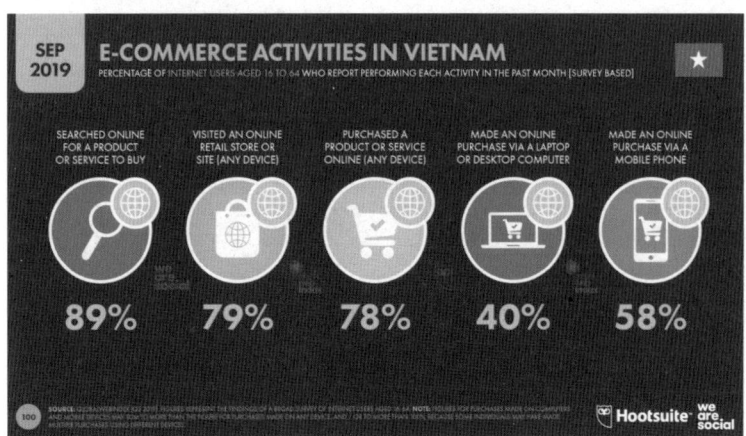

베트남 온라인 유통시장 구매 형태
출처: DataReportal(2019)

4장 베트남 통계와
통계로 설명할 수 없는 것

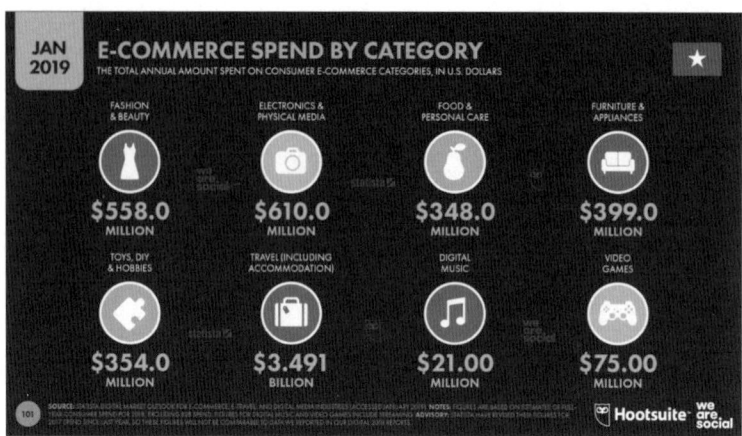

베트남 온라인 유통시장 구매 형태
출처: DataReportal(2019)

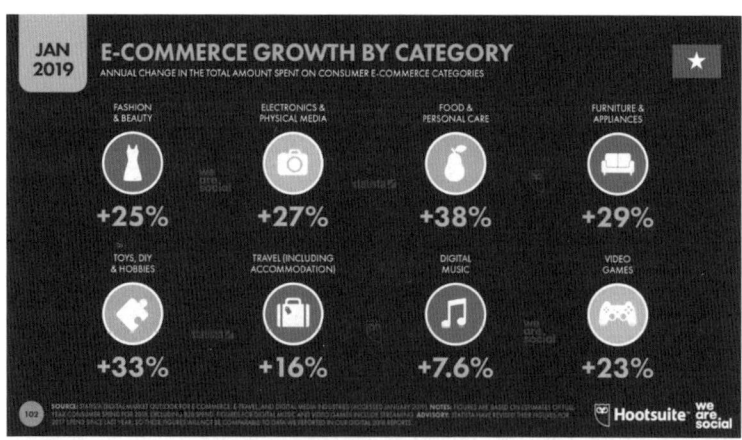

베트남 온라인 유통시장 구매 형태
출처: DataReportal(2019)

10) 행복지수

- 베트남인은 이미 우리보다 행복하다?

세계에서 가장 행복한 나라는 어디일까? 여행지를 검색하다 보면 행복한 국가로의 여행 등 각종 통계로 수식한 여행 정보를 볼 수 있다. 2010년 세계를 떠들썩하게 만든 행복한 나라 1위는 부탄이었다. 아시아 남부 중국과 인도 사이 히말라야 산맥의 동쪽에 있는 이 조그마한 나라가 세계에서 가장 행복한 나라로 뽑혔다는 통계와 함께 주목을 받기 시작했다. 이에 못지않게 두각을 나타내는 국가가 베트남이다. 같은 통계 조사 기관에서 2016년에 발표한 순위에서 베트남은 5위를 기록했다. 먼저, 우리는 이 통계가 어떤 조사 과정을 거쳐 나온 것인지 확인해 볼 필요가 있을 것 같다.

베트남이 2016년 행복도 조사에서 5위를 차지한 조사기관은 영국의 신경제재단(NEF)이다. 영국의 신경제재단은 다른 기관과 차별적인 선정 기준을 적용한다. 국가별 행복 지수를 산출하는 여타 기관들은 GDP 전체 규모와 1인당 GDP를 행복지수에 반영하는데 비해 신경제재단은 GDP를 산출하는데 얼마만큼의 자원이 들어가는지를 반영한다. 즉, 각 국가의 경제력과 상관없이 행복의 기준을 산정했다는 이야기이다. 이곳

4장 베트남 통계와
통계로 설명할 수 없는 것

에서 발표하는 자료는 많은 사람들에게 의문을 남겼는데, 대표적인 이유로 GDP는 차치하더라도, 영아사망률, 문맹률, 기진학률 등 삶의 질을 나타내는 여러 지표가 빠졌기 때문이다. 또한 가장 대표적인 네 가지 산정 기준인 기대수명(Life Expectancy), 웰빙지수(Wellbeing), 결과의 불평등(Inequality of outcomes), 생태발자국(Ecological Footprint)의 변별력이 있느냐는 의문이 남아 있다.

순위	Country	Life Expectancy	Wellbeing (0~10)	Inequality of outcomes	Ecological Footprint	Happy Planet Index
1	코스타리카	79.1	7.3	15%	2.8	44.7
2	멕시코	76.4	7.3	19%	2.9	40.7
3	콜럼비아	73.7	6.4	24%	1.9	40.7
4	바누아투	71.3	6.5	22%	1.9	40.6
5	베트남	75.5	5.5	19%	1.7	40.3
6	파나마	77.2	6.9	19%	2.8	39.5
7	니카과라	74.3	5.4	25%	1.4	38.7
8	방글라데시	70.8	4.7	27%	0.7	38.4
9	태국	74.1	6.3	15%	2.7	37.3
10	에콰도르	75.4	6	22%	2.2	37

▷ 결과의 불평등: 소득불평등보다 상위 개념으로 소득, 교육, 건강, 영양 등 삶의 질에 대한 전반적인 부분에 대한 불평등을 말한다.
▷ 생태발자국은 인간이 지구에서 삶을 영위하는 데 필요한 의·식·주 등을 제공하기 위한 자원의 생산과 폐기에 드는 비용을 토지로 환산한 지수를 말한다. 인간이 자연에 남긴 영향을 발자국으로 표현하였다.

* 신경제재단(NEF) 2016 국가별 행복지수
　출처: 신경제재단(NEF) 2016

반면, 공신력 있는 조사로 꼽히는 UN에서 발표하는 세계 행복 지수에 따르면 베트남은 2019년 기준 94위에 랭크되어 있다. 이 조사에서는 핀란드, 덴마크, 노르웨이 등 우리가 선진국이라고 익히 알고 있는 북유럽 국가들이 상위권에 위치해 있다. 우리나라는 총점 5,895점으로 54위에 선정됐다. 앞에서 언급하였지만, 가장 결정적인 차이는 GDP 즉, 경제력이다. 국가의 경제력과 국민의 행복이 과연 연관성이 있겠느냐 하지만, 실제로 일정 소득 이상이 행복에 영향을 끼친다는 것은 많은 통계가 증명하고 있다. 하지만 이에 반증하는 이론이 '이스털린의 역설'이다. 미국의 경제학자 리처드 이스털린의 논문 내용의 주된 논지는 이렇다. 한 시점을 기준으로 부유한 나라의 국민과 가난한 나라의 국민을 비교하면, 부유한 나라의 국민들이 평균적으로 더 행복하다. 하지만 한 나라만 떼어 놓고 시간의 흐름에 따라서 쭉 관찰해보면, 1인당 GDP가 높아져도 사람들이 더 행복해지지 않는다는 내용이다.

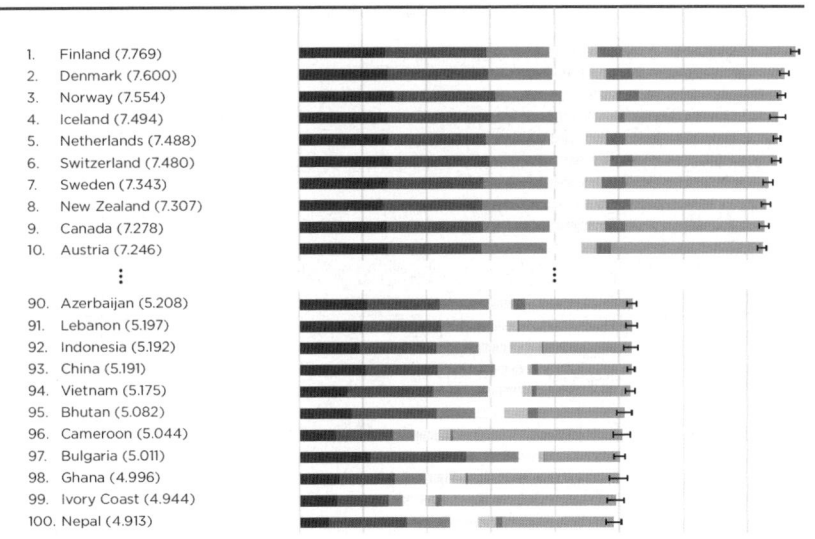

UN 세계 행복 지수(World Happiness Report)
출처: UN 세계 행복 지수 보고서(2019)

4장 베트남 통계와
통계로 설명할 수 없는 것

사실 행복이라는 것은 수치로 설명하기 힘든 주관적인 감정이다. 이 감정을 각종 통계 자료로 활용하기 위하여, 세계의 많은 기관은 다양한 기준을 적용하여 각 국가의 행복도를 측정한다. 아주 개인적인 의견으로 베트남은 국가 경제력에 비해 행복한 나라임에는 분명하다. 베트남 사람들은 UN의 세계 행복지수에서 더 높은 순위를 차지한 우리나라 사람들과 비교하였을 때 확실히 더 긍정적이고, 밝은 모습을 유지한다. 국가의 정치체제에 대해 반감을 가지고 있는 사람은 있지만, 굳이 대화거리로 꺼내지 않을 경우 스스로 먼저 언급하는 경우를 보기는 힘들다.

베트남 사람들이 상대적으로 더 행복하다고 느껴지는 이유는 바로 '콩싸오(Không sao)' 문화인 것 같다. '콩싸오'라는 말은 한국말로는 '괜찮다', '문제 없다', '별 것 아니다'라는 의미를 나타낸다. 그런데 이 말을 생각보다 심각한 상황에서도 사용한다. 예를 들면, 회사에서 물리적 또는 금전적으로 손해를 보는 일이 발생하더라도 '콩싸오'를 남발한다. 이를 보는 외국인 특히 한국인들은 열불이 터지는 일이 수두룩하다. 실제로 이 문화에 적응을 하지 못하는 사람들이 직원을 다그치다가 회사 내부 문제로 일을 그만두는 경우도 본 적이 있다. 이 문화가 행복하느냐라는 질문과 어울리는지는 사실 해석에 따라 의견이 갈릴 것으로 보인다. 하지만 내가 말하고 싶은 부분은 베트남 사람들은 좋게 말하면 대수롭지 않게 넘기는 일이 많다. 그런 점을 보고 많은 사람들이 베트남 사람들은 긍정적이다라는 평가와 함께 상대적으로 행복한 삶을 누리고 있다고들 말한다. 하지만 우리가 이런 베트남 사람들의 성향을 알고 베트남에 진출하는 것과 아닌 것의 차이는 분명히 있다고 말하고 싶다. 내가 보기에 베트남 사람들은 평균적으로 한국 사람들보다 덜 예민하고, 더 긍정적이며, 더 밝은 모습을 보이고 있다.

5장

우리는
다른 국가에
왔다
어떻게
베트남에
적응해야
하는가?

1) 베트남 이해하기

 2018년도에 인기리에 방영된 '미스터 션샤인'이라는 드라마가 있었다. 격동의 혼란기였던 19세기 조선말, 조선인이었던 남자주인공이 미국인 선교사의 도움으로 우연히 기회를 얻고, 미국으로 넘어갔다가, 미군이 되어 '유진 초이'라는 이름으로 다시 조선으로 돌아오는 이야기를 담았다. 극중에서는 고국으로 돌아온 '유진 초이'가 조선인도 미국인도 아닌 어디에도 소속되지 못하고 이방인으로서 살아가는 고독과 외로움을 표현한 장면이 나온다. 나는 이 장면을 보면서, 해외에서 이방인으로 살고 있는 사람으로서 왠지 모르는 공감을 느낄 수가 있었다.

 한국을 떠나 베트남에서 사업을 시작하면서 이방인이 된 느낌을 받는 순간들이 종종 있다. 베트남 속 한국인으로 살아가는 개인으로써 느끼는 감정뿐만 아니라 직장 내에서 관리자나 사장의 위치에서 느끼는 감정들도 나에게 종종 고독과 외로움을 주었다. 물론 지금은 이런 감정들을 관리하며 이겨내는 방법들을 나름대로 터득하였다. 그들의 삶 속으로 들어가 그들의 문화를 이해하기 위해서 노력하였고, 이방인으로서 베트남에 대하여 존중하는 태도를 보여주었다.

베트남 속 한국인으로써, 영원한 이방인일 수밖에 없는 우리는 베트남에 대한 이해를 하기 위한 노력이 필요하다. 그들과 함께 생활하고 사업하기 위해서는 그들의 문화를 존중하고 이해하여야 한다. 그리하여 이를 사업 활동의 무기로 잘 활용한다면, 당신은 베트남 사업 성공 가능성을 더욱 높일 수 있을 것이다.

★베트남의 사람들

베트남 통계청의 2018년 자료 기준으로 베트남 인구는 약 9,466만 명으로 집계되었으며, 전 세계에서 15번째로 많은 인구수를 자랑하고 있는 인구 대국이다. 이렇게 인구가 많은 베트남이다 보니, 베트남 북부, 중부, 남부 어디를 가더라도 사람이 참 많은 것 같다. 특히 지방 소도시나 농촌 지역에 인구가 부족한 우리나라와는 다르게 베트남의 지방 소도시나 농촌에서는 젊은이들과 어린이들을 흔하게 볼 수 있다. 시골 학교의 하교 시간에 초등학생들이 삼삼오오 서로 짝을 지어 하교하는 모습을 보면 그 모습들이 귀여워서 매우 인상적이고, 또 다른 하나는 하교하는 학생의 수에 매우 놀라게 될 것이다. 시골 학교임에도 불구하고 수백 명의 학생들이 하교하는 모습을 보게 되면, 베트남이 왜 인구 대국이라고 불리는지 알 수 있을 것이다.

이렇게 베트남이 세계 15위의 인구 대국이 될 수 있었던 비결은 베트남 사람 특유의 가족 중심적인 사고가 한몫을 했다고 생각한다. 2000년 이전 베트남의 유아 사망률은 100명에 가까운 수치를 보였다고 한다. 하지만 의료제도를 개선하여 의무적으로 예방주사를 실시하였고, 베트남의 영·유아 예방주사 접종률을 97%까지 올렸다. 이에 따라 2018년 통계에는 영아 사망률이 14.2명으로 매우 낮은 수치를 기록하였다.

자신들의 아이를 보호하기 위하여 사회적 제도를 개선하였고 이는 뚜렷한 통계 수치로 그 효과가 확인이 되었다. 베트남의 사례는 세계보건기구(WTO)에서도 매우 우수한 사례로 평가하고 있다고 한다. 이처럼 베트남 사람들은 자신의 가족을 지키기 위해서 사회 제도를 개선하는 데 적극적으로 행동하는 사람들이다.

출산율	2.05명 (도시 1.75명, 시골 2.22명)
영아 사망률 (1년 미만)	14.2명 (1,000명당 사망률)
유아 사망률 (5년 미만)	21.4명 (1,000명당 사망률)
평균 기대 수명	73.5세 (남자 70.9세, 여자 76.2세)
문맹률	6.2% (15세 이상 기준)
평균 결혼 나이	25.5세 (남자 27.6세, 여자 23.3세)

* 2018년 베트남 통계청 자료 中 베트남 인구 통계 자료

베트남 사람들은 자신들의 가족을 지키는 것뿐만 아니라 국가를 지키기 위해서도 발 벗고 나서는 사람들이다. 지난 2014년 남중국해에 석유시추시설을 설치했던 중국 정부에 대항하여 전국적인 반중시위가 일어났고, 2018년에는 베트남 정부가 외자 유치를 위하여 설정한 경제특구지역이 중국 투자자들에게 혜택을 준다는 우려가 지적되어 대도시를 중심으로 베트남 정부를 향한 격렬한 시위가 일어났었다. 당시 나는 공산주의 국가체제에서 시위가 발생했다는 점에 매우 놀랐으나, 격화된 시위에 참여하겠다는 직원들이 나타나면서 더욱 놀랐다. 그들을 말릴 수는 없는 노릇이었고, 그저 그들이 몸조심 할 것을 당부했다. 가족 중심적인 사고를 바탕으로 저변에 집단주의가 형성되어 공동체의 이익을 중요시 생각하는 베트남 사람들은, 그들의 국가나 가족 혹은 친구

가 공격을 받으면 함께 힘을 모아 싸우는 특징이 있다.

베트남 사람의 또 다른 대표적인 특징은 바로 자존심이다. 이들은 자존심이 정말로 강한 사람들이다. 회사에서 실수를 저질러도 죄송하다는 말을 바로 하는 직원은 드물다. 처음 베트남에서 근무를 시작하고, 실수했던 직원을 질책한 적이 있다. 죄송하다는 말을 기대했는데, 오히려 멋쩍게 웃는 것이 아닌가! 당황한 나는 오히려 더 크게 직원을 나무랐다. 질책하는 상황에서 상대방이 웃는 것은 한국인들의 사고에서는 화를 더 돋우는 행동임이 분명하다. 게다가 갖은 핑계와 남 탓으로 둘러대는 직원을 보면서 결국 나는 폭발해버리기 일보 직적이었다. 순간 나의 몸을 막고 끌고 갔던 사수가 없었다면 무슨 일이 단단히 벌어졌을 날이었다. 당시 나보다 베트남의 직장 경험이 풍부했던 사수는 나를 타이르고 진정시켰다. 그리고 베트남은 한국과 달라서 한국식 상명하복 문화에 익숙하지 않다는 이야기를 해주었다.

생각해보면 한국에서는 직원이 실수를 하면, 상급자의 호된 질책이 이어지고 가급적 회사 내규 처벌은 피하는 경우가 많은 편이다. 물론 실수의 정도에 따라 처벌의 크기도 달라지겠지만, 일반적으로 상급자의 호된 질책을 하고 넘어가는 경우가 대부분이었다. 때문에 실수에 대해 질책 하는 상급자 앞에서 웃거나 핑계를 대는 행동은 한국인의 사고로는 일반적으로 실행하기 쉽지 않은 것이다. 한국 관리자와 오랫동안 근무한 경험이 있는 베트남 사람은 한국 관리자가 질책하면 그들의 불같은 성격을 잘 알기에 그리고 이 순간이 지나면 평화(?)가 오는 것을 알기에 웃거나 핑계를 대지 않는다. 오히려 경험이 쌓여 역으로 관리자를 조종하는 직원도 있다! 하지만 보통의 베트남 직원들은 다른 직원 앞에서 질책 받는 것을 자신이 모욕을 받았다는 생각을 하고, 심한 경우에는 사표까지 던지고 회사를 나가기도 한다.

5장 우리는 다른 국가에 왔다
어떻게 베트남에 적응해야 하는가?

자존심이 너무 강한 나머지 타인 앞에서 자신들의 인격이나 품위가 모욕을 당했다고 생각하면 앞뒤를 가리지 않고 자신을 방어하는 기질이 있다. 회사를 나가면 급여가 끊기는 현실적인 문제가 예상됨에도 불구하고 사표까지 던지는 베트남 사람들을 보면 이들에게는 자신의 자존감을 지키는 것이 인생에서 가장 큰 가치가 있는 일이 아닌가 싶다. 때문에 베트남에서는 그들의 자존심을 건드리는 일은 삼가야한다. 베트남 직원이 실수를 하여 질책을 하고 싶다면 따로 불러서 조용히 질책 후 다시 업무에 집중하여 같은 실수가 없도록 격려해주어야 한다.

그리고 회사 내규로 명확한 상벌규정을 두어서, 실수한 직원에게는 경고장을 발부하는 것도 좋은 방법이다. 실제로 베트남에 진출한 한국 대기업들은 직원에게 발부된 경고장이 3회 이상되면 근로계약 해지가 가능하다는 규정을 두고 있다. (경고장 발부 조건은 직장 내 구성원이 모두 이해할 수 있는 범위 내 객관적인 기준이 되어야 한다) 베트남 사람들은 체계화된 규정에 대하여 잘 따르는 편이어서, 명확한 회사 규정을 조직한다면 그들의 자존심을 건드리지 않고 경고를 줄 수 있다.

★베트남의 지역들

대한민국은 3면이 바다를 두르고, 사계절이 뚜렷한 기후를 가지고 있으며, 국토면적의 70% 이상이 산지로 형성이 되어 있다. 수도는 서울이며 절반 이상의 인구가 서울•경기 지역인 수도권에 집중하여 분포되어 있다. 우리나라의 대표적인 특징을 간단히 설명해보았다. 당신이 살게 될 베트남은 어떤 특징을 가지고 있을까? 이번에는 베트남의 대표적인 지역들의 특징에 대하여 알아보도록 하자.

베트남은 동남아시아 인도차이나 반도의 동쪽에 위치한 국가이다. 위

아래로 길게 뻗은 지리적 특성과 약 3,200km의 긴 해안선을 가지고 있으며, 국가의 한 면이 모두 바다이다. 기후는 대체적으로 열대몬순기후 이며, 지역별로 기후가 조금씩 다른 특징이 있다. 한국처럼 국토의 70% 이상이 산악지형으로 형성되어 있으며, 정치수도 하노이, 경제수도 호치민 그리고 관광도시 다낭 외에도 전국 모든 지역에 인구가 골고루 분포되어 있다.

베트남 구역별 지도 / 출처: 위키백과

베트남의 행정구역은 총 58개의 성(Tinh)과 5개의 중앙 직할시 (Thành phố)로 나누어져 있으며 이번에는 베트남의 북부, 중부, 남부의 대표적인 도시 지역의 특징에 대해 알아보도록 한다.

중앙 직할시 (5개)	하노이, 호치민, 껀터, 다낭, 하이퐁
성, Tinh (58개)	까마우, 까오방, 꼰뚬, 꽝남, 꽝닌, 꽝빈, 꽝응아이, 꽝치, 띠엔장, 남딘, 닌빈, 닌투언, 닥농, 닥락, 동나이, 동탑, 디엔비엔, 떠이닌, 뚜옌꽝, 띠엔장, 라오까이, 라이쩌우, 랑선, 럼동, 롱안, 바리아 붕따우, 박깐, 박닌, 박리에우, 박장, 벤쩨, 빈딘, 빈롱, 빈즈엉, 빈투언, 빈푹, 빈프억, 선라, 속짱, 안장, 옌바이, 응에안, 잘라이, 짜빈, 카인호아, 타이빈, 타이응우옌, 타인호아, 트아티엔후에, 푸옌, 푸토, 하남, 하띤, 허우장, 하이즈엉, 하장, 호아빈, 흥옌

* 베트남 행정 구역

① 정치수도 하노이

베트남 북부지역의 대표적인 대도시이며, 공식적인 베트남의 수도이다. 현재 베트남에서 가장 역동적인 도시를 하나 꼽자면 바로 하노이일 것이다. 경제수도라고 불리는 호치민과 비교하여 뒤늦게 도시개발이 진행되었지만, 자신들의 수도를 현대화 및 첨단화로 건설하는 데 베트남 사람들은 앞장서고 있다.

하노이 Nhật Tân Bridge
출처: Pixabay

하노이 노이바이 국제공항과 하노이 시내를 연결하는 녓떤 다리(Nhật Tân Bridge)는 지난 2015년에 6차선 도로로 건설되어 하노이 사람들에게 베트남 경제 성장의 상징으로 인식되고 있으며, 하노이를 방문한 방문객들에게 후진국이라는 낡은 이미지를 씻어줄 만큼 깊은 인상을 주고 있다. 이뿐만 아니다. 하노이 시내를 진입하면 하노이 온 지역에 건설 붐이 일어났음을 느낄 수 있다. 하노이 껌마(Kim mã) 지역에는 대우호텔을 옆으로 65층 규모의 롯데센터가 자리하고 있으며, 그 앞에는 베트남의 삼성이라고 불리는 빈그룹의 아파트 빈 홈이 자리하고 있다. 이외에도 한인촌이 형성된 미딩(Mỹ đình)에는 경남그룹에서 건설한 하노이의 마천루 랜드마크 72가 자리 잡고 있으며, 그 주변으로 각종 고층빌딩이 건설되고 있는 중이다.

하노이는 현재 베트남에서 가장 역동적인 도시가 아닐까 싶다. 나는 호치민 거주자이지만 하노이 출장을 갈 때면 매번 바뀐 도시 미관에 놀라곤 한다. 방문할 때마다 새로운 고층 건물이 생겨 있으니 놀랄 수밖에 없다. 하노이를 방문하면 베트남의 경제성장을 몸소 체감할 수 있다. 정치수도라는 별명답게 베트남의 상급 행정기관과 입법처리기관인 국회는 하노이에 모여 있다.

→ 하노이의 지역들

하노이의 행정구역은 12개의 군(Quận)과 1개의 시사(Thị xã), 그리고 17개의 현(Huyện)으로 나누어져 있다. 여기서 '군'은 우리로 치면 '구', '현'은 '군', '시사'는 '시' 정도로 이해하면 되겠다.

군, Quận (12개)	남뜨리엠, 바딘, 북뜨리엠, 꺼우저이, 동다, 하동, 하이바쫑, 호안끼엠, 호앙마이, 롱비엔, 호떠이, 타인쑤언
*호완끼엠 호수, 서 호 및 한인촌 등 하노이 시내 중심지	
시사, Thị xã (1개)	선떠이
*하노이 시내 외곽	
현, Huyện (17개)	바비, 쯔엉미, 단푸엉, 동아인, 자럼, 호아이득, 멜린, 미득, 푸쑤옌, 푹토, 꾸옥오아이, 속선, 탁텟, 타잉오아이, 타인찌, 트엉띤, 응호아
*하노이 시내 외곽, 속선 지역에 노이바이 국제공항 위치	

*하노이 행정구역

5장 우리는 다른 국가에 왔다
어떻게 베트남에 적응해야 하는가?

* 바딘 군(Ba Đình): 바딘 광장에는 베트남의 영원한 지도자 호치민의 묘소와 주석궁이 위치해 있으며, 1945년 독립 후 호치민은 바딘 광장에서 독립을 선언하였다. 아침 일찍 방문하면 경비대의 국기 게양식과 사열을 구경할 수 있다. 하노이 경제발전의 상징물인 대우호텔과 롯데센터가 위치해 있으며, 장보(Giảng Võ) 거리에는 베트남 대표 음식 중 하나인 분짜(Bún chả) 전문점이 밀집해 있다.
* 호안끼엠(Hoàn Kiếm): 하노이 중심부에 위치한 호수이며, 하노이 제 1의 관광명소이다. 야밤에는 야시장이 열리고, 맥주거리, 클럽 등 젊은이들을 대상으로 한 볼거리가 다양하다. 정치 수도답게 밤 12시 이후에는 공안들이 돌아다니며 치안을 유지한다.
* 동다 군(Đống Đa): 약 1,000년 전 세워진 베트남 최초의 대학 문묘(Văn Miếu)가 위치해 있으며, 전국 각지를 연결하는 하노이 기차역(Ga Hà Nội)이 있다. 그리고 서울의 용산과 같이 타이하(Thái Hà)에는 전자상가가 밀집해 있다.
* 꺼우저이 군(Cầu Giấy): 베트남 민족박물관을 방문하면 베트남 전통 가옥과 베트남 소수민족의 유산을 구경할 수 있고, 하노이 국립대, 사범대 등 서울의 신촌처럼 대학가가 밀집해있는 지역이다. 특히 쭝화(Trung Hoà)에는 주 베트남 한국 대사관이 위치해 있으며, 하노이의 구 한인촌이 형성되어 있다.
* 뜨리엠 군(Từ Liêm): 베트남 국제 축구 경기가 열리는 미딩 국립 경기장이 있으며, 경남기업에서 건설한 랜드마크 72가 위치해 있다. 서울의 코엑스와 같이 베트남 전시회의 센터가 있고, 각종 국제학교가 위치한 하노이의 대표적인 부촌 지역이다. 미딩(Mỹ Đình)에는 신 한인촌이 형성되어 있는 것이 특징이다.

② 경제수도 호치민

베트남이 통일되기 전 남베트남의 수도였던 사이공(Saigon)의 현재 이름은 호치민이다. 외국 기업들의 베트남 진출 첫 거점인 호치민은 자연스럽게 베트남의 경제수도가 되었다. 베트남에서 가장 소비력이 높은 도시이며, 베트남의 소비 트렌드를 선도하는 시장으로 대표된다.

호치민은 서울의 김포공항처럼 도시 안에 떤선녓 국제공항(Tân Sơn Nhất)을 품고 있으며, 서울의 한강처럼 호치민은 사이공 강(Sông Sài Gòn)이 베트남 남부 남중국해로 흘러 연결이 된다. 호치민은 항구도시라고 지칭할 수 있는데, 베트남 남부 지역의 대표 항구 깟라이 항구(Cát Lái)가 있으며, 남부의 대표 공업지역 빈즈엉(Bình Dương)과 동나이(Đồng Nai)로 연결된 사이공 강의 특성 때문에 컨테이너선이나 바지선을 쉽게 구경할 수 있다. 하노이와 마찬가지로 건설 붐이 일어났으며, 주요 행정시설이 1군 지역에 모여 있지만, 2군 투티엠(Thủ Thiêm) 지역으로 이전 계획을 하고 있다.

호치민 도심 전경
출처: Pixabay

→ 호치민의 지역들

호치민의 행정구역은 19개의 군(Quận)과 5개의 현(Huyện)으로 나누어져 있다.

군, Quận (19개)	1군, 2군, 3군, 4군, 5군, 6군, 7군, 8군, 9군, 10군, 11군, 12군, 고법, 떤빙, 떤푸, 빈탄, 푸뉴언, 투득, 빙떤
*턴선녓 공항, 통일궁, 시청, 부이비엔 등 호치민 관광 중심지, 한인촌 등	
현, Huyện (5개)	꾸찌, 혹몬, 빈짜잉, 냐베, 껀저
*호치민 시내 외곽	

* 호치민 행정구역

* 1군(Quận 1): 남베트남 시절 대통령궁으로 사용되었던 통일궁(Dinh Độc Lập)이 있으며, 그 앞으로는 호치민을 대표하는 건축물 노트르담 대성당(Nhà thờ Đức Bà Sài Gòn)과 중앙 우체국(Bưu Điện Trung Tâm Thành Phố)이 있다.

근처에는 호치민의 시청, 인민위원회(UBND)가 자리잡고 있으며 그 앞으로는 서울의 광화문처럼 시민들을 위한 거리가 조성되어 있다. 이 외에도 벤탄시장과 사이공스퀘어도 관광객들이 많이 찾는 대표적인 명소이다.

부이비엔(Bùi Viện) 거리는 잠들지 않는 거리로서 하노이의 호안끼엠과 같다. 젊은이들을 위한 클럽, 맥주거리 등 유흥시설이 즐비하다. 호치민 인사대학교 주변 응우엔티밍카이(Nguyễn Thị Minh Khai)에는 베트남어를 공부하는 한국 유학생들이 많이 거주하고 있으며, 주변에 있는 레타잉똔(Lê Thánh Tôn)거리에는 일본인 마을이 있어서, 일본식 주점과 음식점이 즐비하다.

* 2군(Quận 2): 호치민의 새로운 행정구역으로 개발될 예정이며, 특히 안푸(An Phú)지역은 새로운 한인촌이 형성되고 있는 곳이다. 행정구

역 이전계획으로 인하여 부동산 개발과 투자가 가장 활발하게 이루어지고 있는 지역이다.

타오디엔(Thảo Điền)을 방문하면 베트남 스타일이 아닌 이국적인 식당과 카페를 볼 수 있으며, 주로 서양인들이 거주하고 있는 지역이다.

남부 대표 공업 지역인 빈즈엉(Bình Dương)과 동나이(Đồng Nai)로 이어지는 도로가 2군을 지나기 때문에 그 지역에 위치한 회사로 출근하는 한인들이 주로 2군에 거주하고 있다.

* 7군(Quận 7): 베트남 최대의 한인촌(푸미흥)이 형성되어 있으며, 각종 국제학교가 위치한 남 푸미흥 지역은 대표적인 호치민의 부촌이다. 각종 전시회가 열리는 사이공 컨벤션 센터가 있으며, 크레센트 쇼핑몰 주변으로 공원과 산책로가 잘 정비되어 있어서, 애완견을 기르는 사람들이 많이 거주하고 있다. 롱안 성(Long An)과 고속도로가 연결되어 있어서, 롱안 성에 위치한 회사로 출근하는 한인들이 주로 7군에 거주하고 있다.

떤빈(Tân Bình): 남부의 대표적인 공항 떤선녓 국제공항(Tân Sơn Nhất)이 있으며, 그 주변으로 물류회사들이 주로 위치해 있다. 과거 구 한인촌의 역할을 했었지만, 지금은 7군의 푸미흥과 2군의 안푸에게 그 자리를 내주었다.

③ 관광도시 다낭

베트남 남부의 대표적인 도시이며, 관광도시에서 첨단도시로 발전하고 있는 곳이다. 주변 도시로 베트남 옛 수도, 응우옌 왕조의 후에(Huế)와 호이안(Hội An)이 근접해 있어서 관광객들이 베트남 첫 여행지로 손꼽는 대표적인 도시가 바로 다낭이다.

최근에는 정부에서 다낭 하이테크파크를 조성 계획을 발표하면서 중부지역의 대표 첨단도시로 도약을 꿈꾸고 있다. 다낭의 첨단산업단지에 입주한 기업에게는 법인세 및 토지 사용료 등 각종 세제혜택을 제공하여 베트남 미래 산업 육성을 위한 전초기지로 활용하고 있다.

다낭 전경
출처: Pixabay

→ **다낭의 지역들**

다낭의 행정구역은 6개의 군(Quận)과 2개의 현(Huyện)으로 나누어져 있다.

군, Quận (6개)	껌레, 하이쩌우, 리엔찌에우, 응우하잉선, 선짜, 타인케
* 다낭국제공항, 미케해변, 대성당, 용 다리 등 관광지 및 시내 중심지	
현, Huyện (2개)	호아방, 호앙사
* 외각과 섬 지역, 바나힐 위치	

* 다낭 행정구역

* 하이쩌우(Hải Châu): 다낭국제공항이 있으며, 다낭 시내 중심 지역이다. 대표적인 관광지 다낭 대성당과 참파족의 유물이 전시된 참 박물관, 한시장 등이 위치해 있다. 관광객을 대상으로 각종 음식점과 카페가 즐비하며, 노보텔은 다낭의 대표적인 마천루로 야경을 보기 위하여 많은 관광객들이 스카이라운지를 이용한다.
* 리엔찌에우(Liên Chiểu): 후에 성으로 넘어가면서 오토바이 여행자들의 천국이라고 불리는 하이번 고개(Hải Vân Quan)가 있다. 관광객들은 다낭에서 오토바이를 임대하고 하이번 고개를 넘어가기도 하는데 해변을 옆으로 끼고 난 산악도로의 풍광이 매우 일품이다.
* 응우하잉선(Ngũ Hành Sơn): 대표적인 여행지로 오행산이 있으며, 보통 호이안을 방문하기 전 들리는 곳으로 불교 사찰이 석회암 동굴 안에 위치하여 있어서 많은 관광객들의 발길이 이어지고 있는 곳 중 하나이다.
* 선짜(Sơn Trà): 세계 10대 해변이라고 불리는 미케비치 해변을 끼고 해산물 거리가 유명하다. 한국식당과 식료품점이 있고, 한인들이 운영하는 마사지 업소와 관광 상품점이 즐비하다.
* 호아방(Hòa Vang): 프랑스 식민지 시절 휴양지로 활용하였다던 바나힐이 위치해 있다. 고산지대에 건설된 프랑스식 마을을 구경할 수 있으며, 각종 놀이시설 (수족관, 놀이기구 등)을 입장료만 내면 모두 이용 가능하다. 입장 티켓은 현장에서 구매하는 것보다, 택시기사를 통해서 가는 길에 준비된 사설 매표소에서 구매하는 편이 더욱 저렴하니 참고할 만하다.

★베트남의 교통문화

베트남 호치민에서 관광객이 가장 많은 지역은 시내 중심부인 1군이다. 대통령궁, 시청, 전쟁박물관, 그리고 부이비엔 거리 등 호치민의 대표적인 관광지가 모여 있어서 호치민에서 관광객이 가장 많은 지역이 되었다. 가끔 1군을 방문하면 내 눈에 비친 관광객들은 하나 같이 스마트 폰을 켜고 시내의 도로를 촬영하느라 여념이 없다. 그도 그럴 것이 베트남의 도로는 온통 오토바이 행렬로 가득 차 있는 장관을 연출하기 때문이다. 자신들의 나라에서 보지 못한 신기한 광경을 스마트 폰에 담아내기 위해서 여념이 없다.

베트남 사람들이 가장 사랑하는 운송수단은 바로 오토바이이다. 베트남어로 세마이(xe máy)라고 하며 집집마다 최소 오토바이 한 대 이상씩은 보유하고 있다. 전국적으로 5,000만대 이상의 오토바이가 보급되었다고 하니 가히 오토바이 천국이라고 표현할 만하다. 하지만 최근에는 베트남 정부에서 오토바이 보급률을 줄이기 위한 정책을 발표하고 있는 상황이다. 하노이와 호치민에는 지상철을 건설하여 대중교통 이용률을 높이고, 오토바이의 시내 진입을 제한하는 규제 법안 등을 마련하는 등, 오토바이를 줄이기 위한 정부의 노력이 계속되고 있다. 그도 그럴 것이, 베트남 하노이와 호치민 등 대도시에서는 오토바이로 인한 교통체증이 매우 심각한 수준이고, 오토바이가 내뿜는 매연 등 환경오염 문제도 심각하다고 한다.

물론 오토바이를 줄이기 위한 정부의 노력이 언제쯤 효과를 발휘할지 모르겠지만, 베트남 사람들은 여전히 오토바이를 애용하는 것 같다. 자동차와 비교하여 가격이 저렴하고 베트남의 도로 시설이 자동차보다는 오토바이에 적합한 환경이다 보니 베트남에서 오토바이의 인기는 당분간 쉽게 떨어지는 않을 것 같다. 실제로 베트남에 거주하면서 그랩(Grab) 오토바이를 이용하면 택시와 비교하여 훨씬 빠르게 목적지에 도착할 수 있음을 알 수 있다. 베트남 시내는 도로가 좁고 자동차와 오토바이가 뒤섞여 있으니, 상대적으로 오토바이가 도로에서는 자동차보다 빠르다는 장점을 가지고 있다.

베트남 시내 교통 전경
출처: Pixabay

처음 베트남 도로에 나가면 한국인들은 매우 놀라곤 하는데, 정신없이 사방에서 울려대는 경적 소리 때문이다. 한국 사람에게 경적은 '싸움'이나 '시비' 의미를 가지고 있다. 경적 때문에 한국의 도로에서는 보복운전이 벌어져 큰 사고가 발생하기도 한다. 그래서 한국에서는 웬만한 상황이 아니고서야 도로위에서 경적소리를 듣는 경우가 매우 적다. 하지만 당신이 베트남에 온다면 경적의 의미를 재정립 할 필요가 있다. 베트남에서는 경적소리가 도로 위 일상소음 수준이다. 누구나 경적을 울리고 나도 경적을 울릴 수 있다. 물론 경적을 울린다고 싸움이나 시비가 일어나지 않는다. 베트남에서 도로 위 경적소리의 의미를 간단하게 말하자면 일종의 '제가 지나가고 있습니다, 부디 조심 하세요' 정도가 될 수 있을 것 같다.

　베트남은 도로가 매우 좁다. 오토바이나 차량 보급률과 비교하여 도로 인프라가 매우 열악한 수준이라고 평가하고 싶다. 호치민 시내에는 왕복 2차선 도로가 대부분이고 횡단보도의 신호등이 제 기능을 하는 경우도 많지가 않으며, 보행자들은 신호와 상관없이 건널목을 횡단한다. 물론 신기하게도 차량과 사람이 충돌사고가 발생하는 경우는 드물다. 경적소리를 통해서 운전자는 본인이 지나가고 있음을 다른 운전자와 보행자들에게 알리고 빠르게 도로를 지나는 것이다. 추월 할 때도 마찬가지이다. 추월하는 운전자는 경적을 울리고 자신이 추월하고 있음을 주변에 미리 알려 사고를 방지한다. 아무래도 열악한 도로 상황에서 사고를 방지하기 위한 베트남 사람들만의 암묵적인 도로 문화 중 하나가 경적소리가 아닌가 싶다.

　또 하나의 신기한 도로문화는 신호등의 역할과 관계없이, 보행자들이 건널목을 건너는 것이다. 베트남에서 횡단보도에서 신호등의 역할은 거의 없다고 보아도 무방하다. 처음에는 신호등의 지시에 따라 파란불에 횡단보도를 건넜던 사람들도 며칠이 지나면 베트남 도로문화에 금세 적응이 된다. 횡단보도에서는 이리저리 눈치를 보다가 신호와 관계없이 천천히 건너면 된다. 신기하게도 오토바이나 자동차는 보행자를 알아서 피해간다. 베트남에서는 횡단보도에서 우물쭈물하여 차량 행렬이 멈추기만을 기다린다면 평생 길을 건널 수 없을 것임을 명심해야 한다.

　슬리핑 버스는 한국에는 없는 독특한 베트남의 운송수단이다. 베트남이 위아래로 기다란 지리적 형태를 가지고 있고, 도시와 도시사이의 이

동거리가 길다보니 슬리핑 버스라는 이동수단이 생겼다. 베트남에서 장거리 이동 시에는 슬리핑 버스를 이용하는 것을 추천한다. 택시나 렌터카를 이용하는 것보다 상대적으로 비용이 훨씬 저렴하고, 누워서 장거리 이동이 가능하다는 장점이 있다. 최근에는 럭셔리 슬리핑 버스도 생겨서 마치 비행기 비즈니스 석과 같은 시설을 구비한 버스도 생겨났다. (호치민-달랏 구간 혹은 하노이-사파 구간 등 7시간 이상의 장거리 구간)슬리핑 버스는 에어컨이 이동 시간 내내 가동하여 간혹 감기에 걸릴 수도 있으니, 미리 간단한 외투 정도를 준비하여 덮고 있으면 좋다.

베트남 슬리핑 버스
출처: Wikimedia_vietnam sleeper bus

★베트남의 주거 문화

최근 베트남 대도시에는 부동산 건설 붐이 일고 있다는 이야기를 했었다. 하노이, 호치민 어디를 가더라도 고층빌딩과 아파트가 빼곡히 들어서고 있으며, 시내 중심가에서 도시 외곽까지 개발이 계획되어 있다.
베트남의 삼성이라고 불리는 빈 그룹에서 건설한 대표적인 럭셔리 아

5장 우리는 다른 국가에 왔다
어떻게 베트남에 적응해야 하는가?

파트 빈 홈은 한국의 최고급 아파트와 비교해도 손색이 없을 정도로 현대식 시설과 인프라가 정비되어, 호치민을 대표하는 최고급 아파트로 우뚝 자리 잡았다.

최근 하노이와 호치민은 최신식 시설을 갖춘 아파트 건설이 유행하고 있다. 베트남 스타일이 아닌 글로벌 트렌드에 맞추어 설계한 주상복합 아파트는 베트남 사람이나 외국인 투자자들에게 아주 인기가 높다. 하지만 어느 나라나 그렇듯이 최신식 시설이 구비된 고급 아파트에 거주하는 사람들은 일부 베트남 특권층이거나 혹은 베트남으로 해외파견 나온 한국인 같은 외국인 임차인들이 대부분이다.

호치민 빈홈센트럴시티
출처: Pixabay

일반적인 베트남 사람들의 급여 수준으로는 대도시의 고급아파트에 거주하는 것은 매우 힘든 일이다. 이들은 아파트보다는 좁고 긴 형태의 유럽식 주택을 선호하며, 보통 대가족단위의 공동체 생활을 하고 있다.

베트남 창업 마지막 기회를 잡아라

베트남의 주택을 자세히 살펴보면 입구의 너비는 좁고 앞뒤로 긴 직사각 형태의 구조를 가지고 있다. 오토바이 보급률이 높다 보니 보통 1층은 주로 주차장과 거실 및 주방으로 활용하고, 2층부터는 개인 방으로 활용하고 있다.

베트남 주택 풍경
출처: Pixabay

프랑스 식민지의 영향으로 인하여 좁고 긴 주택의 형태가 정착되었다는 이야기도 있고, 또 어떤 베트남 친구는 복(福)이 집으로 들어왔다가 나가지 못하도록 입구를 좁게 해둔다는 이야기도 해주었다. 이유가 어찌되었던 베트남의 기후와 이들의 생활방식에 가장 알맞은 구조이겠거니 하고 생각한다. 특히 보통 주택들의 천장이 매우 높은데, 이는 열대기후 속에서 열전달을 최소화하기 위해 설계한 구조라는 생각이 든다. 최근에는 주택을 선호하는 베트남 사람들의 성향을 참고하여, 주택과 아파트를 결합한 대규모 단지를 설계하는 시행사들도 늘어나고 있는

5장 우리는 다른 국가에 왔다
어떻게 베트남에 적응해야 하는가?

추세이다. 호치민의 대표적인 고급 아파트 빈 홈도 아파트 단지 바로 옆에 주택 단지를 함께 개발하여 분양하였다. 아파트와 주택 수요자를 모두 잡아보겠다는 시행사의 전략이다. 나는 이 전략이 베트남에서 매우 적절하다고 생각했다. 왜냐하면 베트남 사람들은 아파트와는 어울리지 않은 면을 가지고 있기 때문이다.

아파트는 공동체 생활에 구속될 수밖에 없는 구조다. 이웃 간 층간 소음 문제도 신경 써야 하고, 흡연자의 경우 아파트 내에서 흡연하는 행위가 금지되는 곳도 있어서, 아파트에 살고자하는 사람은 공동 주택 예절을 준수해야 할 필요가 있다. 하지만 베트남에서는 예외가 될 수 있다. 베트남 사람들은 아파트에서 거리낌 없이 담배를 피우고, 주말이면 지인을 초대하고 노래방 기계를 켜 고래고래 노래를 부르곤 한다. 게다가 음식은 문을 열어 놓고 조리하기 때문에 아파트 복도에 음식 냄새가 가득 차는 일은 베트남에서 기본이다.

한국 사람들이 저 이야기를 들었을 때에는 일부 베트남 사람들이 그럴 것이라고 생각하겠지만, 내가 겪어본 베트남 사람들은 아파트에서 아무렇지 않게 노래를 하고 지인과 파티를 시끌벅적하게 즐긴다. 이 문제를 가지고 베트남에 거주하고 있는 한국인들과 상의를 하면, 100이면 100은 모두 나와 같은 경험을 공유하고 있었다.

하지만 무엇보다도 놀라운 점은 베트남 사람들의 저런 행동에 대하여 불편해 했던 사람은 한국인 또는 외국인 등 베트남의 이방인들뿐이었다는 점이다. 베트남 사람들은 아파트 관리소에 신고하거나 당사자에게 강력하게 불편한 의견을 말 하는 등의 행동을 하지 않았다. 오히려 그 다음에는 같은 층의 또 다른 집에서 동일한 행동을 하는 세대가 나타난다.

나는 이것이 문화의 차이라기보다는 아직은 베트남 사회에 공동주택

베트남 창업 마지막 기회를 잡아라

의식이 부족하기 때문에 발생하는 문제라고 생각한다. 공동주택보다는 개인주택이 익숙한 베트남 사람들은 비록 아파트에 거주하더라도 과거 개인주택에 살았던 습관을 버릴 수가 없었을 것이다. 도시가 현대화되면서 아파트가 점점 보급됨에 따라, 분명히 베트남 사람들 사이에서도 공공주택예절 문제가 사회적 이슈로 떠오르는 날이 올 것이다. 한국 사회가 같은 문제로 진통을 겪고 난 후 공공 주택 예절을 지키기 위한 입주민들의 자발적 행동이 스스로 이루어진 것처럼 언젠가 베트남에도 그럴 날이 오기를 희망한다.

★베트남의 음식 문화

우리나라에서 베트남 음식이 유행일 때가 있었다. 전국에 베트남 쌀국수 전문점이 우후죽순으로 생겨나고 대형마트에서는 베트남 냉동식품이나 가공식품을 쉽게 만날 수 있었다. 베트남에는 살 찐 사람들이 없으며 그 이유는 채소위주의 건강한 식단이 한몫을 했다는 생각에 베트남 음식이 유행이었던 것으로 기억한다. 우리 어머니께서도 베트남에서 생활하는 아들이 베트남 음식을 먹고 건강해지는 것을 기대하셨지만, 이내 공항에서 후덕해진 내 모습을 보고 적잖이 당황하셨던 기억이 있다.

베트남 음식은 호불호 없이 모두가 좋아할 만한 음식이라고 생각한다. 물론 향채에 대한 거부감은 사람마다 있을 수 있지만, 그런 사람들은 식당에서 향채를 빼달라고 요청하면 된다.

우리에게도 소개된 베트남의 유명 음식으로는 쌀국수, 퍼(Phở)와 분짜(Bún chả)가 있다. 하지만 국수 가락 모양에 따라서 퍼(Phở)와 분(Bún)으로 나누어지는 것은 잘 모르는 사실 같다. 퍼와 분은 모두 쌀을 원재료로 하며, 납작하고 넓은 면은 퍼라고 부르고, 둥글고 얇은

면은 분이라고 부른다.

퍼와 분을 기본으로 하여 뒤에 재료 이름이 붙는다. 예를 들어 퍼 종류의 국수에 소고기가 들어가면 퍼버(Phở Bò), 분 종류의 국수에 다짐 돼지고기가 들어가면 분짜(Bún chả), 그리고 생선이 들어가면 분까(Bún cá)라고 한다. 이외에도 라면 국수는(Mì)라고 하고, 당면은 미엔(Miến)이라고 한다. 국수 종류별로 다양하게 조리가 가능해서 베트남 사람들은 국수를 주식 중의 하나로 애용하고 있다.

왼쪽 소고기 쌀국수 (Phở Bò), 오른쪽 분짜 (Bún chả)
출처:CNN_베트남 음식: 당신이 사랑할 40가지 맛있는 음식 중

쌀국수나 분짜가 한 사람이 음식을 독차지해서 먹는 음식이라고 한다면 베트남의 샤브샤브라고 불리는 러우(Lẩu)는 여러 사람이 함께 먹을 수 있는 음식이다. 러우는 베트남 식 샤브샤브로, 각종 야채와 고기 또는 해산물을 끓는 육수에 담가 먹는 음식이다. 마지막에 남은 육수와 함께 먹는 분은 매우 일품이다. 참고로 하노이 동다의 장보호수 주변에는 일명 러우 거리가 있는데 개고기를 주식재료로 사용하며, 베

베트남 창업 마지막 기회를 잡아라

트남 사람들에게도 인기가 꽤 있는 곳으로 유명하다.

베트남에 살다 보면 현지 직원들이나 현지 거래처와 식사를 하는 경우가 생기는데, 보통 러우를 먹으러 자주 가는 편이다. 그럴 때마다 베트남 식문화에 대해 잘 모르는 외국인인 나에게 배려를 해주었던 베트남 사람들이 매우 감사하다. 그동안 베트남 사람들과 식사 자리를 가지면서 배웠던 몇 가지 베트남 식문화를 소개하겠다. 앞으로 베트남에서 사업을 할 당신에게 많은 도움이 되기를 바란다.

* **대형 밥그릇**: 개인 밥그릇에 한 공기씩 밥을 나누어주는 우리 문화와는 다르게 베트남은 대형 밥그릇에 밥을 가득 담아 식탁에 준비한다. 그러면 이를 개인용 소형 밥그릇에 먹을 만큼만 덜어서 먹는다.
* **숟가락**: 베트남 사람들은 일본처럼 젓가락으로 밥을 떠먹는다. 숟가락은 오로지 국을 떠먹을 때 사용한다.
* **젓가락**: 주요 음식은 큰 그릇에 담아 식탁에서 떠먹는다. 음식을 덜 때에는 젓가락 뒷부분을 사용한다. 식사를 끝내고 나면 젓가락을 가지런히 밥그릇 위에 올려놓는다.
* **빈 술잔**: 베트남 사람들은 술잔이 비워져 있는 것을 매우 싫어한다. 특히 자리에서 주목받는 외국인의 술잔은 참석자들이 돌아가면서 술잔을 계속 채워준다. 술을 마시고 난 후에는 서로 악수를 주고받는다.
* **차**: 식사 후에는 차를 마시는 습관이 있으며, 찻잔이 매우 작아서 한두 입 정도면 차를 모두 마실 수 있다. 잔이 비면 계속 해서 잔을 채워준다.
* **접시**: 밥그릇 용 접시는 음식을 담는 용도로 사용하지 않으며, 해산물 껍데기 등 음식물 쓰레기를 담는 용도로는 사용할 수 있다.
* **물수건**: 식당에서 나누어 주는 물수건은 공짜가 아니다. 보통 5,000동에 금액이 책정되어 있다.

2) 실전 베트남 알아보기

★베트남에서 휴대전화를 개설하자

한국에서는 보통 휴대전화를 구매할 때에는 24개월 약정제도를 이용하여 통신사에 가입하고 할부 제도를 이용하여 휴대전화를 구매한다. 물론 베트남 사람들도 통신사에 가입하여 약정 후 할부로 휴대전화를 구매할 수 있는 제도가 있다.

하지만 언제라도 베트남을 떠날 수 있는 가능성이 있는 외국인이 할부제도를 이용해서 휴대전화를 구매하기는 쉽지 않다. 때문에 베트남에 살고 있는 외국인들은 대부분 자급제로 휴대전화를 이용해야 한다.

다시 말해서, 통신사의 할부제도를 이용해서 휴대전화를 구매하는 것이 아니라, 시중 통신사의 선불 유심만 구입해서 본인의 휴대전화에 장착하여 요금제 가입 후 서비스를 이용해야 한다. 즉, 휴대전화기기는 한국에서 가지고 오거나, 매장에서 구매하는 등 본인이 직접 준비를 해야 한다.

일반적으로 베트남에서 가장 널리 이용되고 있는 통신사는 비엣텔(Viettel), 비나폰(Vinaphone), 그리고 모비폰(mobifone)이다.

베트남이 여행지로 각광받으면서 한국이나 공항에서도 간편하게 베트남 유심을 구매할 수 있지만 대부분이 여행자용 유심이어서 기간이나 요금 제한이 있는 유심이다. 이번에는 베트남에서 거주하면서 사용할 수 있는 일반 유심과 요금제 등록 방법 등을 알아보자.

베트남 주요 통신사

베트남 심카드_Viettel

베트남 거주자용 일반 유심은 통신사 대리점, 편의점 심지어 구멍가게에서도 구매가 가능하다. 하지만 나는 베트남 유심은 꼭 통신사 대리점을 방문하여 구매하기를 추천한다. 2018년부터 베트남의 새로운 정보통신법이 제정되어서, 유심을 구매하는 사람은 반드시 개인정보 및 이용자의 사진을 등록하여야 한다. 구멍가게나 가판대에서 판매하는 유

5장 우리는 다른 국가에 왔다
어떻게 베트남에 적응해야 하는가?

심의 경우 가게 주인의 명의로 등록된 유심일 가능성이 높기 때문에 언제든 사용 중 번호를 잃을 수 있는 가능성이 있다. 때문에 반드시 통신사 대리점에 여권을 지참 후 방문하여 당신의 명의로 등록 후 유심을 구매할 것을 권고한다. 여권을 지참하고 개인 정보와 사진을 모두 등록하고 나면 통신사 대리점에서는 유심을 활성화시켜준다.

요금제에 가입하기 위해서는 유심에 돈을 충전해야만 가입이 가능하다. 유심 충전은 통신 대리점이나 편의점, 가판대, 혹은 은행 앱 등을 이용하여 충전이 가능하다.

요즘은 신한베트남 앱을 이용해서 간편하게 유심 충전이 가능해서 이 방법을 주로 이용하고 있지만, 보통은 가판대나 편의점에서 판매하는 유심 충전 카드를 구매해 충전한다.

5만동, 10만동, 20만동 등 시중에서 판매하는 카드 중 금액에 맞는 충전카드를 구입 후 휴대전화에 다음과 같이 입력하면 충전이 완료되었다는 표시가 나타난다.

→ *100*충전카드고유번호#통화버튼

→ 통신사 별 추천 요금제

유심을 활성화 하고 유심카드를 충전하고 난 후에는 각 통신사에서 제공하는 서비스 요금제에 가입을 해야만 베트남에서 정상적으로 휴대전화를 이용할 수 있다.

통신사 대리점에서 추천하는 요금제를 따라서 가입해도 좋으며, 필자가 추천하는 가격 대비 성능이 좋은 요금제를 가입해도 좋다. 한국처럼 2년 요금제 약정의 방식이 아니라, 매월 요금제를 새로 가입하는 방식이며, 사용하는 중간에 요금제 취소 후 다른 요금제로 이용도 가능하다. 요금제는 통신사의 정책에 따라 내용이 변동될 수 있으니, 가입 전 요금제 혜택 정보를 다시 확인한 후 가입할 것을 권고한다.

* 비엣텔 추천 가입제(Viettel)
  → 요금제 등록: '191'로 문자메시지 송부 (내용: 요금제 명)
  → 요금제 취소: '191'로 문자메시지 송부 (내용: 'HUY') 후 확인 문자에 답변 'Y'

문자 보낼 번호	보낼 문자	기간 및 유형	요금제 명	가격
191	요금제 명	30일/3G, 4G 요금제 중복	MIMAX70 (3GB)	70,000동
			MIMAX200 (15GB)	200,000동
			V150K (2.5GB+500분)	150,000동
			V200K (3.5GB+100분)	200,000동

* 비나폰 추천 가입제(Vinaphone)
  → 요금제 등록: '888'로 문자메시지 송부 (내용: DK + '요금제 명')
  → 요금제 취소: '888'로 문자메시지 송부 (내용: 'HUY') 후 확인 문자에 답변 'Y'

문자 보낼 번호	보낼 문자	기간 및 유형	요금제 명	가격
888	DK+ 요금제 명	30일/4G	MAX (3.8 GB)	70,000동
			MAX200 (15 GB)	200,000동
			MAX300 (30 GB)	300,000동
			DMAX100 (10 GB)	100,000동

* 모비폰 추천 가입제(mobifone)
  → 요금제 등록: '999'로 문자메시지 송부 (내용: DK + '요금제 명')
  → 요금제 취소: '999'로 문자메시지 송부 (내용: 'HUY') 후 확인 문자에 답변 'Y'

문자 보낼 번호	보낼 문자	기간 및 유형	요금제 명	가격
999	DK+ 요금제 명	30일/3G	MIU (3.8 GB)	70,000동
		30일/3G	BMIU (16.5 GB)	200,000동
		30일/4G	HD70 (3.8 GB)	70,000 동
		30일/4G	HD200 (16.5GB)	200,000동
		30일/4G	HD300 (33GB)	300,000동
		30일/4G	HDP300 (10GB+300분)	300,000동

★베트남에서 은행계좌를 개설하자

 한국과 비교하여 베트남은 화폐 단위가 매우 큰 편이다. 지폐에 숫자 '0'이 너무 많아서 택시비를 계산하거나 마트에서 물건을 구매할 때면 종종 헷갈려 당황한 적이 많다. 베트남 화폐는 단위에 '0'이라는 숫자가 많은 것에 비해서 화폐 가치가 그리 높은 편은 아니다. 때문에 10,000동 이하의 잔돈을 몇 개월간 모아도 고작 한국 돈으로 일만 원 이상을 넘기지 못했던 적이 많았다. 베트남 화폐의 가장 큰 단위는 500,000동 인데, 사정상 급여를 현금으로 지급하는 회사에서 근무하는 한국인들은 오십만 동의 뭉칫돈을 가득 안고 불안한 퇴근길에 올라야하는 말 그대로 웃픈 상황이 벌어지기도 한다. 그래서인지 베트남에는 금고를 보유하고 있는 집들이 굉장히 많다. 그리고 금고 사업도 베트남에서 유망 사업 아이템 중의 하나일 정도로 베트남에서는 금고를 보관한 집을 쉽게 볼 수 있다.

 과거 남북통일 후 정부에서 개인이 보유한 예금을 몰수했던 일로 인해 베트남 사람들은 은행에 대한 뿌리 깊은 불신이 있다는 이야기를 들은 적이 있었다. 그래서 금고가 유망 산업이 된 것인지 혹은 큰 화폐 단위로 인하여 안전하게 보관할 장소가 필요했던 것인지, 아무튼 베트남에서는 금고가 매우 유망한 사업 아이템으로 각광 받고 있다.

베트남 창업 마지막 기회를 잡아라

하지만 최근에는 세태가 많이 변하고 있는 듯하다. 경제발전에 힘입어 베트남 금융기업들은 몸집을 키우고 여러 금융상품을 내놓으면서 소비자들을 유혹하고 있다. 이뿐만 아니라, 신한은행이나 우리은행, 하나은행 등 한국계 금융사들의 베트남 진출도 활발하게 이루어지고 있다.

베트남 신한은행(출처: 베트남 신한은행)

특히나 신한베트남은 베트남에서 국민영웅이 된 박항서 축구 국가대표 감독을 홍보대사로 내세워 베트남 고객들의 호감을 얻었고, 간편한 은행 모바일 앱까지 출시하면서 베트남 내 선도기업이 되겠다는 의지를 분명히 하고 있다.

이렇게 베트남 내 한국은행의 진출과 활동이 본격적으로 시작되면서 화색이 도는 것은 바로 베트남 교민들이 아닐까 싶다.

베트남에도 비엣콤 뱅크 같은 국영은행이 있지만, 그래도 한국인들은 자국기업에 신뢰가 가기 마련이다. 게다가 은행 앱 등 편리한 도구를 한국어로 이용할 수 있는 장점도 가지고 있고, 은행을 방문하면 한국어를 할 수 있는 담당 직원이 있어서 해외에서 은행 업무를 편리하게 볼 수 있다는 매력도 가지고 있다. 그리고 해외에서는 어렵게 느껴질 수 있는 입출금 통장 개설부터 정기예금 가입까지 한국어나 영어로 설명 받을 수 있다.

5장 우리는 다른 국가에 왔다
어떻게 베트남에 적응해야 하는가?

➜ 입출금 계좌 개설하기

＊준비물: 여권, 비자 혹은 거주증, 계좌 개설비(15만동 미만)

외국인이 베트남 내에서 계좌를 개설하기 위해서는 신분증(여권)과 유효한 비자 혹은 거주증을 챙겨서 은행을 방문하면 된다. 일반적으로 외국인들은 본국으로 송금을 진행하기 때문에 해외송금을 위한 달러 계좌(USD)와 베트남 내에서 사용하기 위한 베트남 동(VND) 계좌, 총 2개를 개설 한다. 달러 계좌와 베트남 동 계좌 모두 직불카드를 발급할 수 있으며, 달러 계좌는 VISA카드 기능을 가지고 있어서, 베트남 외 국가에서도 사용이 가능하나, 수수료가 작지 않으니 주의하여야 한다.

계좌를 개설하고 나면 직원이 인터넷 뱅킹 개설 여부를 물어보는데, 베트남에서 인터넷 뱅킹은 반드시 개설하여 이용하기를 바란다. 왜냐하면 베트남은 어느 은행을 가더라도 이용객이 매우 많지만, 행정처리가 느리기 때문에 은행을 방문할 경우에는 많은 시간을 잃게 될 수 있다. 인터넷 뱅킹을 이용하면 휴대전화 유심충전이나 전기세 등 세금 납부 기능도 이용이 가능하니 생활 속에서 여러모로 편리함을 줄 것이다.

3) 한인촌은 가지마라, 여러분이 있어야 할 곳은 로컬이다

　베트남에서 거주하고 있는 한국인은 보통 두 부류로 나뉘는 것 같다. 베트남 속의 한국에서 살고 있는 부류와 진짜 베트남에서 살고 있는 부류가 있다. 전자의 경우 일상에서 사용하는 언어는 한국어가 대부분이며, 음식은 세끼를 한식으로 채운다. 몸만 베트남에 있고 일상은 한국에서 벗어나지 못한 꼴이다. 한국 기업의 진출이 많아 약 20만 명의 한인 사회 규모를 자랑하는 베트남에서 한국인은 베트남에 대한 이해가 없어도 일상생활에는 지장이 없을 정도로 한인 사회 인프라가 잘 구축된 곳이 바로 베트남이다.

　하지만 베트남에서 장기적인 목표를 가지고 사업을 계획하고 있는 독자라면 몸도 마음도 모두 베트남에 있어야 하며 현지화를 위해 노력하는 시간이 필요하다고 생각한다. 물론 그 시간은 고통스러울 것이다. 하지만 베트남에 대한 이해 없이 사업을 하는 사람은 실패가 예약된 사람이라고 이야기 하고 싶다. 적을 알고 나를 알아야 백전백승이라는 말이 있다. 베트남을 이해하고 사업을 준비하여 성공 확률을 높여보도록 하자.

앞서 말했듯이 베트남 한인 사회 규모는 약 20만명으로 추산하고 있다. 유학생이 대부분인 다른 나라 한인 사회와 비교하여 베트남의 한인 사회는 주로 주재원들로 구성되어 있다. 한국은 베트남 외국인직접투자 건수와 금액 1위 국가이다. 베트남에 거주하고 있는 한인들은 대부분 회사의 파견으로 베트남에 왔거나 또는 그들의 가족들로 구성되어 있다. 요즘은 정부 프로그램(K-Move)을 통해 대학생 및 취업준비생의 유입도 많아지는 추세다. 이들은 대부분 베트남에 진출한 한국회사에 현지 채용되어 거주하고 있다.

(단위: 명)

지역별	연도별	2013	2015	2017	2019	백분율(%)
베트남	주베트남(대)	11,000	32,850	50,500	81,210	13.71
	주호치민(총)	75,000	76,000	73,958	91,474	15.44
	소계	86,000	108,850	124,458	172,684	29.15

* 2019년 재외동포현황
출처: 외교부

유학생이 아닌 취업자로 구성된 한인 사회의 소비력은 매우 높다. 때문에 한인을 대상으로 한 사업체도 많이 생겨났고 이는 한인 사회 인프라를 빠른 속도로 발전시키는 요인이 되었다고 생각한다. 베트남 한인촌을 방문하면 이곳이 한국인지 베트남인지 헷갈릴 정도이다. 김치가 그립다는 말은 절대 나오지 않으며 한인촌에 사는 사람들은 한식이 지겨워서 가끔 베트남 음식을 찾을 정도로 한식당과 카페, 마트 심지어 PC방, 당구장까지 베트남에 거주하는 한인을 위한 인프라가 잘 정비되어 있다.

하지만 이런 한인 사회 인프라는 베트남 예비 창업가를 꿈꾸는 사람에게는 방해 요소가 될 수 있다. 한인촌에는 한국인이 너무 많다 보니 마트나 식당에서 일하는 베트남 직원이 한국어로 주문 받고 계산 해 줄 정도다. 평소에 베트남어를 사용하는 빈도가 낮아서 베트남어를 학습하는 기회도 놓치게 된다. 반면 로컬 지역에 거주하게 되면 스스로를 주변 환경에 맞추어 살아야 하기 때문에 현지화를 위하여 노력할 수밖에 없게 된다. 한인촌과 비교하여 주변 환경이 상대적으로 불친절하게 느껴지겠지만, 더 많은 베트남 사람을 만날 수 있고, 베트남어를 사용하는 환경에 노출될 것이다.

★추천 거주 지역

필자가 추천하는 거주 지역은 한인촌과 근접한 로컬 지역이다. 한인촌과의 근접성을 가지고 있어서 시설이 우수한 서비스를 제공하는 숙박업소(Residence)가 있다. 한인촌과 비교하여 가격도 저렴하고(월 임대료 300~400달러 수준) 청소와 빨래 서비스도 제공이 된다. 필자의 경우 7군 Tan Quy 지역에서 월 임대료 600만동의 서비스 아파트에서 거주했었다.

주변에 한식당이 없어서 대부분의 식사는 베트남 식당에서 처리했고, 가끔 지인 혹은 거래처와 약속이 생기거나 한식이 그리울 때 한인촌을 방문했었다. 자연스럽게 베트남 음식을 접하는 기회가 많아졌고 향채에 대한 거부감도 점점 사라졌다. 거래처와의 식사 장소도 필자의 단골 식당으로 안내하였고, 식당 직원과 유창하게 베트남어로 주문하고 농담을 주고받는 필자의 모습을 보며 신뢰를 얻었다는 거래처도 생기게 되었다.

4) 베트남어를 배울 자신이 없다면, 오지 않는 것이 맞다

　베트남에서 거주하면서 만나는 한국인들은 대부분 베트남어를 구사하지 못하거나 식당에서 주문할 수 있을 정도의 간단한 베트남어만 구사하는 사람들이 대부분이다. 물론 베트남어는 배우기가 매우 어렵다. 6성조를 가지고 있는 베트남어가 미국 국무부 산하 외교연구원 (FSI, Foreign Service Institute)에서 조사한 배우기 어려운 세계 언어 중 '카테고리 3'(배우기 어려운 언어)으로 분류되었다는 기사도 본 적이 있다. (한국어는 '카테고리 4'에 분류되어 가장 배우기 어려운 언어로 선정되었다.) 물론 영어가 모국어인 사람을 대상으로 실시한 설문 조사였지만 그만큼 베트남어는 세계에서 배우기 어려운 언어 중 하나인 것은 분명해 보인다.

　게다가 베트남어를 더 어렵게 느끼게 하는 요인은 지역별 발음 차이에 있다고 생각한다. 북부 하노이에서 10개월간 연수를 마치고 베트남 남부 민흥(Minh Hung)에 위치한 회사에서 근무를 시작하였을 때, 직원들의 말을 전혀 알아들을 수 없었다. 나름 연수기관의 고급과정을 수료하고 회화에도 자신감이 붙었던 시기였지만, 지역별 발음의 차이가 필자를 다시 베트남어 초보자로 만들어 버린 것이다. (하노이에서 연수받고 남부지역에 취업한 필자의 동기들 모두 이런 경험을 하였다.) 다행히 남부 베트남어 초보 시절은 그리 길지 않았다. 3개월 정도의 시간이 지나니 남부 발음이 적응되었고, 직원들과 다양한 업무 소통이 가능해져 업무 능력도 점점 향상되는 것이 느껴졌다. 만약 하노이에서 기본기를 다졌던 시간이 없었다면 남부 생활에서 빠른 적응은 불가능했을 것이라고 생각한다.

★베트남 예비 창업가에게 베트남어는 필수 요소

그렇다면 베트남어를 구사하지 못하는 한국인들은 어떻게 베트남에서 일을 할 수 있을까? 대부분의 외국 회사는 통역직원을 채용한다. 이들을 통해서 한국어 혹은 영어로 소통하며 업무를 진행한다. 하지만 통역직원을 통한 소통에는 언젠가 문제가 생긴다. 의사 전달을 통역직원에게 전적으로 의지해야 하고, 직원의 업무 이해도에 따라 전달되는 의사가 다르게 전달될 가능성도 있다. 이런 이유 때문에 베트남 창업을 준비하는 사람이라면 창업 전 시장조사활동을 하면서 동시에 베트남 어학원에서 언어 학습의 시간을 가지기를 바란다.

최근 한국 기업의 베트남 진출이 증가하면서 한국 어학원들이 베트남어 수업을 제공하는 곳이 많아졌다. 네이버 등의 검색엔진을 통해 '베트남어'를 검색하면 다양한 컨텐츠가 나오는데 본인에게 적합한 강의를 수강하면 된다. 만약 베트남에서 시장조사와 어학공부를 병행하는 사람이라면 베트남 대학들의 어학 프로그램에 등록하여 학습할 수 있다.

보통 초급/중급/고급 과정 코스가 있으며, 필자가 추천하는 학습 코스는 초급/중급 과정이다. 중급 코스까지 수료를 하게 되면 베트남어가 익숙해지고 응용이 가능한 단계가 된다고 생각한다. 물론 중급 과정을 수료했다고 해서 수준 높은 베트남어를 구사할 수 있는 것은 아니다. 다만 베트남어가 익숙하고 응용할 수 있는 단계가 되면, 업무 진행 시 베트남 직원과 직접 소통이 가능하고 모르는 부분은 새롭게 공부하여 체득할 수 있으므로, 언어를 쓰면 쓸수록 나날이 발전하는 자신의 모습을 발견하게 될 것이다.

대학	초급	중급	고급	시간
호치민인사대(1군)	6,400,000	7,200,000	7,600,000	80교시/2개월
똔득탕대학교(7군)	5,800,000	5,800,000	6,600,000	80교시/2개월

* 각 대학교 어학 프로그램 고시금액(베트남동 기준)
출처: 각 대학교 홈페이지(2019)

5) 시장조사 3개월이면 충분하다, 차라리 저(低) 자본 사업을 하자

술을 마시면 행동이 대담해 지는 사람들이 있다. 평소에 하지 못한 말과 행동을 서슴없이 한다. 술의 힘을 빌려 다른 사람으로 변하게 된 것이다. 나는 베트남 예비창업가들이 마치 술에 취한 사람처럼 대담하게 행동하기를 원한다. 적어도 사업 초기에는 말이다.

내가 만나본 대부분의 베트남 예비 창업가들은 시장조사단계에서 너무 많은 시간과 비용을 허비하고 있었다. 그들은 '사업 준비'라는 명목으로 베트남에 거주하면서 1년, 2년을 지냈는데, 설립한 회사도 직원도 없이 비자는 단기비자를 연장하면서 거주하고 있었다. 회사 설립을 하지 않았고, 직원으로 소속된 회사도 없으니 노동비자는 받을 수 없고, 단기비자를 연장하는 '꼼수'로 베트남에서 거주하면서 사업 준비를 계속하지만, 실체화된 무언가는 없다.

물론 위의 경우는 내가 만난 사람들 중에 매우 극단적인 경우를 이야기 한 것이다. 한국기업의 베트남 투자가 확대되고 교민의 수가 늘면서, 한인사회 인프라가 발전했다. 그러면서 베트남은 한국인이 거주하기에 꽤나 괜찮은 국가 중 하나가 되었다. 하지만 이런 환경이 위와 같은 사람들을 탄생시켰다고 생각한다. 베트남 속 한국에 머물고 있으면서 마치 베트남에서 언젠가 기회가 올 것이라고 착각하게 만드는 것이다. 그러다가 1년, 2년이 지났고, 기회는 여전히 오지 않았다.

또 다른 경우는 사업아이템을 계속 바꾸며 시장조사만 하는 유형이다. 처음 베트남에 왔을 때 계획했던 아이템이 있었지만, 이미 시장 내 경쟁자가 있거나 어떤 이유로 시장성이 없다고 판단되어 기존 아이템을 포기하고 베트남에 적합한 다른 아이템을 계속 찾는다. 하지만 다른 아이템도 어떤 이유로 포기를 거듭하고 또 새로운 아이템을 찾는다. 마치 뫼비우스 띠처럼 이 행동은 무한 반복된다. 실행력이 없어서 아이템 발굴 및 시장조사만 계속 하다가 시간과 비용을 허비하였다. 나는 이 책을 읽고 있는 독자 중 위와 같은 상황을 경험하고, 베트남에서 아무것도 못하고 한국으로 돌아가는 사람이 없기를 바란다.

★저(低) 자본으로 베트남 사업 환경 경험하기

시장조사는 사업이 아니다. 사업을 위한 절차일 뿐이다. 물론 시장조사를 빠르게 진행하고 무작정 사업을 벌이라는 말을 하고 싶은 것도 아니다. 다만 베트남에 대한 이해가 없는 사람이 얼마나 제대로 된 시장조사와 판단을 할 수 있을지 의문을 가지고 있디. 따라서 내가 추천하는 방법은 베트남에서 저(低) 자본 사업을 시작하여 베트남의 사업 환경을 경험하면서 이해해 보는 것이다. 그리고 본격적인 투자 여부를 결정하자.

초기 시장조사를 실행함에 있어 언어소통에 문제가 있으니 임시 통역 직원을 고용해서 함께 하는 것을 추천한다. (동시에 베트남 대학교 어학당에서 베트남어 학습을 병행하면서 통역직원 활용도를 더욱 높이자) 통역 직원 채용으로 인하여 고정비용 (급여)이 발생하겠지만 장기적으로 계산해보면 시장조사 기간은 줄이고 조금 더 빠르고 정확한 결정 (사업의 실행 혹은 포기)을 내리는 데 도움이 되기 때문에 당신의 시간과 비용을 더욱 절약해 줄 것이다.

6) 저(低) 자본 사업 추천 아이템과 실행 방법

베트남 사업자등록증 없이 시작할 수 있는 저(低) 자본 사업은 무엇이 있을까? 우선 사업을 하는 목적은 본격적인 투자를 하기 전에 작은 비용으로 간단한 사업을 시작하여 베트남 환경을 이해하는 것을 목표로 한다. 베트남 직원을 채용하여 함께 업무를 진행하고 그들과 호흡하는 방법도 익혀보자. 그리고 베트남 시장 환경을 몸소 체험하고 최종 투자 여부를 결정하자.

*한인 천톡방

베트남 한국 교민의 수는 약 20만명을 예상하고 있다고 한다. (2019년 외교부 재외동포현황 자료에서 발표한 베트남 교민의 수는 172,684명이다.) 한국인이 많이 거주하고 있으니, 자연스럽게 그들을 대상으로 하는 한국인들도 점점 증가하는 추세이다.

호치민의 대표적인 한인촌 푸미흥에는 한국인이 운영하는 식당, 꽃집, PC방, 당구장, 그리고 마트에 이어서 헬스장까지 생겨났다. 하지만 장소를 임대하고 가게를 여는 것은 높은 비용 투입이 필요하다.

때문에 내가 추천하는 스타트 사업은 바로 한인 카카오톡 단체방을 이용해서 장사부터 시작하라고 말해주고 싶다.

교민의 수가 높다보니 한인 커뮤니티도 많이 활성화되어있는 베트남에는 네이버 카페나 카카오톡 등의 수단을 통하여 많은 교민들이 베트남 생활 정보를 공유하고 있다.

가게를 홍보하거나 중고 물품을 거래하기도 하며, 한국에서 구매한 제품을 판매하기도 한다. 심지어 반찬이나 베이커리를 요리하여 판매하는 사람들도 있다. 이렇게 몇몇 커뮤니티 수단을 통해서 한국인이라면 누구나 접근 가능한 교민 시장이 있으니 이를 잘 활용하는 것도 베트남을 이해하고 적응하는 데 좋은 방법이 될 수 있다.

∗페이스북(Facebook), 오픈마켓(Lazada, Shopee 등)

교민들로부터 제품 주문을 받고 배송을 하는 등 어느 정도 기본적인 업무의 틀이 잡혔다고 생각이 든다면 베트남인을 대상으로 장사를 해보는 것도 좋다.

베트남 사람들은 품질이 우수하고 가격이 저렴한 한국 제품에 관심이 많다. 물론 베트남 제품과 비교하면 상대적으로 가격이 높지만 그럼에도 불구하고 한국산 건강기능식품이나 가전제품 등은 매우 인기 있는 상품이다.

베트남 교민들을 대상으로 판매하는 물건을 페이스북이나 라자다 등 SNS나 베트남 오픈마켓에 업로드 하여 판매해보자. (베트남 현지인을 대상으로 한 설문조사에서 페이스북과 오픈마켓이 가장 대중적인 온라인 쇼핑 플랫폼으로 조사되었을 정도로 이용자가 많으니, 시장에 적합한 제품을 내놓는다면 승산이 있을 것이다.) 베트남 사람을 대상으로 판매하기 때문에 채용한 직원의 활용도는 더욱 높아질 것이고, 시장에 대한 이해와 베트남에 대한 이해가 더욱 넓어지는 좋은 경험이 될 것이라고 생각한다.

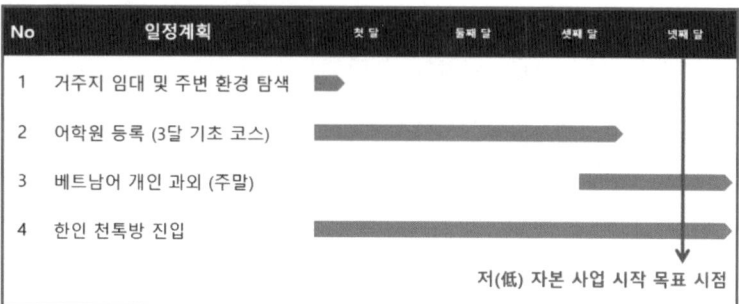

* 베트남 초보자를 위한 간단 일정계획표

※ 창업을 위해 베트남에 온 당신에게 도움이 되도록 모의 일정표를 만들어 보았다. 본인의 상황에 맞게 참고하면서 계획적으로 베트남을 이해하고 창업을 준비해보자.

*비자: 입국 전 한국에 있는 여행사를 통해서 90일 복수 비자를 신청하고 베트남에 입국하기를 추천한다. 참고로 베트남은 한국인에게 2주간 무비자 혜택을 제공하고 있으나, 무비자 소진 후 3개월 복수비자로 전환을 위해서는 외국으로 출국했다가 다시 베트남으로 입국해야 비자연장이 가능하니 입국 전 3개월 복수비자 신청 후 베트남에서 비자 연장을 진행하는 편이 낫다.

*거주지 선정: 베트남에 도착하자마자 가장 시급하게 해결해야할 문제는 바로 거주지 선정이다. 시장조사를 진행하는 3개월 간 호텔이나 에어비앤비를 이용할 수 있지만 만만한 비용이 아니다. (일일 약 50달러 정도) 필자가 추천하는 방법은 한인촌 주변 서비스 아파트(레지던스)를 이용하는 것이다. 월 350~400달러 사이의 저렴한 원룸

을 기간 계약 없이 임대 가능하다. (일부 서비스 아파트는 최소 3개월 계약을 요구하는 곳도 있으니 계약 시 꼭 확인할 필요가 있다.) 베트남 창업 여부가 결정되지 않은 시점에서 1년 단위의 거주지 임대 계약은 부담스럽다. 자칫하다 임대 보증금 (남부 2달, 북부 1달치 월세)을 잃을 수 있으니, 우선은 기간 조건 없이 거주가 가능한 서비스 아파트에 입주하는 것을 추천한다.

*어학원 등록: 거주지를 임대하면 동시에 어학원 등록하라. 베트남어 기초반 수강할 것을 추천한다. 보통 초급 2~3달 코스가 있는데, 본인의 스케줄에 적합한 초급반을 등록하여 베트남어가 익숙해지는 것을 목표로 하자. 목표는 응용할 수 있을 정도로만 공부하고 베트남에 살면서 어학 능력을 키우는 것이다. 어학원은 거주지 근처에 있는 대학교를 이용하는 것을 추천한다. 만약 호치민에 거주한다면 1군 인사대학교 베트남어 코스를 등록하고 주변 서비스 아파트에서 머무르는 것을 추천한다.

*개인과외: 어학원 기초반과 주말 개인과외를 병행할 것을 추천한다. 어학원에서는 문법이나 단어 위주의 공부를 하고, 주말 개인과외를 통해 회화 능력을 키우자. 개인과외 선생님은 어학당의 지인으로부터 추천받거나 베트남 네이버 카페 혹은 학교 게시판 등에서 쉽게 정보를 얻을 수 있다. 보통 시간당 약 20만동 정도의 가격으로 형성되어 있다.

*시장조사: 거주지와 어학당 등록이 완료되었다면, 수업이 없는 날에는 베트남 시장을 조사해보자. 직접 조사 방법으로 직접 베트남 시

장을 방문하고 관찰해보자. 그리고 한국인이 운영하는 법무법인이나 회계사무소를 찾아가 본인이 생각한 사업의 종류가 베트남에서 외국인에게 제한이 있는 업종인지 아닌지 확인하자. 동시에 법인개설비용을 견적 받아 자세한 사업 예상 비용을 산출하자. 저(低) 자본 사업 진행과 정보 공유를 위해서 한인 커뮤니티에도 가입을 하자. 한인 카카오 톡 천톡방이나 네이버 카페 등에 가입하여 저 자본으로 시작할 수 있을 만한 아이템을 연구해보자.

∗투자 결정: 3개월간의 어학 공부와 시장조사가 완료되면 저(低) 자본 사업으로 본격적인 투자 전 베트남 사업 환경을 느껴볼지 아니면 한국으로 돌아갈지 정해야 한다.

본격적인 투자를 하기로 결정하였다면 일단 저(低) 자본으로 사업을 시작하면서 베트남 사업 환경을 충분히 느껴보는 것을 추천한다.

7) 길거리 점포들을 개선하면 성공할까?

얼마 전 한국의 치킨전문점 수가 전 세계 맥도날드 매장 수보다 많다는 기사를 읽은 적이 있다. 한국 베이비 붐 세대(1955~1963년)가 은퇴 후 생계형 창업으로 프랜차이즈 치킨전문점을 선택했기 때문이라는 이유였다. 내 생각에는 특별한 기술이 없이도 사업을 시작할 수 있는 쉬운 접근성으로 인하여 많은 은퇴자들이 프랜차이즈 치킨전문점을 선택하지 않나 생각한다.

하지만 은퇴 자금을 끌어 모아 시작한 자영업이 성공하는 일도 쉽지 않은 모양이다. 2018년 한국의 자영업 폐업률이 90%를 넘었다고 한다. 이는 한 해 동안 10명이 개업을 하였다면 9명이 폐업을 신고했다는 이야기가 된다.

한국이 이런 상황이다 보니, 본국을 떠나 베트남으로 눈을 돌리는 사람들이 점점 늘어나는 추세로 보인다. 아마도 TV나 신문 등 매체에서 연신 베트남 경제 발전에 대한 내용이 보도되고, 우리기업들의 베트남 진출이 가속화되는 점도 한몫을 했다고 생각한다.

특히 '한강의 기적'이라는 우리나라의 초고속 경제성장시기를 경험했

5장 우리는 다른 국가에 왔다
어떻게 베트남에 적응해야 하는가?

던 한국인들은 지금의 베트남이 '1980년대 한국의 상황'과 비슷하다며 마치 베트남에서 몇 수 앞을 내다보고 사업을 할 수 있는 사람처럼 이야기하곤 한다.

하지만 베트남에 진출한 한국 자영업자들의 생존율도 그리 높아 보이지는 않는다. 호치민의 한인촌인 푸미흥에는 빈 매장에 'CHO THUE NHA'라고 표시된 부착물을 쉽게 찾아 볼 수 있다. 이는 '임대 가능'을 의미하며 건물주인이나 부동산에서 임차인을 찾기 위하여 부착한 것이다.

베트남 거리의 전단지 및 현수막

지난주에 방문했을 때 성업 중이던 한식당이 이번 주에는 'CHO THUE NHA'라는 표시가 부착되는 경우를 한인촌에서 심심치 않게 볼 수 있다.

★베트남 자영업 창업, 시장에 대한 충분한 이해와
노력 없이는 100% 실패한다

베트남 주요 언론사인 VnExpress에 따르면 2018년 11월 기준으로, 한 해 동안 약 67,000개의 기업이 폐업 신고를 했는데, 이는 2017년 동 기간 기준으로 약 두 배의 기업이 폐업을 신고했다고 한다. 급속한 경제 발전이 속에서 누군가는 성공 신화의 주인공이 되지만 누군가는

베트남 창업 마지막 기회를 잡아라

비극의 주인공이 되고 있다.

포화된 한국 시장을 피해서 베트남으로 눈을 돌린 사람들이 비운의 주인공이 아닌 성공 신화의 주인공이 될 수 있을까? 100% 창업 성공을 보증할 수는 없지만, 실패 확률을 낮출 수 있는 방법을 고민해보았다.

우선 베트남 한인촌을 유심히 들여다볼 필요가 있어 보인다. 한인촌에는 교민을 대상으로 한 수많은 한식당과 마트 등 각종 편의 시설이 성업 중에 있다. 도무지 한국이 그리운 순간이 생기지 않을 정도로 모든 환경이 조성되어 있다. 외국에서 이러한 편의시설을 누릴 수 있는 베트남의 교민들은 분명 복 받은 사람들이라고 생각한다. 한국의 프랜차이즈 치킨전문점부터 중국 음식점 그리고 감자탕, 순댓국 등 국밥집, 횟집까지 도무지 외국이라는 생각을 하지 않을 정도로 모든 종류의 한국 음식점이 성업 중에 있다.

상황이 이렇다 보니 한인촌 내 동종 업계 간 출혈경쟁도 점점 심해지고 있다. 한인마트의 경우 같은 아파트 단지 내 몇 개의 한인마트가 존재하며, 메뉴가 중복되는 음식점 여러 곳이 우후죽순으로 생겨나고 있다. 게다가 한국에서 유행하는 업종은 베트남 한인촌에 즉각 반영이 되고, 신규 매장이 오픈되고 있다. 핫도그, 닭갈비, 카스텔라, 꼼장어, 동전 노래방 등 한국에서 유행을 탔을 때 베트남에서도 우후죽순으로 매장이 생겨났고 얼마 안 가 모두 문을 닫았다.

이쯤 되면 한인촌은 한국과 동일한 레드오션시장으로 보아야 한다는 생각이다. 베트남 한인촌은 물가가 매우 높기 때문에 베트남 현지인들의 방문이 매우 적은 지역이다. 때문에 주요 고객층은 한국 교민들로 한정되어 있고, 실제로 한식당을 방문하게 되면 종업원을 제외한 사람은 모두 한국인이 대부분임을 알 수 있다.

주요 고객층이 교민으로 한정된 한인촌에서의 영업은 매출에 한계가

5장 우리는 다른 국가에 왔다
어떻게 베트남에 적응해야 하는가?

있을 수밖에 없다. 물론 교민들의 소비 수준이 현지인과 비교해서 상대적으로 매우 높은 편이지만, 한인촌 내 기존 경쟁자들을 이겨내고 교민들의 선택을 받는 일은 쉬운 일이 아닐 것이다.

한국인들이 한인촌에서 교민들만 대상으로 출혈경쟁을 벌이는 동안 베트남 외식업체들은 한식으로 베트남 소비자들을 사로잡았다. 대표적인 베트남 외식업체 골든게이트는 한국식 바비큐를 앞세워 뷔페 서비스를 상품으로 내놓았고 그야말로 대박을 쳤다. 호치민, 하노이, 다낭 어디를 가도 쉽게 골든게이트의 'GoGi House'를 만날 수 있다.

K-POP이 히트를 쳐 한류 바람이 불고, 베트남 내 한국기업에서 근무하는 현지인들이 많아지면서 한국 제품과 문화에 호감을 느끼는 베트남 사람들이 많아 졌음을 느낀다. 그들은 한국과 관련된 제품과 서비스에는 흔쾌히 돈을 지불할 의사가 있어 보인다.

이런 상황에서 굳이 영업 지역을 한인촌으로 한정하여 교민을 타깃으로 영업하는 것이 합리적인가에 대한 의심을 해보기를 바란다. 물론 베트남에 대한 이해가 부족한 상황에서는 한인촌에서 자영업 창업을 시작하는 편이 현명한 선택이 될 수 있다.

하지만 한인촌에는 동종 업종의 경쟁자가 넘쳐나고 한국에서 유행하는 제품이 매일 베트남으로 넘어 오는 상황이란 것을 인식해야 한다. 나는 창업 초기에는 20만의 교민 시장을 겨냥하면서 동시에 9,400만의 현지인 시장 진출을 목표로 하라고 말해 주고 싶다.

한국 교민의 소비수준과 비교하면 소비력은 낮겠지만, 현지인 시장은 영속성을 가지고 있다. 한국 기업들이 베트남이 아닌 다른 국가로 이동을 하게 되면 베트남 교민 시장은 사형 선고가 내려졌다고 생각해야 한다. 베트남에 있는 한국 교민들은 떠나게 될 것이고, 한인촌 자영업자들의 상황은 더욱 악화될 것 이다. 물론 이 시기가 언제일지는 알 수

베트남 창업 마지막 기회를 잡아라

베트남 Golden Gate Restaurant Group의 한식 브랜드 GoGi House의 메뉴
출처: 홈페이지 캡처

없지만, 베트남 인건비가 계속 상승하게 되면 기업들은 새로운 생산기지를 고려하게 될 것이다.

정리해보자면, 베트남에서 자영업 창업을 준비하는 사람이라면 교민시장 보다는 현지인 시장을 겨냥하는 것이 사업의 영속성과 안정성을

5장 우리는 다른 국가에 왔다
어떻게 베트남에 적응해야 하는가?

위하여 훨씬 나은 선택임이 명확해 보인다. 하지만 베트남 사람과 문화 그리고 언어를 이해하지 못하면 절대로 그들을 상대로 제품이나 서비스를 판매할 수 없으며 그들의 관심을 얻기도 힘들 것이다. 현지인 시장을 목표로 하되, 그들을 먼저 이해하자. 그것이 실패 확률을 낮추는 지름길이다.

8) 베트남에서 돈 자랑 하지 마세요

베트남은 '넥스트 차이나'로 불리며 세계 글로벌 기업들의 유망한 투자 대상 국가로 평가 받고 있다. 그 결과 외국 자본이 유입되고 투자가 확대되면서 고용이 늘어나 베트남의 신흥 부자와 중산층의 비율이 빠르게 높아지는 추세다.

※2019년 포브스가 발표한 세계 가장 부유한 200인에 최초로 베트남인 (Vin 그룹 창업주 Pham Nhat Vuong)이 포함되었다. 그 외에도 비엣젯항공의 Nguyen Thi Phuong Thao 회장, 마싼 그룹의 Nguyen Dang Quang 회장, 테콤뱅크 Ho Hung Anh 회장도 세계 2,000대 부자에 포함되었다.

2019년 포브스가 발표한 베트남 부자들
출처: 포브스 홈페이지(2019)

5장 우리는 다른 국가에 왔다
어떻게 베트남에 적응해야 하는가?

순자산이 3,000만 달러 이상인 인구의 국가별 증가율을 분석한 보고서 WEALTH-X의 'Ultra Wealthy Analysis: The World Ultra Wealth Report 2018'에서도 베트남은 부자가 가장 빠르게 성장하는 10개국 중 상위 3위에 랭크되었다고 한다. 베트남은 2012년과 2017년 사이에 부의 성장률이 12.5%를 기록하면서 방글라데시 17.3%, 중국 13.4%에 이어서 3위에 랭크되었다.

그리고 경제발전에 힘입어 소비의 주요 계층인 중산층의 숫자가 점점 늘어나고 있다는 뉴스도 주변에서 매우 쉽게 접할 수 있다. 이처럼 베트남은 과거 경제적 빈곤에서 벗어나 슈퍼리치 혹은 중산층의 탄생이 빠르게 성장하고 있는 역동적인 시장이라고 평가 받고 있다.

이런 상황에도 불구하고, 일부 한국인들은 베트남이 여전히 후진국이라고 무시하며 눈살이 찌푸려지는 행동을 서슴없이 하는 사람들이 있다. 식당이나 호텔 등을 이용할 때 베트남 직원들을 무시하는 것은 기본이고, 비인격적으로 하인 다루듯이 대하는 사람부터, 심지어 손찌검하는 사람까지 있다. '모난 돌이 정 맞는다.'고 하였다. 외국인 신분인 우리가 베트남에서 현지인들의 눈살을 찌푸리게 하는 모난 행동을 하게 되면 결국 정을 맞는 당사자는 우리가 될 확률이 높은 나라다. 베트남 공안은 절대 외국인 편을 들지 않는 편이다. 현지인과 분쟁이 발생하면 불리한 쪽은 항상 우리라는 것을 명심하고 조심히 행동해야 한다.

특히 베트남에 처음도착한 사람들은 현지인들 앞에서 자신도 모르게 돈 자랑 아닌 돈 자랑을 하는 실수를 범하기도 한다. 여수에서 돈 자랑하지 말고, 순천에서 얼굴 자랑하지 말라는 말이 있다. 필자는 베트남에서 돈 자랑하지 말라고 이야기하고 싶다.

호치민이나 하노이 시내에서는 벤츠나 BMW와 같은 고급 외제 차종부터, 심지어 마쎄라티, 람보르기니와 같은 수퍼카도 종종 목격할 수 있으며, 부자들을 대상으로 한 시내 중심가의 최고급 아파트 분양도 물량이 모자랄 정도로 인기가 많다. 물론 부동산의 경우 외국인 자본 유입이 많아진 영향이 있지만, 베트남에서 사업을 하다 보면 몇 채부터 몇십 채의 아파트를 소유하고 있는 베트남 사람도 흔하게 만날 수 있다.

하지만 부자들은 본인의 부를 티 내고 다니지 않는다. 400달러의 급여를 받는 직원이 알고 보니 호치민 중심가에 수억을 호가하는 아파트 소유주였고, 한국인 밑에서 부동산 분양 사업을 배우던 친구가 퇴사 후 직접 회사를 차려서 불과 2년 만에 수억의 자산가가 되었다는 베트남 사람도 있다. 베트남에서 사업을 하다가 만나는 베트남 사람이 알고 보면 자산가인 경우가 매우 많다. 혹은 몇 년 지나 만나보면 자산가가 되어 있는 사람들도 많다. (대개는 한국인으로부터 사업 수완을 익히고 독립해서 성공한 베트남 사람들이 많았다.)

때문에 베트남에서 사업을 할 때에는 겸손하고 인격적으로 사람을 대해주어야 한다. 왜냐하면 그들을 통해 베트남에서 생각지도 못했던 사업 확장의 기회를 얻을 수도 있기 때문이다.

5장 우리는 다른 국가에 왔다
어떻게 베트남에 적응해야 하는가?

9) 유흥은 사업을 하는 곳이 아닙니다

사업을 하다보면 흔히 '접대'를 해야 하는 건수가 종종 생긴다. 함께 식사를 하거나 가벼운 음주를 하는 자리라면 부담이 없지만, 술시중을 드는 베트남 여성 접대부가 나오는 장소에서 접대를 원하는 고객과의 만남은 하루 종일 부담으로 다가온다.

이 경우, 보통 노래방(Karaoke)을 접대 장소로 이용하게 되는데 노래방에서 고객을 위해 사용한 비용에 대한 세금영수증을 회계 직원에게 제출할 때는 항상 민망함을 느낀다. (노래방 이용료가 상당하기 때문에 접대비 처리를 하지 않을 수 없다.) 게다가 나는 선천적으로 알코올 분해 능력이 없고, 노래를 못한다. 한국에서 근무할 때에도 노래방은 손에 꼽을 정도로 방문하지 않았던 장소 중 하나이다.

이렇게 유흥에 취약한 음주가무 능력을 가지고 사업을 하다 보니, 나에게 유흥 접대는 정말로 고역인 일이 되어 버렸다. 하지만 남성들에게 유흥 관광지로 유명한 베트남이다 보니, 일부 고객들은 자연스레 유흥을 요구한다. 게다가 대부분 고객들은 언어 소통이 되지 않으니 나를 통역으로 이용한다. 그러면 나는 고객의 말을 접대부에게 전달하는 웃기는 상황이 연출되기도 한다.

상황이 이렇다보니, 지금은 고객이 요구하는 무리한 유흥 자리는 최대한 피하기 위해 노력하고 그 노하우도 쌓았다. 하지만 사업초기에는 이런 노하우가 없다보니, 유연하게 대처하지 못하고 고객이 원하면 유흥 자리로 안내를 했다. 심지어 계약이 이루어지지 않은 사람들임에도…….

사업초기에는 매출 발생을 위하여 필요한 업무라고 생각했었다. 아마 사업 초기에 가졌던 초초하고 불안한 마음에 조급한 행동을 했던 것이 아닌가 싶다. 하지만 어둡고 습한 곳에서 제대로 된 사업 이야기가 절대로 되지 않는다는 것을 명심해야한다. 술은 사람의 행동을 평소보다 과격하게 만들고, 허풍쟁이로 만들기도 한다. 사업적으로 지키지 못할 약속이 난무하는 곳이 바로 유흥업소 테이블 위라는 것을 깨닫기 바란다.

★밑 빠진 독에 물 붓기

우리나라 속담에는 '밑 빠진 독에 물 붓기'라는 속담이 있다. 베트남에 처음 온 직장인이나 사업가들은 이 속담과 같은 행동을 보이는 사람들이 많다. 바로 유흥이라는 늪에 빠져 버리는 것이다.

'한국 남자=돈이 많은 사람'이라는 인식이 널리 퍼져 있다 보니, 한국 남자는 베트남 여성들에게 인기가 많은 편이다. 베트남 사람들보다 상대적으로 소득이 높고 소비수준도 달라서 이런 인식이 퍼진 것으로 보인다. 게다가 한국의 유흥비와 비교하면 이곳의 유흥비는 상대적으로 저렴한 편이다 보니, 베트남에 처음 온 한국 남자들은 유흥비로 돈을 탕진하는 사람이 종종 있다. (외국인 출입이 가능한 카지노에서 돈을 탕진하는 경우도 많이 목격했다.)

베트남에서 몇 년 동안 일을 했지만 천만 원도 모으지 못하는 사람도 많다. 놀랍지 않은가? 그들은 베트남에서 유흥에 돈을 탕진하며 순간의 쾌락을 쫓아 의미 없이 돈을 낭비해 온 것이다. 유흥으로 만난 여성들은 당신이 돈을 탕진한 사실을 알고 또 다른 '호구'를 찾아서 떠날 것이다. 말 그대로 어떤 수확도 없이 밑 빠진 독에 '돈'만 부었던 꼴이다.

이 책을 읽고 베트남에 오게 된다면 반드시 베트남 유흥에 빠지는 것을 경계하기 바란다. 베트남에 온 목적은 사업에 있음을 분명히 하고, 돈을 현명하게 사용해보도록 하자. 사업을 시작하게 되면 예상 외 지출이 굉장히 많다. 고정 비용은 물론이고, 생각지도 못한 지출이 발생한다. 당신이 몇 번의 유흥비로 지출하게 될 돈은 베트남 직원의 한 달 월급이라는 것을 마음에 새긴다면 당신의 사업은 성공에 더욱 가까워질 것이다.

6장

베트남 사업의 첫 걸음을 내딛자

1) 외국인에게 맞지 않는 사업아이템

    베트남에 진출하여 법인을 설립하는 방법에는 상법상 여러 가지가 있지만 실질적으로 외국인 투자자들이 베트남에 설립하는 방법으로 유한책임회사(Limited Liability Company/LLC)와 주식회사(Joint Stock Company)가 있다. 베트남의 회사들과 거래를 하다보면 'Công ty TNHH'으로 시작하는 회사들을 쉽게 만날 수 있는데, 이 회사들이 모두 유한책임회사의 형태라고 생각하면 된다. 반면 'Công ty cổ phần'으로 시작되는 이름은 주식회사의 형태라고 판별할 수 있다. 투자 방식에 따라서는 외국인 100% 법인, 베트남인과의 합작 법인, 100% 로컬 법인으로 나뉜다. 베트남에는 외국인의 투자를 규율하는 법률로 투자법 및 기업법, 그리고 그 하위에 각각의 시행령과 시행규칙이 존재한다. 베트남 정부는 2005년 내·외국인에 공통적으로 적용되는 투자법을 의회의 승인을 거쳐 확정하였으며, 2006년 7월 1일 발효했다. 이는 베트남의 WTO 가입을 준비하기 위한 조치로 2007년 베트남은 WTO에 가입하게 된다.
    2015년 베트남은 외국인 투자법을 개정한다(2015년 외국인 개정투자법으로 본문의 내용은 KOTRA 베트남 주요 투자법 내용을 참고). 개정 투자법에서는 외국인 개인, 외국법에 의해 설립된 기업, 베트남에 설립된 기업 중 외국인의 지분이 51% 이상인 기업과 이들 기업들이 향후 51% 이상 투자한 기업 역시 외국 투자 법인으로 규정하고 있다. 외국인 투자법 변경으로 인해 법인 설립 시 나오는 증서의 종류가 변경되었다. 과거에는 외국인 투자자는 투자허가서(IC)를 발급받았으나, 2015년 이후 설립되거나 투자허가서는 갱신한 기업은 투자법에 따라 투자등록증명서(IRC)를 발급받게 된다. 외국인 출자 지분율이 51% 이상일 경우 법인등록증(ERC)와 투자등록증(IRC)를 모두 신청해야 하며, 외국인 출자 지분율이 51% 미만일 경우에는 법인등록증(ERC)만 신청함으로써 법인 설립을 할 수 있다. 추가적으로 유통, 외식, 건설, 교육, 관광, 의료 등 특수 업종의 경우 위의 2가지 등록증 외에 추가적으로 해당 업종에 대한 전문성을 검증받아야 한다. 예를 들면 병원의 의료 행위 허가증, 외식 업체의 위생허가증 등이 해당한다.

외국인 투자법이 개정된 후 2017년 1월 투자법이 새로이 수정되는데 금지 사업 분야가 51개에서 7개로 줄어든다. 7개 사업 분야는 마취제, 마약류 등 상식적으로 위험성을 내포하고 있는 분야이므로 크게 제한사항이 없을 것으로 예상된다. 하지만 243개의 업종이 조건부 투자 분야로 설정되어 있기 때문에 본인이 하고자 하는 사업이 이에 해당되는지 여부를 반드시 확인해 볼 필요가 있다. 사실상 사업을 하고자 할 때 베트남의 법무 관련 서비스 업체에 문의하는 것이 그 첫 번째가 되기 때문에 중간에 일이 흐트러지는 경우는 많지 않다. 다만, 주 사업 분야가 100% 외국인에게 허용될지라도, 보조 사업 분야는 조건부 또는 금지된 분야가 될 수 있기에 관련 법률을 꼼꼼히 확인해 보아야 한다.

앞서 언급하였다시피 베트남은 2007년 WTO에 가입하게 된다. 이에 따라 외국 기업의 주요 서비스업이 개방을 하게 되는데 각 분야별로 개방 일정이 모두 다르다. 2019년 기준으로 하기에 나와 있는 대부분의 서비스 분야는 제한 기간이 지나 있는 것이 대부분이나, 기한이 지나도 외국인의 출자 비율이 51%를 넘지 못하는 사업 분야가 존재한다. 베트남에 소규모 창업을 진출하고자 하는 대부분의 사람들이 서비스업종에 관련된 문의를 가장 많이 한다. 하기 표를 참조하여 본인의 사업 분야와 일치하는 분야가 있는지 확인을 할 필요가 있으며, 상세 내용은 투자청 및 전문 법무법인의 상담을 통해 정확한 현재 상황을 체크하는 것이 필수적이다.

대상 분야 및 업종	시장 개방 내용(상업적 주재, Commercial Presence, 모드3)
광고 서비스 (담배를 제외한 광고 서비스)	- WTO 가입 직후부터 외국 투자가는 베트남 내 광고 영업 활동 권한 소지 기업과 합작 또는 경영협력계약(BCC) 형태로 회사 설립이 허가됨 - 외국인 합작회사 설립 시 외국 투자 금액은 법정 자본금의 51%를 초과할 수 없으며 2009년 1월 1일부로 합작 회사 자본 출자 비율 제한은 없어졌음
기계 및 장비 임대업	제한 없음
기타 서비스 (전자게임 사업 포함)	경영협력계약 형태나 서비스 공급을 허가받은 베트남 파트너와의 합작 회사 형태로만 가능하며 외국 자본 비율은 49%를 초과해서는 안 됨
병원 서비스, 의료 및 치과서비스	- 100% 외국인 투자 병원 설립, 베트남 파트너화의 합작 회사 또는 경영협력계약 형태로 서비스 공급이 허용됨 - 병원(Hospital) 의료 서비스를 위한 최소 투자 자본은 2,000만 달러, 의원(Clinic) 진료소의 경우 200만 달러, 전문 의원일 경우 20만 달러임
보험 및 보험관련 서비스, 1차보험 중 생명보험(건강 보험제외)및 비생명 보험 서비스, 재보험/보험 중개업, 보험 보조업무 서비스, (보험대리점 서비스 제외)	- 100% 외국인 투자 기업은 자동차 제3자 책임보험, 건설 및 설치에 관련 보험, 석유, 가스프로젝트 보험, 공공의 안전 및 환경 훼손 위험이 큰 건설 프로젝트 보험 분야 영업은 금지됨 - 2008년 1월 1일부터 상기 부문 영업 제한은 해제됐음 - WTO 가입 5년 후부터 권고 규정에 의거해 외국 보험 회사의 비생명 보험 지점 개설이 허용될 수 있음

베트남 창업 마지막 기회를 잡아라

엔터테인먼트 서비스 (극장, 라이브밴드, 서커스 포함)	WTO 가입 5년 이후부터 개방되며, 외국인 자본이 49%를 초과하지 않는 합작 회사 형태로만 허용됨
여행업 및 투어 오퍼레이터	WTO 가입 직후부터 베트남 파트너와의 합작 회사 형태로만 허용되며 외국 자본 지분 제한은 없음
영화 배급 (CPC 96113, 비디오 테이프 제외)	베트남에서 영화 제작 서비스 제공을 허가받은 베트남 파트너와의 경영 협력 계약 및 합작 회사 형태로만 허용되며 외국 자본은 합작 회사 법정 자본금의 51% 이내로 제한됨
영화 영사 서비스 (CPC 96121)	- WTO 가입일로부터 2년간 100% 외국인 투자 회사의 동 분야 영업 서비스는 베트남 내 외국인 투자기업에만 국한됨 - WTO 가입일로부터 3년 후부터 지점 설치가 허용됨
영화 제작 (CPC 96112, 비디오 테이프 제외)	베트남에서 영화제작 서비스 제공을 허가받은 베트남 파트너와의 경영 협력 계약 및 합작 회사 형태로만 허용되며 외국 자본은 합작 회사 법정 자본금의 51% 이내로 제한됨
육상 화물 운송업 및 육상 승객 운송업(운수업)	- WTO 가입 직후부터 경영협력계약(BCC) 또는 외국자본이 49% 지분을 초과하지 않는 조건의 베트남 기업과 합작투자 가능 - WTO 가입 3년 후부터 외국인 지분 51%까지 허용 - 합작회사의 운전기사는 100% 베트남인을 고용해야 함
은행 및 기타 금융서비스, 여수신업무, 대출업무, 금융리스, 송금, 보증업무, 머니브로킹, 자산관리, 금융자산 청산서비스, 금융정보제공, 금융관련 자문서비스	- 외국인 신용기관의 상업적 주재는 다음의 형태로 설립이 허용됨 - 외국 상업 은행: 대표 사무소, 외국 상업 은행의 지점, 외국 자본이 50%를 초과하지 않는 합작 상업 은행, 합작 금융 리스 회사, 100% 외국인 투자금융 리스회사, 합작 금융 회사, 100% 외국인 투자 금융 회사 - 2007년 4월 1일부터 100% 외국 투자 은행 설립 허용 - 외국 금융 회사: 대표사무소, 합작금융회사, 100% 외국 투자 금융회사, 합작금융리스 회사, 100% 외국단독 투자금융 리스회사 - 외국 금융 리스회사: 대표사무소, 합작 금융 리스회사, 100% 외국 단독투자 금융리스회사 - WTO 가입일로부터 5년 동안 베트남 정부는 외국 은행 지점이 신용관계가 없는 일반 고객의 베트남 동화 예금액을 하기 비율로 제한할 수 있음 - 2007년 1월 1일: 납입 자본금의 650% - 2008년 1월 1일: 납입 자본금의 800% - 2009년 1월 1일: 납입 자본금의 900% - 2010년 1월 1일: 1,000% - 2011년 1월 1일: 가 완전한 내국민 대우 - 주식 매입 비율 제한: 베트남 정부는 외국 신용기관의 베트남 국영은행 인수 주식보유 비율을 제한할 수 있으며 외국 투자가의 베트남 합작 상업은행 주식 보유 비율은 정관 자본금의 30%를 초과할 수 없음 - 외국은행 지점 영업: 외국 은행의 지점은 지점 이외의 다른 장소에서의 거래를 허가하지 않음 (ATM 단말기 의미) - WTO 가입 즉시 외국신용기관은 신용카드를 발급할 수 있음

음성전화, 팩스, 사설 전화선, 텔렉스, 데이터 전송 서비스, 기타 서비스 (비디오 컨퍼런스 서비스, 비디오 송출서비스, 모바일 전화서비스, 페이징 서비스, PCS 서비스, 인터넷교환서비스)	- 단순 서비스의 경우 베트남 국제 음성 서비스 면허 소지 기업과 합작 가능하며 외국인 출자 지분 제한은 51% 이내이고 WTO 가입 3년 이후부터 베트남 합작 대상 기업의 조건에 대한 제한 없이 외국인 지분 65% 이내에서 합작 가능함 - 장비 이용 서비스의 경우 단순 서비스에서 명시한 자격의 베트남 합작 파트너와 외국인 출자 지분 49% 내에서 합작 기업 설립이 가능하며 51% 보유자가 경영권 보유함 - 현재 BCC 형태로 투자한 외국 통신 분야 투자자의 경우 합작 기업에 불이익을 주지 않는 조건 하에서 현재의 투자 형태를 다른 형태로 변경해 갱신할 수 있음
일반 건설업 (건축, 토목, 설치 및 조립, 건축 마감, 기타)	- WTO 가입일로부터 2년간 100% 외국인 투자 회사의 동 분야 영업 서비스는 베트남 내 외국인 투자기업에만 국한됨 - WTO 가입일로부터 3년 후부터 지점 설치가 허용됨
장비의 유지 및 수리 서비스 (선박, 항공기 또는 기타 운송장비 제외)	WTO 가입 직후부터, 외국인 자본이 49%를 초과하지 않는 조건에서 합작 회사 설립이 허용되며 가입 3년 이후부터는 자본 출자 지분이 51%까지 허용되며 가입 5년 후부터는 100% 외국인 출자 기업 설립 가능
증권, 주식매매, 주식발행, 자산포트폴리오 관리	- WTO 가입 직후 외국증권 서비스사는 지점을 설치하거나 투자 지분이 49%를 초과하지 않는 한 베트남 기업과 합작 회사를 설립할 수 있음 - WTO 가입 5년 후부터 100% 외국증권회사 설립을 허용 - WTO 가입 5년 후부터 외국증권 회사도 포트폴리오 자산 관리 서비스와 기타 주식 연관 서비스 업무를 허용
커미션 에이전트업, 도매 서비스업, 소매 서비스업	- WTO 가입 직후, 외국 자본이 49% 이내에서 베트남 파트너와 합작 회사 설립 허용 - 2008년 1월 1일부터 49% 지분 제한은 철폐됐으며 2009년 1월 1일부터 합작투자 제한 조항 없음 - 가입 직후부터 유통업에 투자한 외국 투자기업은 커미션 에이전트, 도소매업, 무역업 종사가 허용되나 하기 품목은 취급이 금지됨. (시멘트 및 시멘트 크링커, 타이어(항공용 제외), 종이, 트랙터, 오토바이, 자동차, 철강제품, 영상장비, 포도주, 주류, 비료) - 2009년 1월 1일부터 트랙터, 자동차, 오토바이 취급이 허용 - WTO 가입 3년 후부터 모든 수입품목 및 국내생산품목 취급이 허용됨 - 대형 할인 매장 설립은 수요에 따라 조건부로 허가됨
택배서비스 (서신 배달료 12달러 이하 및 중량 2,000g 이하 서신 제외)	WTO 가입 직후부터 5년까지 외국인 자본 51% 이하의 조건으로 합작 회사 설립이 허용되며 가입 5년 이후부터 외국 자본 비율이 100%까지 허용됨

프랜차이즈 업	- WTO 가입 직후, 외국 자본이 49% 이내에서 베트남 파트너 와 합작 회사 설립 허용 - 2008년 1월 1일부터 49% 지분 제한이 철폐됐으며 2009년 1월 1일부터 합작 회사 설립 조건도 해제됐음 - WTO 가입 3년 후부터 지점 설치가 허용됨
호텔 및 레스토랑 (숙박 서비스 및 요리 및 음료 조달 서비스 포함)	- WTO 가입 후 8년 동안은 호텔 건설, 증축, 개축 등의 투자 와 연계된 서비스만 허용됨 - 8년 이후부터는 제한 없음

* 베트남 WTO 가입에 따른 주요 서비스 분야 개방 일정
출처: KOTRA 베트남 투자법 2019

2) 시장조사를 어떻게 해야할까?

머릿속에 아이템이 떠올랐다면, 이 아이템이 베트남 현지에서 통할 수 있는지 당장 알아봐야 한다. 대기업의 마케팅팀 또는 시장개발팀 등에서 현지 조사를 실제로 어떻게 하는지는 나도 경험해 본 적이 없다. 하지만 시장 조사는 어렵게 생각하면 한도 끝도 없는 것이고, 쉽게 생각하면 매우 간단한 과정이 될 수 있다. 누군가에게는 시장 조사가 굉장히 중요한 작업처럼 느껴질 수 있으며, 이 단계에서 확신을 가지지 못해 쉽게 시작을 하지 못하는 경우가 굉장히 많다. 필자 역시도 앞서 언급한대로 수 없이 창업을 고민하면서 시장 조사에 많은 시간을 할애한 경험이 있다.

그 단계를 거치며 시장 조사는 단계와 방법 그리고 조사 항목을 정해 놓은 상태에서 일정 시간을 두어 알아보는 것이 가장 효율적임을 깨달았다. 각자의 방법과 조사 방식에 대한 신념이 다르겠지만 여기서는 어떻게 시장 조사를 해야 하는지 잘 모르는 독자들을 위한 공간을 마련하고자 한다. 아래의 내용은 베트남 시장에 한정하여 나만의 시장 조사 방법 노하우를 공유하려 한다. 더불어, 베트남에서 시장 조사를 하기 위해 특별히 도움을 줄 수 있는 기관 등을 소개하고자 한다.

★ 일반적인 시장 조사 방법

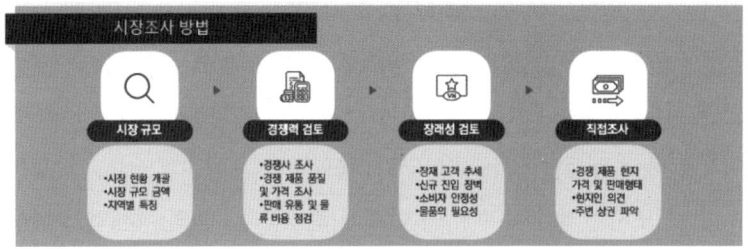

① 시장 규모 조사

시장 규모 조사 단계에서는 전체 시장 현황을 개괄적으로 접근한다고 보면 되겠다. 아이템이 머릿속에서 떠올랐을 때, 만사 제쳐두고 현지에 달려가는 사람은 없을 것이다. 기본적으로 시장에 대한 이해를 돕기 위해 온라인에 퍼져 있는 정보들을 수집한다. 이 단계에서는 전체 시장 규모와 금액, 현지 시장에서 아이템의 특징, 해당 아이템 법령 등을 확인한다. 만약 개괄적인 시장 규모 조사 단계에서 아이템의 한계성을 느꼈다면 과감하게 털어 버리는 것도 시간 절약의 좋은 방법이다.

② 경쟁력 검토

개괄적인 시장 규모 조사가 끝났다면, 내 아이템의 경쟁력을 검토해야 한다. 기본적으로 아이템의 경쟁력을 알아보려면, 경쟁 제품을 알아보는 것이 가장 빠르고 확실하다. 이미 시장에 노출되어 소비자에게 평가를 받고 있다면, 경쟁력을 검토하기에 이보다 좋은 자료는 없다. 이 단계에서는 경쟁사와 경쟁사의 제품·품질·가격 등을 조사하며, 내

6장 베트남 사업의 첫 걸음을 내딛자

아이템의 판매 유통 경로 및 물류비용 등을 점검하는 것이 좋다.

③ 장래성 검토

아이템이 현재 경쟁력이 있을지언정, 사업을 지금 당장만 바라보고 뛰어 들 수는 없다. 본인이 책정해놓은 대략적인 사업 기간 동안 해당 아이템의 장래성을 검토해야 한다. 베트남 같은 경우에는 한국보다 제품의 트렌드가 느린 경우가 일반적이다. 하지만 한국에서 성공한 아이템이라고 해서 베트남에서도 반드시 성공한다는 보장은 없으니, 추후 현지 반응 조사가 필수적이다. 이 단계에서는 잠재고객의 추세와 소비자 안정성, 물품의 필요성 등을 다양한 매체를 통하여 점검한다.

④ 직접조사

온라인에서 위의 단계를 모두 거쳐 아이템을 검토하였다면, 직접 나설 차례다. 현지에 직접 가서 조사한 내용을 본인 아이템의 특징에 맞게 재조사하는 과정이 필요하다. 인터넷에 나와 있는 정보는 본인의 아이템에 딱 들어맞는 조사가 아닌 경우가 많기 때문이다. 어느 정도 확신을 가지고 있다면, 어느 정도 비용을 감수해서 현지 컨설팅 법인 등의 서비스를 받는 것도 좋은 선택이다. 더불어, 현지에서 정확한 의사소통을 위해 일일 통역 서비스 등을 이용하는 깃이 시간과 비용을 낭비하지 않는 방법이 될 수 있다. 많은 분들이 베트남에 오면서 통역 비용을 아끼느라 제대로 된 정보를 베트남인에게 받아가지 못하는 경우를 많이 봤다. 필자도 주변의 부탁을 들어주며 간단한 통역 일을 도와준 적이 있지만, 내가 받아들이는 정보의 양과 내 입에서 의뢰인에게 정보가 가며 필터링 되는 정보가 또 생기게 된다. 이 정보의 축약을 최대한 줄이는 것이 직접 조사 단계에서 가장 중요한 부분이라 생각한다.

시장 조사는 꼭 이렇게 해야 한다고 정해진 틀이 있는 것은 아니다. 다만, 효율적인 시간 분배를 위해 각 단계별로 적당한 시간을 두고 나아가는 것을 추천한다. 필자는 창업 전 수 많은 아이템을 두고 위 단계를 거치며 아이템을 잡고 놓기를 반복했다. 하지만 외국에서의 시장 조사이기 때문에 아무래도 한국보다는 놓치는 정보가 많을 수밖에 없다. 일정 부분 직접 보고 느껴야 하는 부분이 있지만, 최대한의 정보를 모으기 위해 아래의 정보를 이용해 보길 권한다.

★베트남 시장 조사 방법
① 온라인 조사

베트남 시장 조사를 시작하였다면, 온라인으로 시장에 대한 개괄적인 정보를 얻는 것이 첫 번째일 것이다. 기본적으로 베트남 국가에 대한 이해를 돕는 것은 코트라 국가·지역 정보의 베트남 카테고리를 이용하는 것이 좋다. 그 외에 호치민/하노이 무역관 홈페이지에서 제공하는 각종 시장 보고서를 통해 본인이 원하는 업종의 정보를 취득할 수 있다. 또한, 이미 베트남에 진출한 한국 교민이 많기 때문에 인터넷에 관련 자료를 검색한다면 최소한의 정보는 확보할 수 있다. 정부 지원 사업을 확인하는 것도 또 하나의 방법이다. 중소기업 지원 사업 정보를 볼 수 있는 기업마당(www.bizinfo.go.kr)과 K스타트업(www.k-startup.go.kr)에서도 해외 지원 사업 공고를 확인 할 수 있다.

② 현지 컨설팅 업체 이용

베트남에 진출한 현지 컨설팅 업체를 이용하는 것 또한 시간과 비용을 절약할 수 있는 방법이다. 어느 정도 온라인으로 시장 조사를 마쳤다면, 해당 아이템에 대한 보다 정밀한 정보가 필요할 때가 있다. 직접 비행기 표를 끊고 온다고 하더라도, 현지의 바이어 및 협력업체를 찾는 것은 쉬운 일이 아니다. 오히려 현지 시장조사 서비스를 제공하고 있는 업체에 문의를 하여 추가적인 정보를 받는 것이 쓸데없이 낭비되는 시간과 비용을 절약할 수 있는 방법이다.

③ 베트남에 진출한 공공기관 활용하기

코트라 집계 기준으로 베트남에 진출한 한국 기업은 4,200여개로 진출 준비 중인 회사부터 현지 명의로 등록되어 있는 한국 기업까지 추산을 한다면 그 숫자는 더 커지게 된다. 이런 현지 사정에 맞추어 우리나라의 공공기관 또한 현지에 진출하여 각 기업 활동을 돕는 역할을 하고 있다. 개인 사업에 필요한 매우 세세한 부분까지는 별도의 노력을 통하여 정보를 얻어야겠지만, 일반적인 시장 정보 및 통계적인 부분은 각 공공기관의 자료를 활용하자.

1. KOTRA 하노이/호치민 무역관

위치	하노이	하노이 쭝화 그랜드플라자 참빛타워 20층
	호치민	호치민 1군 다이아몬드플라자 #708B
연락처	하노이	+84-24-3946-0511 / kotrahanoikbc@gmail.com
	호치민	+84-28-3822-3944/3950 / kotrasgn@hanmail.net
웹사이트	하노이	www.kotra.or.kr / KBC / hanoi
	호치민	www.kotra.or.kr / KBC / hochiminh
카테고리	현지시장정보 / 현지진출정보 / 전시정보 / 무역관 소개 / Q&A	

▶ KOTRA의 하노이 호치민 무역관에서는 시장별 뉴스 및 통계 자료를 종합하여 기업 활동에 유용한 정보를 제공하고 있다. 기본적인 시장 정보 외에도 베트남 각 기관과 연계 되어 있어 현지 활동에 필요한 도움을 받을 수 있다. 추가적으로 하노이/호치민 무역관에서는 바이어 상담 지원을 위한 목적으로 통역관을 지원한다. 비용은 통역원과 직접 협의해야 하나, 외국어 능력이 출중한 것으로 알려져 있어 유용하게 활용할 수 있다.

베트남 창업 마지막 기회를 잡아라

2. 중소벤기업진흥공단 (수출인큐베이터)

위치	하노이	하노이 쭝화 그랜드플라자 참빛타워 17층
	호치민	호치민 1군 다이아몬드플라자 #709
연락처	하노이	+84-24-3555-1856~7 / hanvit@kosmes.or.kr
	호치민	+84-28-3823-0901 / ggundeul@kosmes.or.kr
웹사이트	하노이 호치민	www.kosmes.or.kr
카테고리	수출인큐베이터	

▷ 한국에서 중소기업을 운영하고 있는 업체라면 중소기업진흥원의 수출인큐베이터를 활용하자. 앞서 소개한 KOTRA는 베트남에 진출한 기업들을 지원하기 위한 목적이라면 수출인큐베이터는 기존 한국의 중소기업의 수출 및 판로 확보를 적극 지원하기 위해 진출하였다. 수출인큐베이터 지원서를 신청하여 선정이 되면, 중소기업진흥원과 함께 적극적인 진출을 도모할 수 있다. 추가적으로 하노이와 호치민 모두 일정 보증금과 함께 월 임차료를 내게 되면 선정된 업체에 한하여 사무실을 지원한다.

3. 정보통신산업진흥원(nipa)

위치	하노이	하노이 미딩 경남빌딩 25층
	호치민	호치민 1군 No.135, Hai Ba Trung Street
연락처	하노이	(+)84-0247-3000-0670
	호치민	(+)84-28-3520-8136
웹사이트	하노이 호치민	www.nipa.kr
카테고리	IT 지원센터	

▷ 정보통신산업진흥원은 국내의 소프트웨어, IT 기업을 대상으로 베트남 현지 진출을 지원하고 있다. 현재 베트남에 각종 소프트웨어 및 IT 산업이 발전하고 있는 만큼 정보통신산업진흥원의 지원 아래 베트남 진출 기회를 엿보는 것도 좋은 방법이다. 지원서를 신청하고 업체 선정이 되었을 경우, 현지 진출 세미나, 멘토링, 진출 전략 수립 등 다양한 분야에서 사업을 지원한다.

4. 중소기업 중앙회

위치	호치민	호치민 7군 Mapletree 빌딩 1604호
연락처	호치민	+84-28-3620-8184
웹사이트	호치민	www.kbiz.or.kr
카테고리	IT 지원센터	

▷ 중소기업 중앙회 역시 기존 한국에 법인을 두고 있는 기업을 지원한다. 지원 정보는 수출지원 카테고리에서 확인 가능하다. 각 지역 소재 중소기업 중앙회 지역본부에 따라 베트남 진출 지원 행사를 각기 제공한다. 바이버 매칭 사업을 주로 제공하고 있으며, 베트남 현지 협력업체 또한 소개하고 있다.

3) 어떤 비자로 베트남에 있을 것인가?

베트남에서 합법적으로 체류하기 위해서는 비자가 필요하다. 체류 목적에 따라서 발급받아야 하는 비자종류가 다르다. 사업을 목적으로 베트남에서 체류하는 당신에게 가장 적합 비자는 무엇인지 알아보자.

대한민국 국민이라면 전 세계 187개국을 무비자로 자유롭게 여행할 수 있다고 한다. (2019년 기준) 국가마다 무비자 체류기간이 다르겠지만 대한민국 여권의 위상은 정말로 대단하다. 물론 베트남도 대한민국 여권 소지자라면 무비자로 일정기간 체류가 가능한 국가 중 한 곳이다. 아무래도 대베트남 투자 1위 국가이다 보니 관광, 출장 및 사업 목적으로 베트남을 방문하는 한국인이 많기 때문에 무비자를 제공하는 것은 당연하다. 참고로 지난 2018년 기준으로 베트남을 찾은 한국인 관광객의 수는 약 316만 명이었다. (2017년 기준 241만 명)

베트남은 기본적으로 대한민국 여권 소지자에게 무비자 15일의 혜택을 제공한다. 베트남 방문이 출장, 관광 등 목적에 상관없이 무비자로 15일 동안 베트남에서 체류가 가능하다. 하지만 2회 연장은 불가능 하다. 2회 연장 불가능의 의미는 무비자 체류기간 15일을 소진한 후 한국으로 돌아갔다가 다시 베트남에 입국할 때에는 무비자로 입국 허용이 되지 않을 수 있다. 무비자 혜택을 받은 후 베트남 출국일자 기준으로 30일이 경과한 후 다시 무비자 입국이 가능하다는 규정이 있기 때문이다. 이를 모르고 무비자로 재입국을 시도하려다가 베트남에서 입국이 거부된 사례들이 있으니 주의를 기울여야 한다.

베트남 입국일	베트남 출국일	베트남 재입국	비자 발급 여부
2019.11.20	2019.11.30	최초로 입국하는 경우	무비자 입국 가능
2019.12.10	2019.12.20	출국일 기준 30일 이내 재입국하는 경우	사전 비자 취득 必
2020.02.20	2020.02.30	출국일 기준 30일 이후 재입국하는 경우	사전 비자 취득 없이 무비자 입국 가능

하지만 비즈니스를 하다 보면 30일 이내 재입국을 하게 되는 경우가 발생하게 된다. 이때는 간단하게 인터넷 e비자 셀프 신청을 통해 문제를 해결할 수 있다.

인터넷 검색창에서 'VIETNAM EVISA'를 검색하면 베트남 e비자를 발급하는 사이트에 접속할 수 있다. 개인 정보를 입력한 후 25달러를 지불하게 되면 신청 절차가 완료된다. 발급까지는 최소 3일이 소요되니 입국 전 여유를 두고 신청을 해야 한다.

신청을 마친 후 베트남 E-VISA 포털에서 신청 완료 메일이 전송되는데 이때 등록코드를 미리 발송해준다. 3일 정도 후에 E-VISA 포털에서 보낸 메일에 링크되어 있는 사이트를 들어가 코드와 이메일, 생년월일을 입력하면 비자 승인 여부가 나오게 된다. 하단에 비자 인쇄하기를 눌러 베트남 입국시 지참하면 된다.

비자 문제로 베트남 입국 문제가 많다 보니, 한국 공항에서 베트남으로 가는 손님들에게는 최근 베트남 입국일 및 비자 여부 등을 미리 확인하고 있다. 이 때 발급 받은 E-VISA를 보여주면서 입국에 문제가 없음을 확인시켜주고, 베트남 입국 검사 시에 다시 한 번 제출하면 된다.

그림 베트남 E-VISA 신청 절차
출처: https://evisa.xuatnhapcanh.gov.vn

★관광 및 상용 비자

15일 이상 체류를 목적으로 베트남을 방문 시에는 입국 전에 최대 90일까지 비자 신청이 가능하다. 종로구 삼청동에 위치한 주한 베트남 대사관에서 비자 신청이 가능하고 또는 여행사를 통해서 비자 신청 대행 서비스 이용도 가능하다. (베트남 이민국에서 운영하는 전자 비자 발급 사이트도 있으니 참고 바란다. 사이트 주소: www.xuatnhapcanh.gov.vn)

베트남에서 시장조사 기간에는 3개월 복수비자를 발급 받아서 체류하는 것을 추천한다. 아직 사업 실행 여부가 확실하지 않은 상태이고, 체류 중 급하게 한국을 다녀와야 할 일들이 생길 수 있기 때문에 단수비자보다는 복수비자가 유연성이 생긴다.

만약 비자기간 만료가 다가오면 베트남에 있는 여행사를 통해서 비자 연장이 가능하며, 비자 연장을 위해서 베트남 출국 후 재입국 과정을 거쳐야 한다면, 베트남 주변국(캄보디아, 태국 등)을 방문했다가 베트남으로 재입국하여 비자를 갱신할 수 있다.

참고로 베트남 남부 체류자의 경우 베트남과 캄보디아 국경 지역인 목바이(Moc Bai)를 육로로 방문하여 비자를 갱신할 수 있으니 참고 바란다. (호치민 시내 기준 택시로 약 1시간 30분~2시간 소요)

	단수비자	복수비자
입국 가능 횟수	1회 입국 가능	1회 이상 입국 가능
가격	복수비자에 비해 저렴	단수비자에 비해 높음
특징	출국 시 비자 종료	기간 내 출입국 가능

* 단수비자와 복수비자 비교

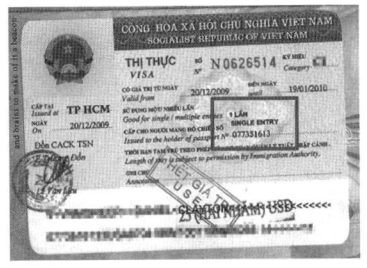
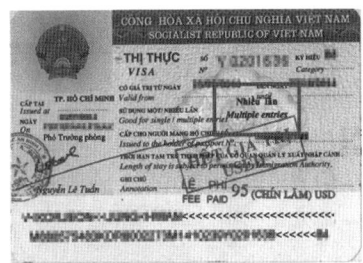

베트남 단수비자 복수비자 샘플

※Single Entry(단수비자)와 Multiple entries(복수 비자) 필수 확인

★임시 거주증(Temporary Resident Card)

베트남에서 회사를 설립하고 나면 장기간 체류를 위하여 거주증(Thẻ Tạm Trú, 일명 땀쭈)를 발급 받아야 한다. 비자는 거주증과 비교하여 그 기간이 상대적으로 짧으므로 계속 연장을 해주어야 한다. 때문에 체류 기간이 2~5년 정도가 가능한 거주증을 발급 받는 것이 유리하다.

하지만 베트남에서 장기로 체류하는 누구나에게 거주증을 발급 받을 수 있는 것은 아니다. 거주증을 발급하기 위해서는 베트남 내 회사와 근로계약서가 체결되어 있어야 하며 이를 바탕으로 노동허가서(Work Permit)를 발급 받은 후 거주증 신청이 가능하다.

만약 회사를 설립하고 대표자가 된다면 이를 근거로 노동허가서를 신청하고 거주증을 발급 받을 수 있다. 그리고 회사에 소속된 외국인 직원도 정식 노동허가서를 신청하고 거주증을 발급 받을 수 있다.

거주증을 발급받게 되면 체류기간 동안(보통 2년) 자유롭게 입출국이 가능하며, 베트남 내 정식 체류가 가능하다. 베트남 입출국시 거주증은 비자를 대체하는 수단으로 사용된다.

거주증 발급은 베트남 내 여행사의 비자 발급 서비스를 이용하면 신

6장 베트남 사업의 첫 걸음을 내딛자

청이 가능하며, 발급 기간까지 보통 2달 정도가 소요되니 복수 비자 종료일을 고려해서 신청해야 추가되는 비자 연장 비용을 절약할 수 있다.

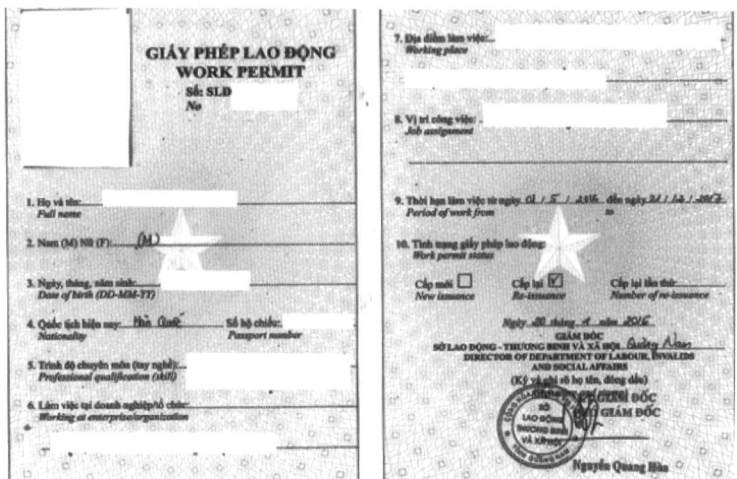

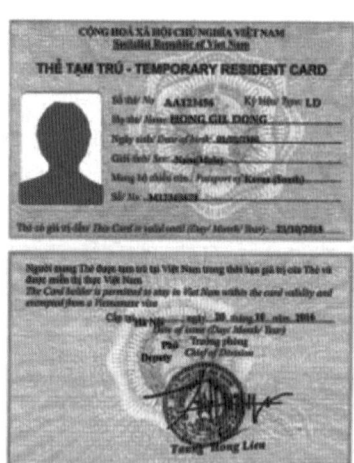

베트남 노동허가서와 거주증

4) 사무실 임대, 어떻게 해야 할까?

처음 법인을 열기 위해서는 등록을 하기 위한 사무실이 필요하다. 베트남에서 사업을 하기 위해서 사무실을 보통 세 가지 방법으로 임대를 하게 된다. 먼저, 일반적이면서 가장 합법적인 방법은 사무실 용도로 서류에 기재되어 있는 장소를 임대하는 방법이다. 또 한 가지, 한국인들을 포함한 외국인들이 많이 사용하는 방법은 기존에 나와 있는 사무실 또는 사무실 용도로 사용이 가능한 곳을 장소명만 빌려 사용하는 것이다. 후자의 경우는 법적으로 위반사항이 있는 것은 아니나, 법인 오픈 후 실제 사용 여부를 확인하기 위한 국가 기관의 검사에 취약하다. 일반적으로 베트남 현지에 법인을 두고 싶으나, 실질적인 기업 활동을 아직 하기 이르다고 판단하는 기업들이 많이 사용하는 방법이다. 마지막으로 공유 오피스를 임대하는 방법이 있다. 한국에서도 이미 공유 오피스 시장이 활성화되었지만, 베트남도 다르지 않다. 최근 많은 국제적 공유 오피스 기업들이 진출해 있어 초기 부담스러운 고정비를 피하기 위해 공유 오피스를 활용하는 방법도 부담을 줄일 수 있는 방법이다.

물론 나의 경우에는 이곳에서 실질적인 기업 활동을 하기 위해 법인을 설립하였기에 정식 사무실이 필요했다. 위치를 선정하는 것부터 해서 각각의 관리비 등 많은 세부 항목들을 조사하였지만 생각보다 베트남 사무실의 임대 가격이 저렴하지 않았다. 많은 사람들이 베트남 GDP에 근거하여 물가가 싸고, 임대 가격이 저렴할 것이라 생각하지만 실제 하노이, 호치민의 생활 물가는 꽤나 높은 편이다. 제대로 된 건물에 좋은 위치까지 감안해야 한다면 최소 월 500달러에서 1,000달러까지 바라봐야 한다. 부동산 업체를 통하여 사무실 임대 정보를 구하게 되면 아래와 같은 견적서를 건네받게 된다.

베트남은 한국에서 일반적으로 쓰는 '평'의 단위를 사용하지 않고 스퀘어(㎡)를 사용하니, 사무실의 크기를 스퀘어 기준으로 알아보는 것이 좋다. 또한, 보증금 개념으로 보통 두 달에서 세 달 사이의 월세 가격을 지불하게 되어 있다. 마지막으로 가격에서 관리비가 포함되는지 여부, 세금 포함 여부, 전기세, 주차비 등을 계산하여야 초기 사업 설계 시 고정비를 계산하는 데 수월할 수 있다.

건물명	면적(㎡)	가격	특이사항	사진자료
A 빌딩	40㎡	12.5달러/㎡ (관리비 포함)	- 최소 계약 기간 2년 - 보증금 3개월 월세분 선납 - 출입시간: 07시~19시 - 주차비: 100만동/자동차, 8만동/오토바이	
B 빌딩	50㎡	1천만 동/50㎡ (관리비 포함)	- 최소 계약 기간 1년 - 보증금 2개월 월세분 선납 - 출입시간: 07시~18시 - 주차비: 110만동/자동차 10대까지 무료/오토바이	
C 빌딩	60㎡	700달러/60㎡ (세금별도, 관리비 포함)	- 최소 계약 기간 2년 - 보증금 3개월 월세분 선납 - 전기세 3천동/1kw - 자동차 주차 공간 없음	
…	…	…	…	…

* 베트남 사무실 임대 견적표

사무실 임대를 알아보다 보면, 생각보다 높은 임대료에 혀를 내두른다. 실제로 호치민시 같은 경우는 2018년 CBRE에서 세계에서 임대료가 비싼 40대 도시에 포함되기도 하였다. 2019년 CBRE Vietnam의 발표 자료에 따르면, 하노이는 A등급의 오피스가 약 25~30달러/㎡, B등급 오피스가 13~15달러/㎡로 나타났다. 반면, 상대적으로 임대료가 더 비싼 편인 호치민시의 경우는 A등급이 42~47달러/㎡, B등급이 20~23달러/㎡로 나타났다.

각자의 사정에 맞게 사무실의 면적을 정해야 하겠지만, 최소 50㎡의 사무실을 얻는다고 가정한다면, B등급 기준으로 하노이가 약 750달러, 호치민이 약 1,000달러의 비용이 발생한다. 따라서 저렴한 비용의 사무실을 얻기 위해서는 창업자 스스로 어느 정도의 환경을 포기해야 하는 상황이 발생한다. 결국, 다수의 부동산 업체에 연락하여 최대한 정보를 다량으로 수집한 뒤, 본인에게 적당한 수준의 사무실을 선정하는 것이 중요하다.

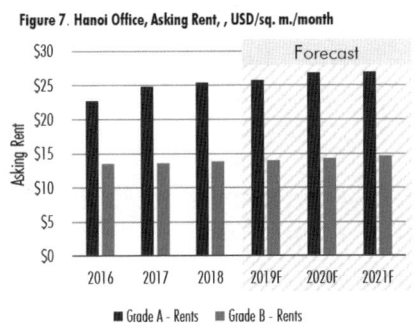

Figure 7. Hanoi Office, Asking Rent, , USD/sq. m./month

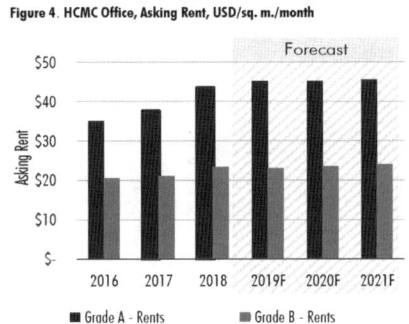

Figure 4. HCMC Office, Asking Rent, USD/sq. m./month

오피스의 최신 형태인 공유오피스 시장이 베트남에도 떠오르고 있다. 베트남 내에 외국인 투자가 확대됨에 따라 자연스레 신규 법인이 증가하였다. 2017년 한 해 동안 베트남의 신규 기업 수는 약 13만개에 다다른다. 이는 오피스 시장에 영향을 미쳤고, 공유 오피스 시장으로 한정하여 보면 매년 평균 55%의 성장세를 보이고 있다.

공유오피스의 장점은 상대적으로 저렴한 비용이다. 공유 오피스 내에 책상 단위로 공간을 임대하고, 부대시설인 회의실, 미팅룸, 카페 등을 함께 이용할 수 있다는 것도 큰 장점이다.

이런 장점을 발판삼아 2018년 권위 있는 부동산 컨설팅 업체인 CBRE 베트남은 공유 오피스가 베트남 오피스 전체 거래의 22%를 차지하였다고 발표하였다. 베트남에서 공유 오피스를 운영하고 있는 업체로는 Dreamplex(2015년), Toong(2015년), Wework(2018년)등이 있으면 2018년부터 시장이 급속도로 커지고 있는 추세다.

베트남 공유 오피스

5) 법인 설립 과정과 주의할 점

사무실 임대까지 완료하였다면, 이제 법인 설립이 남았다. 회사를 정상화하기까지 많은 업무가 남아 있지만, 법인이 없다면 여러 활동에 제약을 받을 수 있다. 특히, 베트남에서는 계약 관계를 매우 중요시하기 때문에 법인 없이 활동하기에는 여러 비즈니스에서 낭패를 보기 쉽다. 법인 설립을 하기에 앞서, 상법상 어떤 회사의 형태를 갖출지를 결정하여야 한다. 앞의 6단원 1장에서 잠시 설명하였지만, 베트남에서는 유한책임회사, 주식회사 모두 설립이 가능하다. 하지만 외국인들이 주로 설립하는 회사의 형태인 유한책임회사와 주식회사에 대해 조금 더 자세히 살펴보도록 하겠다.

★유한책임회사 VS 주식회사

유한책임회사와 주식회사를 비교한 표를 보면, 두 회사의 차이는 의사결정권과 투자자수 증권발행 등에서 차이를 보인다. 유한책임회사는 법인 설립의 가장 일반적인 형태로 1명 또는 2명 이상의 형태로 설립이 가능하다. 또한 1인 유한책임회사의 경우 소유자가 100% 의결권을 보유한다는 장점이 있다. 문제는 2인 이상의 유한책임회사일 경우 의결권이 어떻게 되느냐이다. 베트남 법에서는 75%의 의결권과 65%의 의결권 두 가지로 2인 이상 유한책임회사의 의결권을 구분하여 규정하고 있다.

* 75% 의결권: 총 자산가치 50% 이상의 매각, 정관변경, 구조개편, 해산
* 65% 의결권: 법인장 변경, 기타 주요 사안

위와 같이, 대부분의 회사 주요 사안은 65% 이상일 경우 가능하나, 사실상 회사를 매각하거나, 해산과 같은 중대 사안에 대하여 75% 의결권을 요구하고 있다. 2인 이상의 유한책임회사를 설립하는 경우는 주로 소규모 합작 회사를 설립하고자 하는 경우, 동업자와의 지분 분배가 필요한 경우, 베트남인과 합작 회사를 설립하고자 하는 경우다. 이때, 본인이 회사 설립의 주도권을 가지게 된다면, 회사 자본 중 최소 65% 이상의 지분을 확보하여야 한다.

반면, 주식회사의 경우는 대규모 프로젝트성 회사에게 적합하다. 또한, 추후 상장을 고려하고 있거나, 주식 발행을 통해 회사 자금을 운용하기를 원한다면 베트남에서도 주식회사 설립이 가능하다. 주식회사도 베트남 법에서 의결권에 대해 정의를 내려놓고 있다.

* 65% 의결권: 주식발행 관련 업무, 사업 분야 조정 관련, 조직 개편, 해산 등
* 기타 사안: 의결권 총 수의 51% 참석, 51%의 찬성 必

주식회사의 경우 잘 알고 있듯이, 대부분의 사안은 주주총회를 개최하여 51% 이상의 찬성을 받아야 가능하다. 하지만 주식발행, 사업 분

야 조정 및 조직 개편 등은 65% 의결권을 확보하여야만 가능하다는 점을 유념해두어야 한다.

	유한책임회사	주식회사
투자자의 지분양도	가능	3년 후, 가능
자본금 납입	기업등록증 발급 후 90일 이내	기업등록증 발급 후 90일 이내
의사결정권	소유자	주주총회
투자자수	1인 이상	3인 이상
증권발행	불요	필요

유한책임회사 & 주식회사 비교

★법인 인수를 통한 외투법인 VS
　투자허가서를 통한 외투법인

　상법상 회사의 형태를 결정하였다면, 회사의 법적 소유주를 누구로 할 것인지를 정해야 한다. 무슨 말이냐 싶겠지만, 앞서 이 단원의 1장에서 말했듯이 베트남에서 우리는 외국인이기에 제한된 사업 분야가 존재한다. 각각의 경우에 따라 현지 법인, 합작투자 법인 그리고 외국인 투자 법인의 형태로 회사가 설립될 것이다. 각 법인의 형태는 분명히 장·단점이 존재하고, 외국인 투자 법인은 매년 회계 감사를 받고, 특수 업종에 대해 제한을 받는 만큼 신중한 결정이 필요하다.

6장 베트남 사업의 첫 걸음을 내딛자

구분	현지 법인	합작투자 법인	외국인 투자 법인
설명	- 현지기업/개인 명의로 설립된 베트남 로컬 회사	- 현지기업/개인+외국인 지분 투자 형태	- 100% 외국인 투자
장점	- 설립 기간이 짧음 - 설립 비용이 저렴 - 업종 제한이 없음	- 외국인 지분 확보 가능 - 제한 업종 진출 가능	- 100% 외국인 소유 가능 - 외국 기업 투자에 용이 - 투자, 대출 등 정상적인 법인 관리 가능
문제점	- 베트남인 명의자 분쟁 가능성	- 베트남인 지분 문제 - 50% 이상의 매각, 정관변경, 구조개편, 해산: 75% 지분 - 주요사항: 65% 지분	- 회계감사 의무(매년) - 제한 업종
설립	- 비교적 간단(ERC)	- IRC, ERC 발급	- IRC, ERC 발급 - 외국인 제한 업종 특수 라이선스 획득

* 소유주에 따른 법인 형태

　업종에 제한이 없다면, 대부분의 우리나라 기업들은 외국인 투자 법인을 설립하는 추세다. 베트남의 초창기 사업가들은 법령의 미비로 인해 회사 직원, 베트남인 지인, 대금을 지불하고 명의를 대여하는 베트남인 등을 활용하여 법인을 설립하였다. 하지만 경제가 발전하고 기업의 규모가 커지게 되면서, 소유권을 둘러싼 문제가 빈번하게 발생하였다. 이와 같은 상황을 방지하고자 기존 현지 법인이었던 우리나라 기업들도 투자법 개정과 함께 외국인 법인으로 전환을 히는 경우가 많았다. 베트남에 최초로 진출하여 외국인 투자 법인을 결정하였다면, 오른쪽 도식표와 같이 두 가지 외투 법인 설립 방법이 있다.

　베트남 내에서 가장 합법적인 방법으로 외투 법인을 설립하는 경우는 도식표상 우측의 절차 과정이다. 외투 법인 설립에 필요한 각종 서류를 준비하여, 베트남 투자 계획국의 승인을 받아 투자허가서(IRC)를 발급받아야 한다. 발급 받은 투자허가서(IRC)를 토대로 기업등록증(ERC)

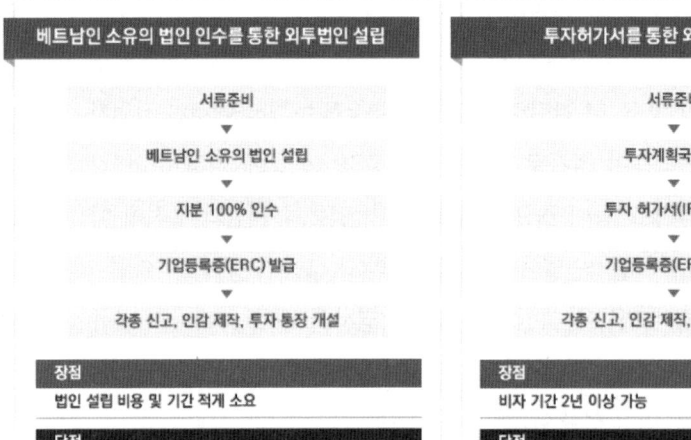

외투법인 설립 과정

을 발급 받은 후 각종 신고를 통해 법인 설립이 완료된다. 하지만 투자허가서를 통한 외투 법인 설립은 비용과 기간이 상대적으로 많이 소요된다. 적게는 3개월 길게는 5~6개월이 소요될 수도 있다. 문제는 투자허가서가 발급되지 않아 법인 설립이 지연될 가능성이 크다는 것이다. 하지만, 한국에서 협력 업체를 통한 대형 프로젝트를 계획하고 있거나, 법인의 투명성을 극대화해야 하는 사업 분야라면 투자허가서를 통한 외투 법인이 가장 합법적인 방법임을 기억해야 한다.

또 한 가지 방법은 베트남인 소유 법인 인수를 통한 외투 법인 설립이다. 가장 합법적인 방법은 아니지만 그렇다고 불법을 자행하는 것은 아니다. 외투 법인을 설립하는 편법이라고 보는 것이 옳다. 방법은 상대적으로 간단하며, 법인 설립에 소요되는 시간도 짧다. 보통 현지인 명의로 법인을 세운 후 외국인이 법인을 인수하는 과정과 같다. 인수 신청을 마친 후 새로이 등록된 기업등록증(ERC)이 갱신이 된 후 온전히 법인 소유자의 기업이 된다.

 법인 설립 시 준비 서류는 아래 그림과 같다. 개인 명의로 법인을 설립하는 경우가 조금 더 간단하며, 기업일 경우에는 한국에서의 사업자등록증, 위임장 등이 추가로 준비하여야 하며, 상황에 따라서 2년간 투자자의 재무제표 등이 필요할 수도 있다. 업종과 기업의 특징에 따라 필요한 서류가 천차만별이니, 컨설팅 업체의 상담 후 꼼꼼한 확인이 필요하다. 이렇게 법인은 대한민국 외교부 영사와 베트남 대사관 공증을 거쳐 최종 합법화 과정이 이루어지게 되며, 베트남에서 비즈니스를 영위할 수 있는 법인 설립 단계가 마무리된다.

법인 설립시 준비 서류

7장

베트남 사업은 한국과 많이 다르다

1) 베트남 회계 이야기

- 회계장 VS 회계법인

 베트남에서 사업을 준비하는 사람이라면 반드시 숙지해야할 사항들이 있다. 물론 사업을 개시한 이후에도 끊임없이 발생하는 새로운 문제들과 시름하느라 공부를 해야 되겠지만, 사업 전 몇몇 사항들을 알아두고 회사 설립을 준비한다면 미래 회사 운영에 매우 많은 도움이 될 것이다.

 법인을 정식으로 설립하고 일정 운영시간이 지난 이후에 변경을 하려면 매우 복잡한 절차나 높은 비용이 들어갈 수 있으니, 설립 전 반드시 확인하여 법인 설립 시 적용하는 것이 좋다.

 베트남에서 회사를 설립하다보면 '회계장(Chief Accountant)'에 대한 질문을 받게 된다. 베트남에서는 법적으로 현지 기업, 외국인 투자자기업을 불문하고 회계장을 임명하도록 되어있는데, 회계장은 기업의 회계 및 세무적인 사항에 대해 책임을 지는 재무, 회계 책임자로서, 회계사와 같은 역할을 한다고 생각하면 된다.

 베트남에서 회계장이 되기 위해서는 정규대학 졸업자는 2년 이상의 실무 경력, 그리고 전문대학 졸업자는 3년 이상의 실무 경력이 있어야 하며, 회계장 관련 교육(총 6개월 과정)을 이수해야 한다. 마지막으로 베트남 재무부에서 주관하는 시험에 합격하여 회계장 자격증을 보유하여야만 회계장으로 활동이 가능하다.

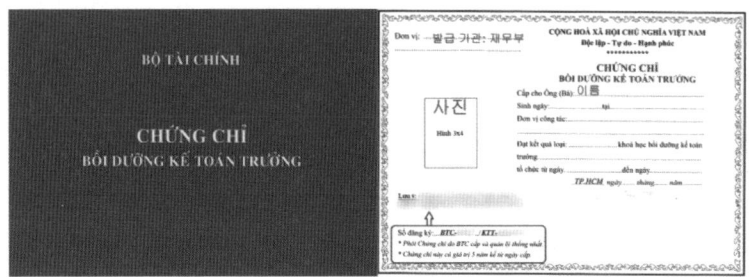

베트남 회계장 자격증(Chứng chỉ bồi dưỡng kế toán trưởng)
출처: 베트남 재무부

회사를 설립하면 매 분기별로 베트남 세무서에 부가가치세 신고를(일명 세무기장) 해야 한다. 그뿐만 아니라 매년 재무보고서(재무제표 신고)를 회계연도 종료 후 3개월 이내(매년 03월 30일까지) 작성하여 세무서에 보고해야하며 이를 바탕으로 법인세 및 부가세 등 각종 세율이 산정되어 납부를 진행하게 된다.

이러한 기업의 재무, 회계 관련 서류에 서명을 하고 책임을 지는 사람이 바로 회계장이다. 현지 기업이나 외국인 투자기업 모두 회계장을 고용해야 하며 만약 매출 규모가 크지 않아 회계장을 고용할 여력이 되지 않다면, 회계서비스를 제공하는 회계법인을 이용할 수 있다.

회계법인을 이용하게 될 경우 매달 기장에 대한 비용 지출이 발생하지만 아직 매출이 낮아 신고 내역이 적은 소규모 사업장의 경우 회계법인을 이용하는 편이 장기적으로 이득이 될 수 있다.

 회계장을 고용할 경우 정식 근로계약서를 체결해야 하는데, 이 경우 회계장의 급여 외에도 추가로 발생하는 사회 보험료 등의 지출이 회계법인의 서비스 비용보다 대체적으로 높기 때문에 소규모 사업장의 경우에는 회계법인을 이용하는 사업장이 많은 편이다.

 게다가 한국 회계법인을 이용할 경우, 사업을 하면서 발생하는 각종 세무 문제에 대한 자문서비스도 받을 수 있으니, 베트남 사업 초보자들에게는 든든한 파트너를 얻는 셈이다.

 보통 베트남에서 회계장의 급여 수준은 지역별로 다르지만, 약 500~1,000달러 이상이다. 하지만 회계법인의 기장서비스를 이용하면 월 250~350달러의 비용으로 이용이 가능하다. 물론 매출 규모에 따라 비용은 다르지만 소규모 사업장을 기준으로 이야기하자면 회계장을 직접 고용하는 것보다 회계법인의 서비스를 이용하는 것이 비용적인 측면이나 운영적인 측면에서 모두 이득이라는 판단이다.

 하지만 이는 분명히 소규모 사업장을 기준으로 추천하는 것이기 때문에 사업장의 규모를 고려하여 적합한 선택을 하기 바란다. 규모가 있는 사업장들은 회계장도 직접 고용하고 회계법인의 서비스도 이용하여 기업의 재무, 회계를 더욱 안정적으로 관리하고 있다.

	회계장	회계법인
계약 형태	직접 고용	기간별 계약
평균 비용 / 월	약 500~1,500달러	약 250~350달러
장점	회계, 재무의 직접 관리	전문기관의 간접 관리
단점	비용 多	회사의 회계 기능 약화

* 회계장 VS 회계법인

★회계장 vs 경리직원+회계법인

회계장을 고용하지 않고 회계법인을 이용하기로 결정했더라도 회사에 경리직원은 필요하다. 물론 경리직원이 없어도 사장이나 기타 직원이 업무 겸직이 가능하다면 경리직원을 채용하지 않아도 되겠지만 소규모 사업장이더라도 경리파트가 따로 분리되어 관리해야 하는 회사들이 있다. 이 경우에는 회계장을 이용할 것인지 아니면 경리직원을 채용하고 동시에 회계법인 서비스를 이용할 것인지를 선택할 수 있다.

매일 회사의 지출을 기록하고 매출 발생 시 세금영수증 발급 등의 업무와 기타 세무 업무를 처리할 사람이 있어야 하는 사업장들의 경우에는, 보통 소규모 업체들은 인사, 총무와 경리를 겸직하는 직원을 채용하고 회계법인 서비스를 이용하는 식으로 회사를 운영하고 있다.

여기에서 경리직원이라 함은 정규대학 혹은 전문대학에서 회계, 세무 관련 학과를 졸업하거나 관련 경력이 있는 직원을 말한다. 하지만 회계장 자격증은 보유하고 있지 않다. 회계장과 비교하여 전문성이 떨어질 수 있지만 일반적으로 경리직원은 타 직종과 비교하여 급여수준이 매우 높은 편이다.

	회계장	경리직원	회계법인
계약 형태	직접 고용	직접 고용	기간별 계약
평균 비용 / 월	약 500~1,500달러	약 400~1,000달러	약 250~350달러
회계 프로그램	사용 가능	회계법인이 제공하는 프로그램 이용 가능	
장점	회계, 재무의 직접 관리 가능	회계, 재무의 직접 관리 가능 회계 법인의 전문적인 서비스 이용 가능	
기타	자료에 대한 단독 책임	자료에 대한 책임 양분	

* 회계장 VS 경리직원+회계법인

물론 자금상 여유가 있어서 경력과 전문성을 겸비한 회계장을 고용하면 기업의 직접 관리가 가능하지만, 상대적으로 자금이 부족하고 회계에 대한 전문 지식이 부족한 소규모 사업장들은 경리직원을 채용하고 전문 회계법인의 서비스를 이용하면서 회사를 운영하고 있다.

회계장 채용의 경우 전문 자격증을 보유하고 있다고 하더라도 경력이 없는 회계장들은 신입직원은 채용하는 것과 마찬가지다. 그리고 회계장 경력직의 급여는 경리직원 경력직의 급여보다 상대적으로 높다.

이러한 사정 때문에 회사에 경리 부분을 담당할 직원이 필요한 소규모 사업장의 경우, 약 2~3년 정도의 경력이 있는 경력직을 채용 후 인사총무를 겸직하게 한다. 하지만 베트남 기업은 누구나 담당 회계장을 등록해야 하기 때문에 동시에 회계 법인과 계약을 하여 이 문제를 해결하고, 회계 부분 자문을 받으면서 운영하고 있다.

사업 시작 전 본인의 사업 규모를 계산해보고 회사의 회계 부분 관리에 있어 어느 방법인 적합한지 고려하여 불필요한 지출과 시간에 대한 소비를 방지하기를 바란다.

2) 베트남 세금 영수증

– 레드빌

★베트남 세금 영수증(Red Invoice)

베트남에서 발급하는 세금영수증을 말한다. 베트남어로 '화던, Hóa Đơn'이라고 말하며, 붉은색 바탕 때문에 Red Invoice라고 통용되고 있다.

베트남은 일반적으로 부가가치세 10%(일부 업종 예외)이며, 회사의 매출이 발생하면 고객에게 '화던'을 발행해주어야 한다. 그리고 회사에서 지출이 발생하면 지출의 근거자료로 '화던'을 발행 받아야 한다. 이는 부가세 신고 시 회사의 매입 자료로 활용된다.

회사를 설립하면 관할 세무서로부터 세금 코드(Tax Code)를 발급 받는다. 베트남어로 '마소투에, Mã số thuế'이며 보통 명함에는 'MST'라고 기재한다.

명함에 세금코드를 기재하는 이유는 고객과의 식사자리를 가거나 외부 활동 중에 세금 영수증을 발급 받을 일이 있을 때 명함을 제출하면 판매처에서 명함 상의 정보를 바탕으로 세금영수증을 발급해 주는 편의성 때문에 명함에 회사 세금 코드와 정보를 입력한다.

베트남 명함 샘플

※주: 세금코드와 회사 정보를 기재하고, 외부 활동 중 판매처에 매입 자료 정보를 제공해야할 때 편리하게 명함을 건네면 된다.

세금 코드가 발급되면 회사는 세금영수증 용지를 외부 인쇄 업체에게 의뢰하여 제작하고 사용이 가능하다. 제작 전에는 반드시 관할 세무서로부터 세금영수증 용지 샘플을 송부하여 승인을 받은 후 제작 및 사용이 가능하다.

세금영수증에는 판매자의 정보와 구매자의 정보가 그리고 내용이 정확하게 베트남어로 기재되어야 한다. 만약 기재 사항 중 오류가 발견되면 세무서에서 인정하지 않으니 많은 주의가 필요하다.

추가로, 2018년에 베트남 정부는 전자 세금영수증을 도입하였으며, 종이 세금영수증 사용보다는 전자 세금영수증 사용을 장려하고 있다. 2020년 11월부터는 전자 세금영수증 사용이 의무화될 예정이니, 베트남 신규 사업자는 설립 초반부터 전자 세금영수증으로 사용할 것을 권장한다.

전자 세금영수증은 시중에 전자 세금영수증 프로그램을 제공하는 허가받은 업체를 통해서 구매 가능하다. 세금영수증은 발급 가능 매수

별로 판매를 하는 회사도 있고, 월정액으로 무제한 발급 기준으로 판매하는 회사도 있으니, 공급 업체 별 견적서를 잘 비교하여 본인의 회사에 적합한 업체를 선택해야 한다.

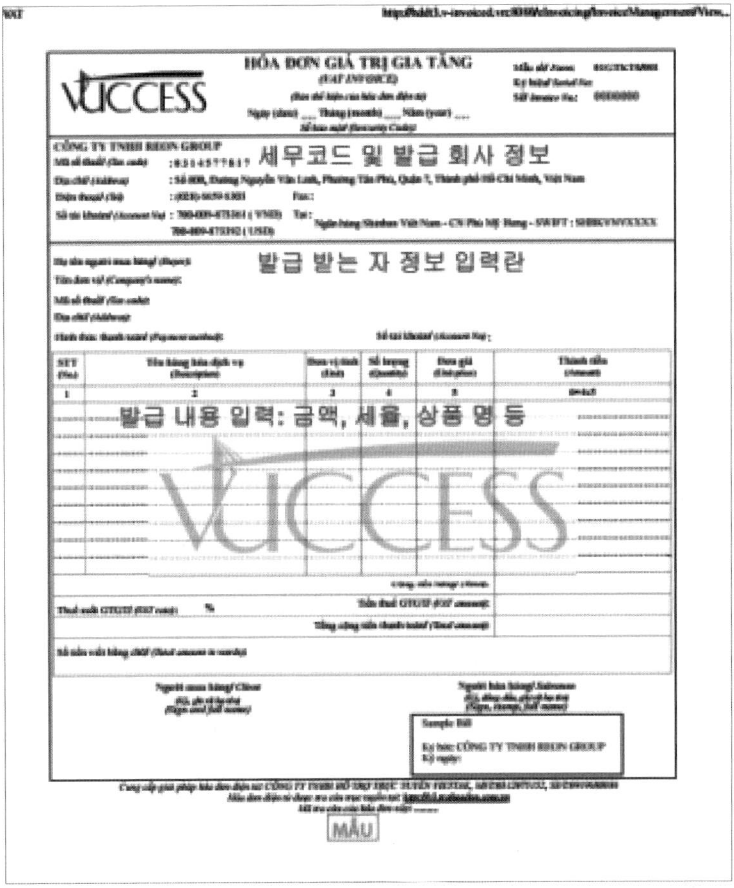

HÓA ĐƠN GIÁ TRỊ GIA TĂNG

(VAT INVOICE)

VUCCESS

세무코드 및 발급 회사 정보

발급 받는 자 정보 입력란

발급 내용 입력: 금액, 세율, 상품 명 등

MẪU

베트남세금 영수증(화던, Hóa Đơn') 샘플 참고

3) 베트남의 조세제도

- 법인세, 부가가치세, 보험, 개인소득세

　베트남에서 경영활동을 하는 법인은 베트남 정부에서 정한 조세 법률에 의거하여 세금을 납부해야 한다. 언젠가 회사를 운영하는 목적이 세금을 납부하는데 있다는 말을 들은 적이 있다.

　법인세, 부가세 그리고 개인소득세, 사회보험료 등등 베트남에서 회사를 운영하면서 챙겨야할 세금을 정말 많다. 1년 내내 세금을 납부하기 위하여 매출, 매입 자료를 정리하고 분기별 신고를 하고 연말 정산을 하고 세금 내다보면 어느새 1년이 훌쩍 지나있다.

　말 그대로 세금 내다 시간 다 보낸 꼴이다. 하지만 제대로 된 신고를 하지 않으면 나중에 된통 세무서의 철퇴를 맞을 것이고, 회사가 위기를 맞을 수 있기에, 세무 신고에는 만전을 기한다.

이번에는 베트남에서 사업체를 운영한다면 반드시 알아야하는 대표적인 세금들과 조세 제도에 대하여 알아보자.

★회계장 vs 경리직원+회계법인

 베트남 재무부의 시행규칙 78/2014/TT-BTC에서는 법인소득세의 납세의무자는 재화와 용역을 생산하거나 거래하여 소득을 창출하고 있는 모든 조직체라고 규정하고 있다. 즉, 베트남에서 영업 활동을 하는 사업장은 모두 법인세 납부 대상이 된다.

 법인세율은 프로젝트 종류와 업종 그리고 지역에 따라서 달라질 수 있지만, 일반적으로 기본 세율 20%가 적용된다. 만약 베트남 정부에서 장려하는 투자 지역이나 분야에 해당하는 투자 프로젝트라면 우대세율 혜택을 받을 수 있으며, 제조업의 경우 공업단지에 입주하면 법인세 우대세율 혜택을 받을 수 있다. (일정기간 동안 법인세율 감면 혹은 면제)

 법인세 신고는 매 분기별 부가가치세 신고를 바탕으로 당해 회계연도 종료 후 90일 이내에 연말정산 확정 신고를 하는 것으로 완료된다. 회계연도는 1월 1일부터 12월 말일까지이며, 만약 회사에서 2019년 법인세 신고를 한다면 2019년 회계연도 종료 후 2020년 3월 30일 전까지 연말정산 확정 신료를 완료하여야 한다.

 법인세 산정은 총 매출 금액에서 총 지출 금액을 차감하고 법인세율(보통 20%)을 곱한 금액을 납부한다.

---

* 법인세 = 총 매출 금액 - 총 지출 금액 × 법인세율 (보통 20%)
  → 총 매출 금액: 01월 01일~12월 말일에 발생한 회사의 총 매출
  → 총 지출 금액: 매출 창출에 기여한 회사 비용

★부가가치세(Value added tax: VAT) /
thuế giá trị gia tăng

부가가치세는 베트남 내에서 생산, 제공, 유통되는 모든 재화와 용역에게 과세되는 조세이며, 외국으로부터 수입한 재화와 용역에도 부가세 과세 대상이다.

베트남의 일반적인 부가세율은 10%이며, 특정한 업종에 영세율 혹은 5%의 부가세가 적용되지만, 대부분의 업종은 기본적으로 세율 10%가 적용된다.

부가세 계산법은 공제법과 직접법이 있는데, 대부분의 외국인 투자회사는 직접법을 적용하여 부가세 신고를 하고 있다.

* 공제법: VAT = 매출세액 − 매입세액
  → 연간 매출 10억 동 이상인 사업장

* 직접법: VAT = 재화나 용역의 부가가치 × 세율 (보통 10%)
  → 연간 매출 10억 동 이하인 사업장
  → 금, 은, 보석 가공, 매매 사업자
  → 개인 사업자

공제법을 채택한 회사는 보통 분기별 매출 자료와 매입 자료를 모두 모아 신고하고 매출 세액에서 매입세액을 차감하여 부가세를 납부한다. 참고로 매 분기 부가세 신고 시마다 회계직원의 투정을 들을 수 있는

데, 대부분 매입세액 산출로 적용될 수 있는 비용임에도 불구하고 발급처의 세금영수증 기재사항 미비나 현금 지출 증빙 부족으로 인한 것들이 대부분이다.

베트남에서는 2,000만 동 이상의 재화나 용역을 거래할 때에는 반드시 은행 송금을 통하여 지출 증빙을 해야 한다. 또한 매출 발생을 위하여 발급 받은 매입 세금영수증이 제대로 발급 되었는지 여부도 항상 확인이 필요하다. 자칫하면 비용에 대한 세무서의 불인정으로 인해 세금폭탄을 맞을 수 있으니, 많은 주의가 당부된다.

부가세 신고는 월별 신고와 분기별 신고가 있으며, 전 년도 매출이 500억 동 이상인 경우에는 월별 부가세 신고 대상이 된다. 월별 신고는 매 익월 20일까지 부가세를 신고해야 하며, 분기별 신고는 매 분기 종료 후 30일까지 부가세 신고를 진행해야 한다.

★보험(Insurance) / bảo hiểm

베트남 내 사업을 영위하는 모든 사업장은 근로자를 위하여 사회보험, 의료보험, 실업보험을 신고하고 납부할 의무가 있다. 모두 원천징수의 성격을 갖고 있어서, 회사에서 급여 지급 시 근로자가 부담하는 각 보험료의 금액만큼 징수 후 급여를 지급한다.

기본 세 가지 보험은 고용자와 근로자가 모두 부담하며 각 부담률은 다음과 같다.

부담하는 자	사회보험(BHXH)	의료보험(BHYT)	실업보험(BHTN)
고용자(회사) 21.5%	17.5%	3%	1%
근로자(직원) 10.5%	8%	1.5%	1%

* 2019년 기준

외국인 근로자의 경우 베트남인과 적용되는 보험 비율이 다르다.

부담하는 자	사회보험(BHXH)	의료보험(BHYT)	실업보험(BHTN)
고용자(회사)	3.5%	3%	-
근로자(외국인 직원)	-	1.5%	-

* 2019년 기준

- 사회보험(BHXH): bảo hiểm xã hội
- 의료보험(BHYT): bảo hiểm y tế
- 실업보험(BHTN): bảo hiểm thất nghiệp

2019년 기준으로, 베트남에서 근무하는 외국인 근로자의 경우 사회보험과 의료보험만 납부하고 있으나, 2022년 이후로는 사회보험의 비율이 회사부담 현행 3.5%에서 17.5%, 본인 부담 8%로 증가할 예정이다. 이 때문에 갈수록 베트남 내 고용주들의 부담을 늘어가는 실정이다.

★개인소득세(Personal income tax: PIT) / thuế thu nhập cá nhân

베트남에서 소득이 발생한 개인에게 부과되는 세금이다. 거주여부에 상관없이 베트남에서 소득이 발생하는 경우에 개인소득세 납부의 대상이 된다. (거주자에 해당하는 경우에는 해외에서 발생한 소득에 대하여도 베트남에서 과세되므로 주의할 것)

* **거주자**
  → 1년 중 총 183일 이상을 베트남에서 체류한 개인
  → 183일 이상 베트남 주택 임대 계약을 체결한 개인

* **비거주자**
  → 거주자에 해당하지 않은 개인

베트남에서 개인소득세를 납부해야 하는 대상과 세율은 다음과 같다.

과세 대상	대상	적용세율
영업 활동(사업)	재화 영업, 생산, 건설, 운송, 식당 영업, 용역 영업, 임대 포함	0.5~5%
급여 및 임금	근로자가 고용주로부터 얻는 소득	5~35% (누진세율 적용)
투자 자본	대출, 주식 매입, 혹은 자본투자 소득	5%
자본 양도	개인의 자본 양도에 의한 소득 (매매가격 총액 - 양도 차액)	거주자: 대금 0.1% 비거주자: 차액 20%
부동산 양도	부동산 양도에 의한 소득	2% (매매가격 총액)
포상금	1,000만동 초과 금액	10%
특허권	1,000만동 초과 금액	5%
프랜차이즈	1,000만동 초과 금액	5%
상속	1,000만동 초과 금액	10%
증여	1,000만동 초과 금액	10%

베트남 개인소득세 과세 대상 중 가장 직접적으로 영향을 받을 수 있는 것은 대부분 급여 및 임금으로 인한 소득이다. 다음은 일반적인 베트남의 개인소득세율이다.

연 소득 기준	월 소득 기준	세율
6천만 동 이하	5백만 동 이하	5%
6천만 동~1억 2000 동	501만동~1,000만동	10%
1억 2001 만동~2억 1600만동	1,001만동~1,800만동	15%
2억 1601만동~3억8400만동	1801만동~3,200만동	20%
3억 8401만동~6억2400만동	3,201만동~5,200만동	25%
6억 2401만동~9억6400만동	5,201만동~8,000만동	30%
9억 6401만동 이상	8,001만동 이상	35%

＊출처: 베트남 시행규칙
Circular 111/2013TT-BTC dated August 15, 2013_재무부

개인소득세율 적용 시 베트남 거주자는 사회보험, 의료보험 등의 보험료가 공제되고, 부양가족공제나 본인공제(900만동) 등을 적용하여 소득세를 낮출 수 있다.

베트남 개인소득세는 원천징수의 성격을 가지고 있어서 보통 회사에서 급여 지급 시 개인소득세와 각종 보험료를 제외하고 순 급여만 지급을 한다.

★기타: 외국인 투자법인의 회계감사

국제회계기준위원회(IASC:International Accounting Standards Committee)는 국제화, 세계화 시대에 기업의 회계 처리와 재무제표의 통일성을 위하여 국제회계기준(IFRS: International Financial Reporting Standards)을 제정하였다.

한국은 K-IFRS를 도입하여 사용 중이며, 유럽 등 여러 나라에서도 회계 기준으로 IFRS를 도입하였다. 하지만 베트남은 자체 회계시스템

(VAS: Vietnam Accounting System)을 제정하여 도입하였다. 때문에 베트남에서 경영활동을 하는 기업은 베트남 회계시스템에 따라 회계 처리를 하고 세무서 등 관할기관에 보고해야 한다.

> **＊베트남 기본 재무제표의 구성**
> 1. 재무상태표(statement of financial position)
> 2. 손익계산서(income statement)
> 3. 현금흐름표(statement of cash flow)
> －주석: 자본변동표

베트남 내 모든 기업은 매년 회계연도 종료 후 90일 이내에 회계보고서를 작성 및 제출해야하며, 외국인투자법인의 경우 추가적으로 작성한 재무보고서에 대하여 외부기관의 감사를 받은 후 베트남 투자계획부, 세무서, 통계청에 외부감사보고서를 제출해야한다.

재무보고서는 기업 내 채용한 회계장이나 혹은 고용한 외부회계법인을 통해서 작성 가능하나, 외부감사보고서의 경우 지정한 외부감사업체를 통해서만 진행이 가능하다.

즉, 부가가치세 등 세무기장서비스를 제공하는 외부회계법인과 계약을 했더라도, 외국인투자법인의 회계감사는 이용하고 있는 외부회계법인이 아닌 다른 외부회계법인과 회계감사 계약을 체결해야 한다. 회계감사계약은 최소한 회계연도 종료일의 30일 전에 외부회계감사법인과 감사계약을 체결해야 한다.

4) 선택이 아닌 필수, 베트남의 페이스북 마케팅

 베트남에서 페이스북은 회사의 제품이나 서비스를 가장 효과적으로 홍보할 수 있는 대표적인 수단이다. 베트남의 주요 언론사 VN Express는 2017년 7월 기사에서 베트남의 페이스북 가입자가 약 6,400만 명에 육박했다고 발표하였다. 이는 세계에서 7번째로 많은 가입자 수를 보유한 국가로 기록되었으며, 베트남 인구의 절반 이상이 페이스북 가입자임을 의미한다.

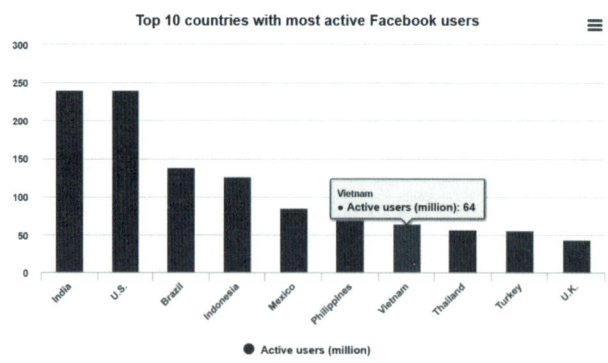

＊2017년 7월 VN Express 기사 中 We Are Social 보고서 자료 참고

베트남 사람들은 페이스북을 정말로 사랑한다. 아니 이 나라는 대표적인 페이스북의 나라라고 표현하고 싶을 정도로 베트남 사람들의 일상생활 속에는 페이스북이 자리 잡고 있는 것 같다.

회사에서는 점심시간에 식사를 마치고 모두가 페이스북을 즐긴다. 이들의 이용 형태를 살펴보면 페이스북은 단순한 지인과의 소통 창구 혹은 자신의 일상을 개재하는 수단으로만 이용하는 것이 아니라 페이스북을 통해서 뉴스도 읽고 쇼핑도 하고 취업도 하고 회사 업무도 한다.

이쯤 되면, 베트남 사람과 소통을 하기 위해서는 페이스북 연결은 필수라는 생각이 들 정도이다. 더욱이 베트남에서 사업을 하는 사람이라면 페이스북 계정 보유는 필수 조건이다.

베트남 기업들은 페이스북을 통해서 자사 제품을 홍보하거나 그룹 활동을 홍보하고 신규 고객 유치를 위한 마케팅을 펼친다. 베트남의 대표적인 기업과 글로벌 기업들도 베트남에서 소비자와의 접근성을 좁히기 위해서 페이스북 활동을 하고 있다.

기업 명	팔로워 수	활동 내용
Vin Group	약 12만 명	그룹 활동 홍보
Vinamilk	약 60만 명	자사 제품 홍보
Vietjet	약 546만 명	그룹 활동 홍보
Mcdonald Vietnam	약 60만 명	그룹 활동 홍보
Highlands Coffee	약 88만 명	자사 제품 홍보

* 2019년 11월 페이스북 페이지 팔로워 수 기준

페이스북은 기업들의 홍보 마케팅 수단일 뿐만 아니라, 베트남의 대표적인 전자 상거래 수단으로도 이용되고 있다. 예를 들어서 휴대폰 케이스를 호치민에서 구매를 원한다면 "제품명 case hcm"이라고 페이스북에 검색하면 수많은 휴대폰 케이스 판매 글이 검색된다.

 원하는 제품 무엇이든 페이스북 검색을 통해서 판매자와 연결이 가능하다. 판매자에게 구매 신청을 하면 오토바이 택배(그랩 등)를 통해서 즉시 COD(Cash on Delivery)로 배송이 이루어진다.

 제품을 직접 만져보고 구매를 결정하는 베트남 소비자의 특성상 페이스북을 통한 쇼핑 방법이 그들의 취향을 저격한 것일까, 베트남 소비자들의 오픈마켓(Lazada, Shopee 등)과 페이스북을 통한 쇼핑 이용률이 거의 동일하다는 조사가 있을 정도이다.

 높은 이용자 수를 보유한 페이스북은 기업의 서비스 홍보 수단으로 이용할 수 있을 뿐만 아니라, 제품을 판매할 수 있는 전자상거래 수단으로도 이용할 수 있는 베트남 사업자에게는 반드시 구축해야할 홍보 수단이다.

필자의 회사 Reon Vuccess 페이스북 페이지

※페이스북 페이지를 통해서 기업 활동 홍보와 고객 상담 예약 서비스를 진행하고 있다.

베트남 창업 마지막 기회를 잡아라

★페이스북 광고 기능

페이스북은 기업의 우수한 광고 수단으로 이용할 수 있다. 페이스북 자체 광고 수단을 이용한다면 자사의 제품이나 서비스를 저렴한 비용으로 광고할 수 있다. 게다가 광고가 노출되기 원하는 타깃을 지정할 수 있어서 본인이 원하는 타깃 소비자 유형을 설정하여 집중적으로 본인의 광고가 노출되게 만들 수 있다. 물론 광고의 노출 위치도 지정할 수 있으므로, 베트남에 거주하는 한국인 혹은 20대의 호치민 젊은이 등에게 의도적으로 노출시킬 수 있다.

페이스북 광고 노출은 브랜드를 지속적으로 소비자에게 노출시켜 친근감을 느끼게 만들어 주고 광고 링크를 통해 제품 판매 서비스로 이어질 수 있는 기회를 갖게 해줄 수 있다.

페이스북 광고 개재 예시

※페이지 내 상품 정보를 개재 하고 광고 노출 기능을 이용하면 페이스북 이용자들에게 해당 광고가 노출 된다.

페이스북 광고 홍보 서비스를 이용하기 위해서는 페이지 개설이 선행되어야 한다. "페이스북 페이지 만들기"를 통해서 기업의 페이지를 개설 후 광고를 진행하기를 바란다.

➜ 페이스북 광고 개재 방법

* 1단계: 광고 목적 설정
* 2단계: 광고 노출 타깃 설정
* 3단계: 광고 노출 위치 설정
* 4단계: 광고 예산 및 일정 설정
  (기간 및 노출 빈도에 따른 예산 설정)

1단계 : 광고 목적 설정

2단계 : 광고 노출 타깃 설정

```
노출 위치                                    더 알아보기

   ● 자동 노출 위치(권장)
     예산을 극대화하고 더 많은 사람에게 광고를 게재하려면 자동 노출 위치를 사용하세요. Facebook
     의 게재 시스템은 광고 세트의 성과가 가장 좋을 것으로 예상되는 노출 위치에 광고 세트의 예산을
     할당합니다.

   ○ 수동 노출 위치
     광고를 표시할 위치를 직접 선택하세요. 노출 위치를 많이 선택할수록 타겟에 도달하고 비즈니스
```

3단계 : 광고 노출 위치 설정

```
예산 및 일정
  예산
  [일일 예산           ▼]    [₩20,000              KRW]
  위 금액은 실제 일일 지출 금액과 다를 수 있습니다. ⓘ
  시작 날짜
  [2020-10-19]   [🕐 10 01]
                   서울 시간
  종료 · 선택 사항
  [ ] 종료 날짜 설정
```

4단계 : 광고 예산 및 일정 설정

★페이스북 샵 기능

 소비자에게 상품을 판매고자 하는 판매자라면 "페이스북 샵" 기능을 이용할 것을 추천한다. 페이스북에서 오픈마켓처럼 결제 기능을 제공하지는 않지만 판매하는 상품의 전시가 가능하다.

 "샵" 기능을 이용하면 페이스북 페이지를 방문한 소비자들이 자사에서 판매하는 모든 상품 정보에 쉽게 다가올 수 있게 만들 수 있다. (다음장 사진 참고)

 소비자들이 페이지를 일일이 스크롤 하여 게재된 판매 정보 글을 확인하는 고전적인 방법이 아니라 샵 기능을 이용하여 상품 전시 가시성을 확보하고 소비자들의 접근성을 쉽게 만들 수 있는 장점이 있다.

다만 결제 기능은 존재하지 않으므로, 소비자들은 상품을 클릭 후 페이지 관리자에게 상품 주문 메시지를 전달하고 구매를 진행해야 한다.

페이스북 샵 기능을 이용하여 판매 상품을 전시한 모습

 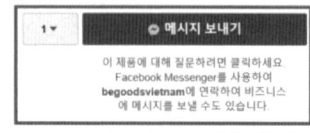

상품을 클릭하면 페이지 관리자에게 주문 메시지를 보낼 수 있다

베트남 창업 마지막 기회를 잡아라

5) 베트남 오프라인 마케팅

 페이스북이 베트남에서 가장 효과적인 온라인 홍보 수단이라고 한다면, 베트남의 대표적인 오프라인 홍보 수단은 잡지, 신문, TV 광고, 옥외광고 그리고 전단지 등의 수단이 있다. 모두 전통적인 광고 수단이지만 베트남에서는 꽤 효과가 있다고 생각한다. 특히 교민 잡지의 경우 한인을 대상으로 하는 사업장이라면 가장 효과적인 홍보 수단이 될 수 있다.

 만약 베트남 사람들을 대상으로 홍보를 원한다면 신문이나 TV, 옥외광고 등의 수단을 이용할 수 있지만 만만치 않은 비용 때문에 쉽게 이용할 수 있는 수단은 아니다. 만약 베트남 사람을 대상으로 홍보를 원한다면 오프라인보다는 온라인 홍보 수단을 이용할 것을 추천한다.

 다음은 베트남에서 실행 가능한 대표적인 오프라인 홍보 수단들에 대한 정보이다. 당신의 회사에 가장 적합한 수단이 무엇인지 알아보도록 하자.

★교민 잡지

베트남에는 하노이, 호치민을 중심으로 한인들이 즐겨 찾는 교민 잡지들을 매달 발행한다. 보통의 교민 잡지에는 베트남 생활정보와 유명인사들의 인터뷰 그리고 베트남 내 사업장 광고와 전화번호부로 내용을 구성하고 있으며, 베트남에 생활하면서 꽤 유익한 정보들을 얻을 수 있다. 교민 잡지는 매달 새로운 부가 발행되어 한인촌에 배포되므로 한인들을 대상으로 회사나 제품, 서비스 등을 효과적으로 홍보할 수 있다. 광고비는 잡지사 별로 다르며, 보통 전면광고, 후면광고, 2/1 광고, 4/1 광고, 8/1 광고 등 광고의 크기와 위치에 따라 가격이 다르게 책정된다.

광고 종류	설명
전면·후면 광고	페이지 전체를 사용하여 광고하는 것
2/1, 4/1, 8/1 등의 광고	페이지 일부를 사용하여 광고하는 것 (예: 4/1 광고는 페이지 내 광고 4개가 개재 되고, 이 중 한 곳에 본인의 광고를 개재)

다음은 베트남에서 활동하는 대표적인 잡지사 목록이다. 각 잡지사에 연락하여 광고문의를 하면 자세한 견적서를 받을 수 있다. 광고 시안이 없는 경우에는 시안제작 대행도 지원하니 참고 바란다.

잡지사	위치	연락처	홈페이지
신짜오베트남	호치민	info@chaovietnam.co.kr	chaovietnam.co.kr
베한타임즈	호치민	viethantimes@gmail.com	viethantimes.com
굿모닝베트남	호치민	gmvietnam01@gmail.com	issuu.com/gmvietnam
라이프플라자	호치민	an9559@naver.com	vietnamlife.co.kr
한인소식지	하노이	hanoilang@hanmail.net	issuu.com/leesan21

★옥외 광고

베트남의 옥외 광고시장은 그 성장세가 매우 뚜렷한 시장이다. 특히 디지털 기기를 접목한 디지털 옥외 광고가 주목받고 있으며, 최근 베트남 내 그랩(Grab) 택시의 증가로 인해, Grab 광고 또한 최근 주목받고 있는 광고 수단 중 하나이다.

그림 광고: 그랩 택시에 광고를 부착하여 홍보
출처: 베트남 그랩 홈페이지

호치민 공항 Tan Son Nhat의 옥외 광고
출처: 공항 서비스 회사 홈페이지

옥외광고는 회사의 브랜드를 특정장소에서 베트남 사람들에게 지속적으로 노출 시켜 인지도를 향상시킬 수 있는 매우 효과적인 수단이다. 하지만 베트남 내에서 옥외광고를 개재하고자 하는 사업장은 관

7장 베트남 사업은 한국과 많이 다르다

할 지방의 문화정보국으로부터 광고 허가를 받아야하기 때문에 절차가 매우 복잡하고 허가 받는 데 시간이 오래 소요되는 점이 있다.

 최근에는 하노이와 호치민을 중심으로 대규모 아파트 단지들이 많이 생기면서, 지역상권을 대상으로 홍보하는 엘리베이터 내 광고도 주목받고 있다. 가격도 저렴한 장점이 있으니, 지역 사회를 대상으로 홍보가 필요한 식당이나 병원 등의 사업장은 고려해볼 만한 광고 수단이다.

 ★TV 광고

 베트남의 광고시장에서 가장 높은 시장 점유율 가지고 있는 것은 바로 TV 광고 시장이다. 한국콘텐츠진흥원의 2014 해외 콘텐츠시장 동향조사에서 베트남의 TV 광고 시장을 가장 성장세가 유망한 시장으로 평가하였으며, 2013년 코트라 해외시장뉴스에서도 베트남이 전국 90% 이상의 TV 보급률을 바탕으로, 이용자 하루 평균 약 229분을 TV 시청하기 때문에 성장세가 매우 뚜렷한 시장이라고 평가하였다.

[표 1] 베트남 채널 별 광고 시장 규모 및 전망 2013-2022
※ 단위 : 백만 달러

	2013	2014	2015	2016	2017	2018	2019	2020	2021	2022
유료 채널	39	48	57	68	79	91	104	127	145	156
지상파 채널	288	315	341	370	392	416	437	454	477	501
	328	363	399	438	470	508	541	581	622	667

※ 출처 : PwC Global entertainment & media outlook 2018-2022 보고서

* 베트남 방송시장동향
　출처: 한국콘텐츠진흥원(2019)

베트남을 북부, 중부, 남부로 나뉘어 가장 대표적인 방송사는 중북부와 전국적으로 VTV, 남부의 HTV가 있다. 최근에는 SCTV, K+, mobi TV 등과 같은 케이블 유료 채널 방송 사업자들의 성장이 두드러지나 TV 광고 시장의 경우 유료 채널 방송보다는 지상파 채널에 집중되고 있다.

베트남의 대표적인 지상파 채널 VTV와 HTV의 채널에 대한 정보를 정리해보았다. 만약 베트남에서 TV 광고를 생각하는 사람이라면 참고하기를 바란다.

➜ VTV(Vietnam Television) 채널 정보

VTV는 한국 KBS와 같이 베트남의 공영방송사이다. 전국과 지방을 모두 아우르는 서비스를 제공하며, 베트남 소수민족을 위해 특수 채널을 개설하여 소수민족 언어로 방송을 내보낸다.

채널명	방송	종류
VTV1	전국 방송	종합 뉴스 전문 채널
VTV2	전국 방송	과학, 기술 전문 채널
VTV3	전국 방송	스포츠, 엔터테인먼트 채널
VTV4	국제 방송	국제 방송 채널
VTV5	지역 방송	소수 민족 채널
VTV6	전국 방송	젊은 시청자 전문 채널
VTV7	교육 방송	교육 전문 채널
VTV8	지역 방송	중부 및 고산지대 전문 채널
VTV9	지역 방송	서부 지역 전문 채널

*출처: 베트남 VTV 홈페이지

➜ HTV(Ho Chi Minh City Television) 채널 정보

HTV는 호치민과 남부 지역의 대표적인 채널이며 호치민 인민위원회가 소유한 방송사이다.

채널명	방송	종류
HTV1	디지털 방송	일반 채널(뉴스, 정보 등)
HTV2	디지털 방송	일반 엔터테이먼트 채널
HTV3	디지털 방송	어린이 채널
HTV4	디지털 방송	교육 채널
HTV7	아날로그 방송	엔터테이먼트 채널(24시간)
HTV9	아날로그 방송	일반 생활 정보 채널
HTV SPORT		스포츠 채널

* 출처: 베트남 HTV 홈페이지

6) 현지 직원 채용 방법

'인사(人事)가 만사(萬事)다.'라는 말이 있다. 베트남에서 사업을 하면서 가장 자주했던 말이 아니었나 생각한다. 휠리스 운동화를 판매하게 되었을 때 창피함을 무릅쓰고 기꺼이 길거리에서 판매를 함께 해준 직원들이 없었다면 완판의 짜릿함을 맛볼 기회도 없었을 것이고, 사업 확장의 기회도 놓쳤을 것이다. 베트남 직원들의 도움 없이 혼자 힘으로 실행할 수 없는 일이었다.

사업을 하면서 많은 제안을 받게 되었다. 주로 베트남으로 시장 진출을 원하지만 한국에만 사업체가 있으신 분들이 제안을 해온다. 제품 홍보 및 판매 요청부터 지사대행까지 필자의 메일함에는 다양한 제안서 메일이 가득하다. 하지만 아무리 성공이 예상되는 매력 있는 제안서도 베트남에서 업무를 실행해주는 유능한 직원이 없다면 성공 가능성은 희박하다.

이번에는 필자의 경험을 토대로, 베트남 직원 채용을 하는 방법과 관리 노하우를 공유하고자 한다.

★채용

코트라 자료에 의하면 베트남 시장조사 전문 업체 Q&Me가 2015년 만 18~22세의 현지인 500명을 대상으로 설문한 결과 응답자 중 50%가 소개를 통해서 구직한 경험이 있다고 답하였다. 또한 30% 이상이 인터넷(SNS, 헤드헌팅 홈페이지 등)을 통해 시간제 일자리를 구했다고 복수응답을 하였다고 한다.

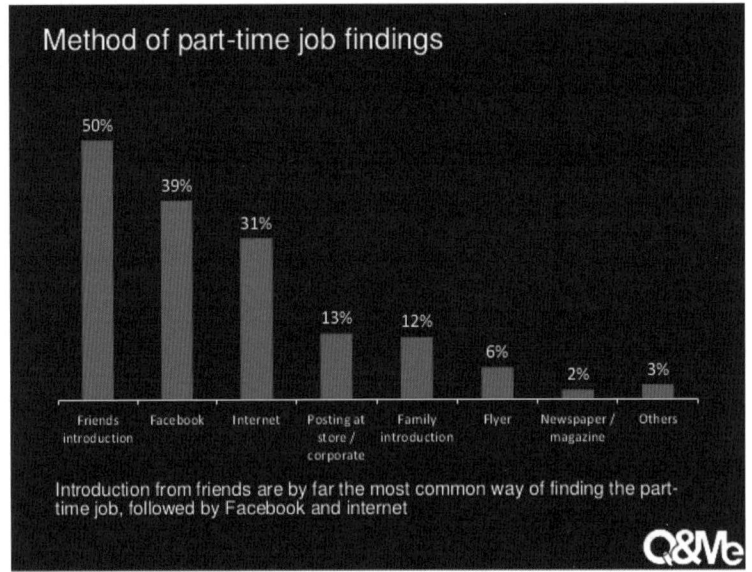

베트남 채용 방법 설문조사
출처: Q&Me

베트남 직원 채용시 구인구직 플랫폼이나 페이스북을 통하면 구인이 매우 쉽다. 필자도 사업 초기에 첫 직원을 뽑을 때에는 지인의 소개로 직원을 채용하였지만, 그 이후에는 대부분 구인구직 플랫폼이나 페이스북을 통해서 채용을 진행하였다.

구인광고는 비교적 간단하게 개재하는 것을 추천한다. 급여, 직무, 사회보험 가입여부, 근무 지역은 꼭 내용을 포함 시키고, 외국계 기업 구인 광고임을 강조하여 구직자들의 관심을 끌게 만들자.

→ 대표적인 구인구직 플랫폼

한국의 알바몬이나 사람인과 같은 구인구직 플랫폼이 베트남에도 존재한다. 아래 플랫폼에 가입 후 일정 비용을 지불하고 구인광고를 개재하여 적합한 직원을 찾을 수 있다.

또는 구직자들이 업로드 한 이력서 열람도 가능하여 적합한 후보자에게 연락하여 면접 후 채용이 가능하다.

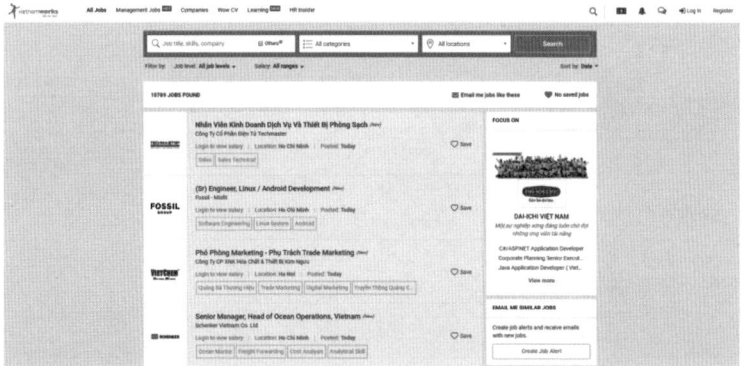

베트남 대표적인 구인구직 사이트 vietnamworks.com의 웹사이트

＊ 베트남에 진출한 외국계 회사의 구인광고부터 베트남 회사의 구인광고까지 쉽게 정보를 얻을 수 있다.

1	vietnamworks.com	5	timviecnhanh.com
2	vieclam24h.vn	6	timviec365.vn
3	jobstreet.vn	7	topcv.vn
4	careerbuilder.vn	8	mywork.com.vn

→ 페이스북 페이지

인터넷을 사용하는 베트남 사람 10명 중 9명은 페이스북을 이용할 정도로 페이스북은 베트남에서 가장 인기가 많은 온라인 커뮤니티 플랫폼이다. 페이스북 그룹 가입 후 구인조건을 개재할 수 있다.

페이스북 그룹의 경우 처음에는 광고 무료 개재 방식으로 운영하다가 가입자 수가 늘어나면 유료 개재로 전환하는 경우가 많다. 때문에 상기 페이지를 이용하는 것보다는 구인구직을 위한 검색어 키워드로 가입자 수가 많은 무료 광고 개재 그룹을 찾는 것이 더욱 비용을 낮출 수 있는 방법이다.

* 주요 검색어: "Cơ hội việc làm", "tên ngành nghề", "việc làm uy tín", "việc làm sài gòn, hà nội"

VUCCESS

7) 노동법

베트남은 상대적으로 외국 기업이 비즈니스를 하기 좋은 환경이지만, 노동법을 모르고 있다면 많은 어려움을 겪을 수 있다. 베트남은 사회주의 국가로서 노동자의 권리를 매우 중요하게 여긴다. 퇴근 시간이 되면 5시 정각에 모든 직원이 일어나 퇴근을 하며, 야근을 하게 될 경우에는 추가 근무에 대한 수당을 지급해야 한다. 오피스 직원은 상대적으로 자유로운 분위기지만, 공장과 크게 다르지 않다. 그렇다면 베트남의 노동 환경은 어떨까?

베트남 노동보훈사회부가 발표한 보고서에 따르면 2019년 상반기 베트남 노조파업은 총 67건으로 보고되었다. 그 중 80% 이상이 외국기업에서 발생하였다. 국가별로 나누어 보면, 한국과 대만 기업이 각각 16회, 중국 기업이 10회로 이들 3개국 기업에서 전체 파업의 80% 이상이 발생하였다. 하지만 베트남 직원들에게 직접 베트남 기업과 외국 기업의 노동 환경을 물어보면 보도된 자료와 현실은 조금 다르다. 베트남 기업 중에는 최저 임금조차 준수하지 않고 임금을 지불하는 회사가 대부분이다. 베트남 사람들에게도 외국 기업은 상대적으로 높은 임금과 노동법을 명확히 준수하는 이미지가 강하다. 상대적으로 외국 기업에서 노조 파업이 빈번하게 일어나는 이유는 기업의 소유주가 외국인이기 때문에 베트남인들이 자국민으로서의 유리함을 영위하는 것이라는 게 내 생각이다.

외국인으로서 해외에서 기업을 영위하기 위해서는 노동법을 준수하는 것이 안정적인 운영의 첫걸음이다. 베트남의 노동법은 개괄적인 부분에서 한국의 노동법과 크게 다르지 않다. 노동법은 근로기준, 근로관계 및 근로자 대표조직의 권리, 의무 및 책임에 대해서 주로 다룬다. 이 장에서는 주요 베트남 노동법이 어떻게 구성되어 있으며, 우리가 기업을 영위하는데 있어 주의할 점이 무엇인지를 알아보도록 한다.

베트남 노조 파업 현장

★ 근로계약
→ 근로계약의 종류

사용자와 노동자간의 기본적인 약속이 명시되어 있는 근로 계약은 베트남에서 아래 3가지 형식 중 하나로 체결되어야 한다.

① 기간의 정함이 없는 근로계약 (무기계약)
  → 양 당사자 간 계약 기간 및 계약 만료일을 정하지 않은 계약
② 기간의 정함이 있는 근로계약 (계약직)
  → 양 당사자 간 계약 기간을 12~36개월 이내로 정한 계약
③ 12개월 미만의 계절적 잡업 또는 특정 작업에 대한 근로계약 (특수 계약직)

위 ②, ③번에서 규정된 근로계약의 기간이 종료되고, 근로자가 계속 근무하는 경우, 양 당사자는 계약 종료일로부터 30일 이내에 새로운 근로 계약을 체결하여야 한다. 만약 새로운 근로 계약이 체결되지 않는 경우에는 ②번 근로계약은 기간의 정함이 없는 근로계약이 되고, ③번 근로계약은 계약기간을 24개월로 정한 근로계약이 된다.

→ 근로계약서

근로계약에는 아래의 주요 내용이 포함되어야 하니, 근로자와의 계약서를 작성할 경우 유념하길 바란다.

  a) 사용자 또는 법적 대표자의 이름 및 주소
  b) 근로자의 성명, 생일, 성별, 거주, 주소, 주민등록번호 또는 기타 법적 서류
  c) 업무 내용 및 근무지
  d) 근로계약의 기간
  e) 임금, 임금 지급 방식 및 지급 시기, 수당 및 기타 추가 지급 항목

f) 임금 인상 및 승진 체계

g) 근로시간 및 휴식시간

h) 근로자를 위한 노동보호장비

I) 사회보험 및 의료보험

j) 직업 훈련, 기술향상 과정

→ 근로계약의 종류

베트남의 수습 기간은 업무의 성질 및 복잡성을 고려하여 결정되어야 하고, 아래 요건을 충족하는 경우 1회에 한하여 적용 가능하다. 또한 수습기간 동안 지급하는 근로자의 임금은 양 당사자들의 합의에 따르지만, 기본급의 85% 이상을 지불하여야 한다.

① 전문대학 이상의 전문지식 또는 기술을 요하는 업무
→ 수습 60일 이하

② 중급 수준의 전문지식 또는 기술을 요하는 업무 또는 전문인력
→ 수습 30일 이하

③ 기타 업무 → 수습 6일 이하

→ 근로계약의 종류

사용자가 일방적으로 근로 계약을 해지할 수 있는 경우는 아래와 같다.

a) 근로자가 자주 근로계약에 따른 직무를 완성하지 못한 경우

b) 근로자가 질병 또는 사고로, 기간의 정함이 없는 근로계약에 따라 근무하는 때에는 12개월의 기간 동안, 기간의 정함이 있는 근로계약에 따라 근무하는 때에는 6개월의 기간 동안, 12개월 미만의 계절적 작업 또는 특정 작업의 근로계약에 따라 근무하는 때에는 계약기간의 절반 이상의 기간 동안 계속하여 치료를

받았으나 근로능력이 회복되지 않은 경우. 다만, 근로자가 건강을 회복하게 된 경우, 새로운 근로계약을 체결하는 것이 고려될 수 있다.

c) 천재지변, 화재, 법률 규정에 따른 그 밖의 불가항력적인 상황에 처하여, 모든 수단을 동원하여 복구 노력을 했음에도 불구하고 사용자가 불가피하게 생산을 줄이고 인원을 감축해야 하는 경우

d) 이 법 제33조 노동법 33조(근로계약 이행 정지 기간이 종료된 날로부터 15일 이내에 양 당사자가 달라 합의하지 않는 한 근로자는 근무지로 출근하여야 하며, 사용자는 근로자를 복직시켜야 한다.)에 정한 기간이 도과한 후 근로자가 근무지에 나타나지 않은 때

사용자가 근로계약을 일방적으로 해지할 경우 아래 기간 전에 근로자에게 통지하여야 한다.

a) 기간의 정함이 없는 근로계약의 경우 45일 전
b) 기간의 정함이 있는 근로계약의 경우 30일 전
c) 이 조 제1항 제b호에 규정된 경우 및 12개월 미만의 계절적 작업 또는 특정 작업에 대한 근로계약의 경우 3일 전

★ 근로시간

→ 정규근로시간

사용자는 근로자의 노동시간을 일 또는 주 단위로 정할 수 있으며, 베트남 노동법상 아래의 정규근로시간을 준수하여야 한다.

a) 정규 근로시간은 1일 8시간, 1주 48시간을 초과할 수 없다.
b) 사용자는 근로시간을 일 또는 주 단위로 정할 수 있다. 주 단위

로 할 경우 정규 근로시간은 1일 10시간, 1주 48시간을 초과할 수 없다. 국가는 사용자가 1주 40시간 근무를 실행할 것을 권장한다.

c) 노동보훈사회부가 보건부와 협의하여 고시하는 특별하게 과중 유해 위험한 작업에 종사하는 근로자의 근로시간은 1일 6시간을 초과할 수 없다.

→ **야간근로시간**

야간 근로시간은 22시부터 익일 오전 6시까지로 한다.

→ **초과근무**

초과 근무는 법률, 단체협약 또는 취업규칙에서 정한 정규 근로시간 외에 추가적으로 근무하는 기간을 말한다. 다음의 요건이 충족되는 경우에 한해 근로자에게 초과근무를 시킬 수 있다.

a) 근로자의 동의가 있어야 한다.

b) 초과근무시간은 1일 정규 근로시간의 50%를 초과하지 않고, 주 단위로 근무하는 근로자의 경우 정규근로시간과 초과근무시간을 합한 시간이 1일 12시간을 초과하지 않아야 한다. 초과근무시가은 1개월에 30시간을 초과할 수 없고 1년에 200시간을 초과하지 않아야 한다. 다만, 정부가 규정하는 특별한 경우에는 이를 초과할 수 있으나 그 경우에도 1년에 300시간을 초과하지 않아야 한다.

c) 1개월 동안에 연속적으로 초과근무를 한 경우, 사용자는 근로자가 쉬지 못한 시간에 대한 보상휴가를 제공하여야 한다.

★임금 관련

임금과 관련한 노동법 중 가장 기초가 되어야 할 내용은 최저임금이나, 앞서 4장의 5단원 임금시장에서 다루었기 때문에 제외하도록 하겠다. 최저임금을 제외한 야간근무 및 초과근무의 임금 지급과 연차휴가에 대한 임금 마지막으로 퇴직금은 어떠한 법령이 있는지 알아보자.

→ 초과근무 및 야간근무의 임금

초과근무를 한 근로자는 다음의 단위 임금 또는 수행 업무에 따라 계산된 임금을 지급받을 수 있게 되어 있다.

a) 평일에는 150% 이상

b) 주휴일에는 200% 이상

c) 공휴일 및 유급휴일은 300% 이상. 다만, 일급을 받는 근로자의 공휴일 및 유급휴일의 임금은 제외한다.

근로자의 초과근무 시 임금 산정 방식은 아래와 같다.

* 초과 근무수당 = A+B+C

주)
A: 기간에 따른 임금을 지급받는 근로자의 경우
　→정규근무일의 시간 당 실제 지급 임금
　생산량에 따른 임금을 지급받는 근로자의 경우
　→정규근무일의 생산품 임금 단가
B: 평일 150% 또는 주휴일 200% 또는 공휴일, 명절 및 유급휴가일 300% 이상
C: 임금 지급 방법에 따라 초과근무시간 또는 추가생산품 수

반면, 야근 근무 시 임금은 단위 임금 또는 수행 업무에 따라 계산된 임금의 30% 이상을 추가 지급해야 한다. 또한 야간에 초과근무를 할 경우는 초과 근무 시 임금과 야간 근무시 임금에 주간 임금의 20%를 추가 지급해야 한다.

* 야간 근무수당 = [A+(A×30%이상)] ×D
* 야간 초과근무수당
= [(A×B) + (A×30%이상) +(E×20%)] × F

주)
D: 임금 지급 방법에 따라 야간 근무시간 또는 야간에 생산한 생산품 수
E: 임금 지급 방법에 따라 정규근무일, 주휴일 또는 공휴일, 명절 및 유급 휴가일의 주간 시간 당 임금 또는 주간 생산품 임금 단가
F: 임금 지급 방법에 따라 야간 초과 근무시간 또는 야간 초과 근무시간에 생산한 생산품 수

➜ **사용하지 않은 연차휴가에 대한 임금**

근로자가 퇴직, 실직 또는 기타 다른 사유로 인해 연차휴가의 일부 또는 전부를 사용하지 못한 경우, 사용하지 않은 연차휴가 일수에 대하여는 현금으로 받을 수 있다. 또한 12개월 미만 근무한 근로자는 근로기간에 비례하는 일수의 연차휴가가 부여된다. 휴가를 사용하지 않은 경우 현금으로 받을 수 있게 되어 있다.

→ **퇴직금**

사용자는 12개월 이상 근무한 정규 근로자에게 퇴직금을 지급할 의무가 있다. 퇴직금은 근무기간 1년당 1개월분 임금의 50%를 지급해야 한다.

주)

* 근무기간: [근로자가 사용자를 위해 실제 근무한 기간] - [사회보험법에 따른 실업보험 납부기간 및 사용자로부터 이미 퇴직금을 지급받은 근무기간]
* 임금(1개월분): 근로자의 근로계약이 종료되기 직전 6개월의 근로계약에 따른 평균 임금

8) 한국인 관리자 채용 방법

- 현지 채용

　베트남에 진출하는 한국 기업의 수가 증가하면서 한국인 관리직원에 대한 수요도 꾸준히 증가하고 있다. 게다가 취업난을 앓고 있는 한국을 벗어나 경제 개발이 활발한 베트남이나 동남아시아 지역으로 눈을 돌리는 청년들도 늘어나고 있으며, 우리 정부도 청년들이 글로벌 인재로 성장하는 것을 돕기 위하여 정책적으로 발 벗고 나서서 지원하고 있다.

　특히 정부의 각 부처에서 산발적으로 추진되는 해외진출 프로그램을 통합하여 지원하는 'K-Move 사업'은 베트남이 속해있는 동남아시아 지역뿐만 아니라, 미국, 캐나다 등이 소속된 아메리카 지역과 유럽, 아프리카 등 한국인을 구인하기 원하는 전 세계 지역의 우수한 일자리들을 알선하고 있다.

　내가 베트남에 온 계기가 된 대우세계경영연구회의 'Global YBM'도 K-Move의 지원 사업 중 하나였으며, 'GYBM'외에도 K-Move 지원 사업을 통해서 베트남에 진출한 젊은이들이 매우 많다.

　정부의 해외진출지원사업을 통해서 베트남에 진출한 한국 청년들은 베트남 전 지역에 있는 한국기업에서 '중간 관리자'로 활동하고 있다.

정부의 사업을 통해서 해외취업을 하였으니, 그 신원도 보증되었고, 게다가 취업 전 진출 국가에서 어학 등의 연수를 받는 프로그램도 준비되어 있어서, 베트남 내 한국기업 사이에 수요가 아주 많은 편이다.

정부의 K-Move 사업을 통해서 한국인 구인을 원하는 사업자는 K-Move 사업의 웹 사이트 '월드잡'을 통해서 구인공고 개재가 가능하다. 뿐만 아니라 베트남에서 취업을 원하는 취업자의 경우 각종 취업알선프로그램과 연수프로그램 공고 및 일정도 확인이 가능하니 참고하기를 바란다.

정부의 해외진출지원사업 K-Move
출처: 월드잡 내 K-Move

※주소: worldjob.or.kr

★월드잡 구인공고
구인광고는 베트남 K-Move 센터에 연락하여 센터에서 제공하는 '구인양식'에 기업정보와 구인조건 및 근로조건을 채워서 제공하면 월드잡 홈페이지에서 구인공고를 개재할 수 있다.

호치민과 하노이의 K-Move 센터 정보는 월드잡 해외 K-Move 센터 정보에서 확인이 가능하다.

도시 명	위치	연락처
하노이 센터	708B, 7th Floor, Diamond Plaza, 34 Le Duan, District1, HCMC, Vietnam	https://cafe.naver.com/kotrahochiminh
호치민 센터	20Floor,Office Block of th Charmvit Tower, Grand Plaza, 117 Tran Duy Hung Street, Cau Giay District, Hanoi, Vietnam	

만약 월드잡 구인공고 개재를 통해서 채용을 결정하였다면, 추후 채용 후에는 근로계약서 등의 증빙서류를 센터로 제출해야 한다.

★ 글로벌 취업 박람회

K-Move 센터에서는 베트남에서 각종 취업행사를 개최하고 지원한다. 취업행사 장소와 일정은 센터 홈페이지에서 확인할 수 있으며, 구인을 원하는 사업자나 구직을 원하는 취업자는 센터에 신청 후 참가 가능하다. 박람회에서는 현장 인터뷰 형식으로 면접이 진행된다.

★ 해외 연수 프로그램

내가 졸업했던 'Global YBM'와 같은 연수 프로그램을 통해서도 구인이 가능하다. 연수 프로그램을 통한 구인 시에는 월드잡 구인광고와 달리 항시 구인이 가능한 것은 아니며, 연수 종료 시점에 졸업 예정 연수생과 면접 후 채용이 가능하다. 프로그램 마다 연수종료 시점과 연수기간이 달라서 연수기관별로 운영 정보를 확인해보아야 한다.

연수기간 동안 베트남에서 습득한 어학능력과 현지생활 적응능력을 갖춘 연수생을 채용할 수 있으니, 베트남 내 한국기업들에게 수요가 높은 편이다.

★헤드헌팅

베트남에서 근무했던 경험이 있는 경력직원 채용이나 기술직원 채용 등 고급인력 채용 시 기업에는 찾는 방법이다. 시중의 교민잡지를 참고하면 베트남에 진출한 한국 헤드헌팅 업체들의 연락처를 확인할 수 있다. 보통 수수료가 연봉의 15%가 시장가격으로 형성되어 있어서 수수료가 매우 높은 부담이 있다. (수수료는 취업자 유형별로 다르니 헤드헌팅과 사전 조율이 필요하다.)

★해외취업정착지원금

정부의 K-Move 사업은 대한민국 청년의 해외취업을 장려하는 정책의 일환으로 '해외취업정착지원금' 제도를 운영하고 있다.

매 년 해외취업자들을 대상으로 지원금을 제공하고 있으며, 지원인원에 제한이 있어서 (2019년 4,400명), 지원인원 달성 시에는 지원이 조기 마감되므로, 해외취업에 성공한 사업자나 취업자는 꼭 놓치지 말고 본 지원금을 지원하여 혜택을 받기를 바란다.

지원금 지원대상과 지원절차는 다음과 같으며 총 3차례에 걸쳐서 지원금이 지급된다. 베트남의 경우 지원금액은 2019년 기준 총 800만원이다.

* 1차 지원금: 취업 후 1개월, 300만원
* 2차 지원금: 취업 후 6개월, 200만원
* 3차 지원금: 취업 후 12개월, 300만원

지원대상 및 취업인정 기준

지원대상	취업인정기준
· 연령: 만34세이하('84.1.2이후 출생자) · 소득기준: 본인, 부모 및 배우자 합산소득 8분위 이하 · 월드잡플러스 사전 구직등록 후 근로계약서 작성	· 취업비자 취득 · 연봉 1,500만원 이상 · 근로계약 1년 이상

출처: 월드잡 해외취업정착지원금_지원대상

지원절차

지원금 신청 및 증빙서류 제출 등 제반절차는 월드잡(온라인)을 통해서만 가능 (방문 및 우편접수 불가)

출처: 월드잡 해외취업정착지원금_지원절차

베트남 창업 마지막 기회를 잡아라

9) 계약 관리

당사자 간의 이해와 합의를 바탕으로 체결된 계약일지라도 그 합의된 계약 내용을 충분히 문서에 포함하지 않으면, 추후 발생하는 문제를 제대로 대처를 할 수 없다. 특히 국제 상거래에서는 계약 당사자 간 언어와 상관습이 상이하기에 당사자 간에 계약 내용을 이해함에 있어서 오해가 발생할 수 있으므로, 계약서는 양 당사자가 모두 이해가 쉽도록 간결하고 명료하게 작성하는 것이 좋다.

이렇게 국제거래에서 당사자 간 분쟁이 자주 발생하다 보니, 국내외 상거래에서 발생하는 분쟁을 중재, 조정, 알선하여 해결해주는 대한상사중재원에서는 다음과 같이 국제 표준계약서 작성 가이드를 제공하고 있다.

(1) 표제(Title)	- 표제(Title)
(2) 전문(Nonoperative Part)	- 일자(date) - 당자(parties) - 설명조항(recitals, whereas clause)

(3) 본문(Operative Part)	- 정의조항(definition)
	- 주된 계약 내용에 관한 조항
	- 기타 계약상 일반조항
	- 계약기간
	  (period of agreement, duration, term)
	- 계약의 종료(termination)
	- 불가항력(force majeure)
	- 중재(arbitration)
	- 준거법(applicable law, governing law)
	- 재판관할(jurisdiction)
	- 통지(notice)
	- 다른 계약과의 관계(integration)
	  즉 완전조항(entire agreement)
	- 조문표제(headings)
	- 기타 조항

(4) 최부	- 말미문언(testimonium clauses) - 서명(signature) - 날인(seal)

* 국제표준계약서 구성
출처: 대한상사중재원 국제표준계약서 작성가이드

  대한상사중재원에서는 표준계약서 작성가이드 외에도 국내외 다양한 표준계약서 양식(영문 포함)을 제공하고 있으니, 국제거래 시에는 참고할 수 있다. 하지만 계약서의 내용은 양 당사자 간 거래하는 재화나 용역 혹은 거래조건에 따라 달라질 수 있으니, 표준계약서는 실제 계약서 초안 작성을 위한 참고용으로 이용하기를 바란다.
  나를 가장 혼란스럽게 만들었던 베트남 상관습 중 하나는 그들의 거절 방식에 있었다. 거래를 위하여 제안을 하면 그 자리에서 거절하는 베트남 사람을 보는 것은 쉬운 일이 아니다. 모두 호탕하게 웃으며

'YES'를 외친다. 마치 계약이 체결된 것처럼 'YES'를 하지만, 불행하게도 업무 진행을 위하여 연락을 하면 차일피일 업무 진행을 미루거나 연락이 되지 않은 경우가 매우 많았다.

　이런 이유였을까, 베트남 사람들은 업무진행 시 문서로 소통하는 것을 매우 중요하게 생각하는 것 같다. 당사자 간 전화로 논의하고 합의된 내용을 다시 메일로 보내달라고 요청하며 근거자료를 문서화 시키는 것을 매우 좋아한다.

　나는 이런 베트남 사람들의 특성을 참고하여, 당신이 베트남 파트너 혹은 거래처와 거래를 할 때에는 모든 계약 내용을 메일이나 계약서 등의 문서로 기록하는 것을 추천한다. 사소한 사항까지 모두 근거로 남겨 놓아야 추후에 발생하는 계약 분쟁에서 보호를 받을 수 있기 때문이다.

★베트남 국내거래 시 유의사항
→ 외화표기규정

　베트남에서는 국내 거래 시 외화를 통한 거래가 금지되어 있다. 베트남 정부는 외국환 사용에 대한 시행령(Decree 160/2006/ND/CP)을 통해서 특수한 경우를 제외하고 베트남 내에서 발생하는 모든 거래 활동에서 반드시 베트남 동(VND)으로 결제되어야 한다고 규정하였다. 특히 베트남 내 거래 계약서상 통화도 반드시 베트남 동(VND)으로 표기되어야 하며, 위반 시에는 적지 않은 벌금(최대 2억 5천만 동)이 부과될 수 있으니 많은 주의가 필요하다.

1	거주자와 비거주자가 외국환거래활동을 인정받은 금융기관 및 중앙은행으로부터 인가받은 영업 및 외국환서비스의 범위 안에서 외국계은행지점과 거래, 지급, 견적, 가격책정 및 계약체결 등의 활동을 하는 경우
2	회사가 규정에 따라 내부적으로 자본금 송금을 외국환으로 할 수 있는 경우는 법적 실체를 갖춘 기업의 은행계좌에서 종속회사의 은행계좌로의 송금 및 반대의 경우와 동일하거나 서로 다른 시스템내의 금융기관에 계설된 동일 회사의 서로 다른 계좌 간 이체임
3	거주자는 베트남 내에서 외국투자계획을 이행하기 위한 자본금 납입을 외국환으로 할 수 있으며, 거주자가 수출입계약을 체결한 경우, 외화로 표시된 계약을 맺을 수 있으며 외화로 대금을 지급 또는 수령할 수 있음. 또한, "the Law on Tendering" 및 기타 관련법에 따라 내국 또는 외국의 계약자인 거주자는 견적, 가격책정 및 계약체결을 외국환으로 표시해 할 수 있으며, 외국 거주자 및 비거주자에게 대한 급여 및 보너스 지급을 포함해 상품 및 서비스의 수입에 대한 대금지급 등 계약상의 의무를 이행하기 위한 비용을 지출하기 위해 투자자 및 주계약자로부터 외국환을 수취할 수 있음
4	보험회사는 견적 및 계약체결을 외국환으로 할 수 있으며, 외국환으로 지급 또는 대금을 수취할 수 있으며, 면세품을 취급하는 회사는 제공한 상품 및 서비스에 대해 송금 및 현금지급의 방식으로 외국환을 수취할 수 있음. 면세상점에서의 외국환거래는 면세품에 관한 법 규정을 반드시 따라야 함
5	국경지역의 별도로 분리된 지역에서 서비스를 제공하거나 세관창고보관서비스를 제공하는 기업은 견적, 가격책정 및 계약체결 등을 외국환으로 할 수 있으며, 송금 또는 현금지급의 방식으로 외국환을 수취할 수 있으며, 국경지역의 세관 또는 경찰서는 비거주자로부터 모든 형태의 세금과 출입국 비자비용을 외국환으로 수취할 수 있음

6	영사관 및 외교활동을 위한 사무실은 출입국 비자 및 기타 형태의 수수료를 외국환으로 송금 또는 현금지급의 방식으로 수취할 수 있으며, 외국인으로서 거주자 및 비거주자는 급여와 보너스 및 기타 형태의 대가를 내국 및 외국계 회사로부터 외국환으로 송금 또는 현금지급의 방식으로 수취할 수 있고, 비거주자는 다른 비거주자에게 외국환을 이전할 수 있으며, 외국환으로 표시된 계약을 체결할 수 있으며, 수출상품 및 서비스에 대해 거주자에게 외국환으로 대금을 지급할 수 있음
7	회사는 항공 및 해양분야의 외국 상대방을 대리하는 대리인으로서, 외국환으로 표시된 계약을 체결할 수 있으며, 관련 비용에 대한 지급을 외국환으로 할 수 있으며, 상기에 언급한 사항들 이외에, 중앙은행에서는 실제 상황 및 각각의 경우에 필요한 경우 추가로 허용여부를 고려할 수 있음
8	베트남에서 인가받은 금융기관 및 외국계 은행지점은 중앙은행으로부터 허가받은 업무의 범위내에서 외국환 환전 서비스의 규정을 준수하면서 외국환으로 표시된 목록작성 및 광고를 할 수 있으며, 면세품을 취급하는 기업은 상품의 가격을 외국환으로 표시할 수 있고, 호텔, 관광회사 및 항공업계에 속한 회사는 외국어로 표시된 웹사이트 및 고객을 위해 외국어로 제공되는 별도의 책자에 상품 및 서비스가격의 표시를 베트남 동 및 동등 가액의 외국환으로 표시할 수 있음 (중앙은행은 필요시 추가 검토를 할 수 있음)

* 베트남 외국환을 통한 거래금지 시행규칙(안) 발표 中
출처: KOTRA 호치민 무역관

10) 일반적인 수출입 진행 과정

 2019년 상반기 베트남은 한국의 3위 수출 대상국이었으며 그리고 5위 수입 대상국이었다. 전자, 의류, 신발 등 한국의 주요 산업을 이끄는 기업들의 베트남 진출에 따른 결과라고 생각한다.
 한국기업들이 베트남에 제조공장을 설립하면서 베트남 사람들을 고용하고 지역 경제 발전에 이바지하면서 한국에 대한 베트남 사람들의 호감도가 상승하게 되었다. 여기에 동남아시아 전역에 부는 한류바람의 영향도 톡톡히 한몫을 했다.
 호감도가 상승한 것은 베트남만이 아니다. 한국에서도 다낭, 냐짱, 푸꾸옥 등 베트남 여행지가 연일 여행 방송의 주제로 소개되고, 베트남의 건강식품인 노니가 유행을 하기도 하며, 쌀국수, 분짜를 판매하는 베트남 전문 식당들이 전국 각지에 생겨나면서 베트남은 더 이상 한국인들에게 낯선 나라가 아니게 되었다.
 양국 간 호감도와 친밀도가 상승하면서 한국 소비자들은 베트남 상품을 그리고 베트남 소비자들은 한국 상품을 원하게 되었고, 이에 따라 양국 소비자를 대상으로 양국의 제품을 공급하는 무역상들도 많아졌다.

베트남 창업 마지막 기회를 잡아라

한국 화장품, 인삼, 우황청심환 등은 베트남에서 꾸준히 인기 있는 한국 상품이며, 최근에는 아이돌 굿즈를 찾는 베트남 젊은이들이 많아졌다.

한국에서도 노니, 아티초크 등 건강식품과 베트남 음식 맛을 내는 소스가 꾸준히 인기 있는 제품이다. 또한 베트남 외주공장과 계약하여 제작 후 가구나 의류 등을 제작하여 한국으로 수출하는 사람들도 있다.

하지만 한국과 베트남 시장을 대상으로 무역이나 중개를 하기 위해서는 베트남 수출입 환경에 대한 이해가 필요하다. 왜냐하면 통관 시스템이 잘 정비된 한국과 달리 베트남의 환경은 매우 열악한 수준이기 때문이다.

이번에는 베트남의 수출입 통관 절차와 당신이 베트남에서 수출입 시 이용할 수 있는 국제 운송 형태에 대하여 간단히 알아보도록 하자.

★베트남의 수출입 통관 절차

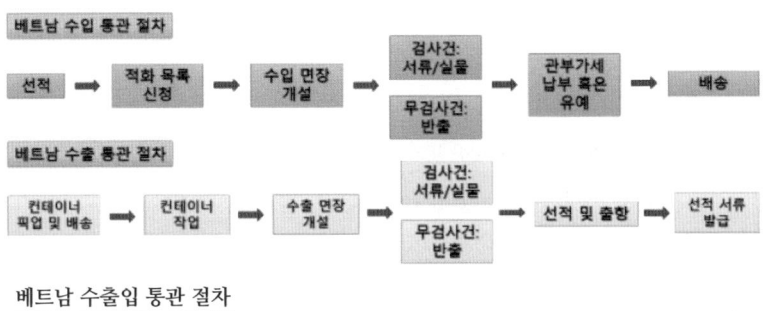

베트남 수출입 통관 절차

베트남에서 수출입을 하기 위해서는 관할 세관에 수출입 신고서를 제출해야 한다. 수출입 신고는 전자 신고가 기본이며, 전자 신고 진행을 위해서는 수입자, 수출자는 한국의 '공인인증서'와 같은 '전자서명,

e-Signature'을 구매해야 한다. 참고로 전자 서명은 'USB'안에 보관된다.

'전자 서명'은 회계 신고 시 사용되기 때문에 법인 설립 시 구매를 해야 하며, 수출입을 위한 전자 서명은 따로 구매할 필요 없이 법인 설립 시 회계 신고를 위해 구매해 두었던 전자 서명과 중복으로 사용이 가능하다. 만약 아직 전자 서명을 구비하지 않은 회사라면, 포워딩 업체나 회계 사무소를 통해서 구매가 가능하며, 시중에 나와 있는 Thai Son이나 비엣텔 등 업체를 통해서 직접 구매도 가능하다.

전자 서명은 회계 신고 시 사용하는 전자 서명과 중복하여 수출입 신고 시 사용이 가능하지만, 사용 전에 베트남 세관 시스템에 등록을 하여야 하므로, 수출입 신고 전에 전자 서명의 시스템 등록을 완료해야만 수출입 신고가 가능하다.

수출입 신고 시에는 상기 언급한 회사의 '전자 서명'이 든 USB와 하기 필수 서류들이 필요하다.

* BL(Bill of Lading)
* 상업 송장(Commercial Invoice), 팩킹 리스트(Packing List)
* 원산지 증명서(Certificate of Origin): 발급 시 제출

한·아세안 FTA, 한·베 FTA 협정에 따라서 한국과 베트남은 특정 상품에 교역에 대한 우대 세율이 있으니, 본인이 취급하는 상품의 우대 세율이 존재하는지를 포워딩 업체와 확인 후 원산지 증명서를 준비하면 관세를 줄일 수 있다.

베트남 창업 마지막 기회를 잡아라

상업 송장과 팩킹 리스트에 상에는 실제 선적된 화물의 명세가 틀림없이 기재되어야 한다. 수출입 시에는 무작위로 실물 검사를 진행하는데, 이 때 신고 내용과 실제 화물이 차이가 있으면 통관이 지연되거나 거부 될 수 있으니, 많은 주의가 필요하다.

베트남에서 수출입 신고서 제출 후에는 3단계로 나누어서 검사가 분류되며, 성실 신고자일수록 실물 검사에서 제외될 확률이 높으며, 수출입을 처음 진행하는 수입자와 수출자는 100% 실물 검사에 분류되니 첫 수출입 시에는 많은 주의가 당부된다.

* 1단계(GREEN): 무 검사
* 2단계(YELLOW): 서류 검사
* 3단계(RED): 실물 검사

상기 언급한 기본 서류와 검사 과정 외에 특별히 수출입 자격(License)이 요구되는 상품들이 있다. 예를 들어 유통을 목적으로 화장품을 한국에서 베트남으로 수입하고자 하는 사람은 베트남 보건국으로부터 정식 수입 허가를 받아야만 수입이 가능하다.

또한 베트남에서 해외 식품을 수입하고자 하는 사람도 보건국에서 식품안전허가증을 발급 받아야만 수입이 가능하다. 사람의 인체와 직접적으로 연관이 있는 식품, 화장품, 유야용품 등은 관련 부처의 허가를 받고 수입이 가능하니, 본인이 취급하는 상품의 베트남 수입 규제에 대해서는 사전에 포워딩 업체를 통해서 확인 후 선적을 진행해야만 한다.

괜히 베트남 수입절차를 알아보지 않고, 한국에서 선적을 진행하고, 베트남에 화물이 도착한 후 수입 허가가 필요한 화물임을 알게 되면 금전적으로 매우 큰 손실을 입을 수 있다.

★운송 별 특징

베트남과 한국 사이에 상품 이동 시에는 대부분 포워딩 업체를 이용하게 될 것이다. 한국의 제조사들이 베트남에 진출할 때 포워딩 협력사들도 함께 베트남에 진출하였다. 때문에 베트남에는 무수히 많은 한국 물류회사들이 존재한다.

이들은 선사나 항공사와 협의하여 경쟁력 있는 운임과 서비스를 화주들에게 제공한다. 베트남에서 이들이 제공하는 대표적인 서비스에 대하여 알아보자.

→ 특송 서비스(Express service)

특송 서비스는 일종의 국제 택배를 떠올리면 그 이해가 매우 쉽다. 오늘 베트남에서 발송하면 내일 한국에서 물건을 받을 수 있다. 한국에서 베트남 발송도 마찬가지이다. 특송 회사의 화물 수령 마감 시간 전까지만 화물 접수를 하면 가장 빠르게 한국에 물건을 전달 할 수 있다. 정식 일반 수출입 통관을 진행하지 않는 목록 통관 진행이며, 샘플 등 급하게 전달되어야 하는 화물에 유리하나, 운임이 매우 높다는 단점이 있다.

→ 항공 화물 서비스(Air cargo)

정식 수출입 통관을 진행해야 하며, 항공기를 통해 긴급하게 전달되어야 하는 화물에 적합하다. 운임은 해상운송보다 높으나, 특송과 비교해서 저렴하다. 운임 적용은 화물의 실제 무게와 부피 무게를 비교하여 더욱 높은 무게가 운임으로 계산되는 운임톤(Revenue ton)을 적용한다. 수출지와 수입지 통관 시간까지 고려하면 평균 약 2박 3일이 소요된다.

→ 해상 화물 서비스(Ocean cargo)

항공 화물과 마찬가지로 정식 수출입 통관을 진행해야 하며, 컨테이너 정기선을 통해 운송이 이루어진다. 베트남과 한국은 보통 7~9일 정도의 운송 기간이 소요된다. 운임은 특송과 항공 운송에 비해 매우 저렴하나, 상대적으로 긴 운송 시간이 부담이 된다.

11) 베트남에서 언더머니 (뇌물)의 의미

국제투명성기구(TI)에서 매년 발표하고 있는 국가별 부패인식지수 (Corruption Perceptions Index, CPI) 는 한 국가의 공무원과 정치인이 얼마나 부패해 있는지에 대한 정도를 조사하여 국가별로 순위를 정한 것이다. 2018년 베트남의 부패인식지수는 조사 대상 180개 나라 중 117위로 (33점/100점)을 부정부패 정도가 매우 높다는 결과가 발표되었다. (순위가 높을수록 부정부패정도가 낮음을 의미한다.)

2018년 부패인식지수 (CPI)
출처: 국제투명성기구 홈페이지

베트남 창업 마지막 기회를 잡아라

참고로, 한국은 57점으로 45위를 차지하였고, 북한은 14점으로 176위를 차지하였다. (중국 39점, 87위, 일본 73점, 18위, 미국 71점, 22위, 그리고 1위는 덴마크 91점이다.)

베트남은 왜 부정부패정도가 높은 국가로 분류 되었을까? 나는 언더머니 때문이라고 이야기 하고 싶다. 베트남에서 사업하는 사람은 누구나 요구받게 되는 언더머니에 대해서 알아보자. 언더머니란 'Under The Table Money', 즉 목적을 가지고 테이블 밑으로 넌지시 건네는 검은 돈을 의미하며, 간단히 말해서 뇌물이라고 부른다.

어쩌면 베트남에 입국하고 무비자가 아닌 장기 비자를 신청하는 사람들은 이미 베트남의 언더머니를 경험한 사람들이 있을 것이다. 무비자를 신청한 사람들은 이민국을 통과하여 공항을 벗어날 수 있지만, 장기 비자를 신청한 사람들은 이민국에서 비자를 받아야 한다. 5년 전만해도 이 과정에서 베트남 공항 직원들은 공공연하게 언더머니를 요구하곤 했었다.

언더머니 10만동 정도를 여권 밑에 몰래 숨겨 이민국 직원에게 건네면, 비자 발급 처리를 급행으로 신속하게 처리 받고 이민국을 통과할 수 있는 시절이 있었다. 늦게 줄을 섰음에도 먼저 온 사람보다 비자를 빠르게 처리 받고 공항을 빠져나갈 수 있는 것이다.

다행히도 최근 공항을 입국하는 출장자들로부터 이야기를 듣다보면 이런 관행은 많이 사라지고 있는 추세인 듯하다. 여권 밑에 돈을 몰래 건네도 다시 돌려주는 공무원들이 있다고 하니 말이다!

아무튼 베트남에서 언더머니는 일종의 '급행료'라고 생각하면 이해가 매우 쉬워 보인다.

베트남 주요 언론사 VnExpress에는 지난 2019년 1월 2일 언더머니에 대한 아주 재미있는 기고가 실렸다. 기고 제목 'Bộ máy ngầm(은밀한 기관)'에서는 베트남 공직사회에 만연하는 언더머니 문화에 대해 연구한 글이었다.

기고에는 베트남 최대 연휴인 설(Tét) 명절 전에 공무원들이 갖은 이유를 대고 기업들을 방문하여 일종의 떡값을 받아 간다는 내용이었다. 위생조사, 소방점검 등 이유를 대고 기업인들을 만나 괴롭힌다. 그리고 이는 공무원들의 관행이 되었고, 그 액수가 꽤 크기 때문에 공무원이 인기 있는 직업이 되었다는 내용이었다. 언더머니 제공을 거절하게 될 경우 받게 될 각종 불이익 때문에 기업인들은 울며 겨자 먹듯이 언더머니를 제공하고 있다는 내용도 포함되었다.

나는 기고를 읽고 전적으로 그 내용에 공감을 했다. 베트남에서 사업을 하는 사람은 누구나 언더머니를 제공한다. 아니 요구 당한다고 해야 맞는 말인 것 같다. 언더머니를 건네야 일이 진행이 될 정도로 베트남 공무원 사회는 부패했다.

언더머니와 같은 비공식적 지출은 피하고 사업을 운영했다고 당당하게 말을 하는 사람조차도 분명히 간접적으로 언더머니를 지출했을 것이라고 확신한다. 법인 설립을 위해 법무법인에 결제한 비용이나 수출입 통관을 위해 물류회사에 결제한 비용에는 분명 언더머니가 포함되었을 테니 말이다. 물론 고객에게는 언더머니라고 이야기하지 않으니 고객은 알 수 없다.

이렇듯 베트남에서 사업을 시작하는 첫 단계인 법인 설립부터 우리는 언더머니를 직간접적으로 경험하게 된다. 물론 금액은 프로젝트 규모에 따라 다르지만 말이다.

베트남 창업 마지막 기회를 잡아라

★그들이 언더머니를 요구하는 이유

베트남은 공무원들의 급여 수준이 매우 낮은 나라이다. 2019년 기준 베트남 총리의 월급이 한화로 약 90만 원 정도이며 그 밑에 일반 공무원들의 급여는 최저임금 수준이라고 하니, 그들의 언더머니 관행의 뿌리는 베트남의 낮은 임금 체계로부터 시작된 것이라 생각한다.

낮은 임금으로 인해 생활에서 부족한 재정적 부분을 비공식적인 통로로 해결하는 것이다. 물론 이런 문화가 생겨난 이유가 전적으로 부패한 공무원들의 탓은 아닐 것이다. 돈을 건넨 자와 돈을 받은 자 모두가 이런 문화를 만들었다.

특히나 '빨리빨리 문화'에 익숙한 한국기업들은 인민위원회의 프로젝트 허가 결정을 가만히 기다리고 있지 않는다. 결정을 서둘러 처리해달라고 요청하고 언더머니를 건넨다. 돈 맛(?)을 본 공무원은 한국기업의 특징을 파악하고 다른 프로젝트 허가권에서도 언더머니를 요구하는 악순환이 반복되는 것이다.

현재 상황에서 이 악순환의 꼬리는 누구도 끊기는 힘들어 보인다. 수출입 통관을 진행하면 세관원들에게 소정의 언더머니를 제공하는 것도 관행이 되었다. 도리어 급행료를 지불하지 않았다가 더 큰 손해를 걱정하는 수입자들이 많아서 급행료를 지불하고 있다.

수입 통관이 늦어지게 되면 컨테이너 보관료가 발생할 수 있고, 원재료를 수입하는 제조 공장의 경우에는 생산 일정에 차질이 발생할 수 있어서 소정의 급행료를 지불하고 통관을 진행하는 기업이 많다.

물론 베트남 수입 기준을 모두 충족하고 정상적인 절차대로 수입을 하는 선의의 수입자들이 대부분이지만, 의도적으로 이런 언더머니 문화를 악용하여 베트남 수입 기준에 미달되는 제품 및 중고기계 등을 수입하는 외국인도 몇몇 있다.

7장 베트남 사업은 한국과 많이 다르다

특히 베트남은 중고기계 수입을 엄격하게 제한하고 있는데, 생산기지를 중국에서 베트남으로 이동한 기업의 경우 중국에서 사용하던 중고기계를 가져오는 경우가 많다. 대부분 10년 이상 된 중고기계로 베트남의 중고기계 수입 기준 미달에 해당하지만 세관과 협의 하에 언더머니를 건네고 수입하고 있는 실정이다. 이런 경우 세관원들은 높은 언더머니 금액을 요구한다. 기업들은 새 기계 수입 비용보다 언더머니가 상대적으로 훨씬 낮기 때문에 언더머니 문화를 악용하여 수입하는 실정이다.

★점점 사라지는 언더머니 문화, 하지만 시간이 필요하다

베트남에서 사업을 하는 사람은 언더머니 지출에 대해서 어떻게 대처해야 할까? 일단 언더머니는 회사의 공식적인 지출로 기록이 불가능하다. 매입 자료, 즉 세금영수증(HOA DON)이 없기 때문에 매 분기별 부가가치세 신고 대상에서 제외될 수밖에 없다. 즉 정상적으로 세무처리를 할 수 없는 비용임을 의미한다.

하지만 이 비용을 세무처리가 가능하도록 만드는 방법들이 있다. 이 부분은 다음 장에서 자세히 다루어 보도록 하자.

이미 베트남의 언더머니 문화는 관례화되어 공공연하게 거래되고 있다. 거래 유형도 매우 다양하다. 자발적인 거래와 수동적인 거래가 혼합되어 베트남의 언더머니 관행이 생겨났고, 심지어 하나의 베트남 사업 문화로 자리 잡았다.

베트남 정부는 2018년 말에 부패방지법을 재정하며 부패척결을 위해 칼을 빼 들었지만, 이미 뿌리 깊이 박힌 관행이 쉽게 사라지지는 않을 것으로 보인다. 하지만 최근 베트남 언더머니 관행에 관한 몇몇 반가운 연구 결과가 있다.

베트남 상공회의소(VCCI)는 매년 베트남의 지역경쟁력지수보고서(PCI: Provincial Competitiveness Index)를 발간하는데, 이 중 언더머니 관행과 관련하여 매우 주목할 만한 설문조사 결과가 있다.

년도	거래유형			
	조사관에게 지급 (%)	통관과정에서 지급 (%)	토지거래과정에서 지급 (%)	언더머니 지급으로 효과를 얻은 비율 (%)
2014	-	66.2	-	58.2
2015	-	66.5	-	59.1
2016	45.8	56.4	22.6	45.3
2017	44.9	53	17.5	50.3
2018	39.9	44.4	6.8	49

* 지역경쟁력지수보고서 중(中) Questions on Corruption in the PCI Survey
출처: 베트남 상공회의소(2018)

베트남 상공회의소는 베트남 내 국내기업과 외국기업을 대상으로 언더머니 관련한 설문조사를 진행하였는데, 그 결과에서 모든 지표가 낮아진 것을 확인할 수 있다.

이는 베트남 내에 부패행위가 점점 감소하고 있고, 베트남 사업 환경이 점점 개선되고 있음을 의미한다. 하지만 언더머니를 지급했다고 답변한 수치는 여전히 매우 높은데 수출입 통관 과정에서 언더머니를 지급했다고 답변한 기업은 10명 중 4명이 넘는 비율을 차지하였다.

어찌되었건, 베트남의 언더머니 문화는 좋은 방향으로 점점 개선되고 있어 보이며, 정부도 언더머니 관행에 대한 문제를 인식하고 부패척결을 위하여 부패방지법을 시행하였으므로 앞으로 언더머니 문화는 시간이

지남에 따라 관행이 점점 사라질 것으로 예상하고 있다.

하지만 지금의 베트남에서 사업을 하고 있는 우리에게는 매우 먼 미래와 같은 이야기로 보인다. 우리는 언더머니 관행이 여전히 횡행하고 있는 베트남에서 사업을 하는 사람이므로 언더머니 문화에 대한 이해가 필요하다. 그리고 언더머니를 조절할 수 있는 힘을 키워야 한다.

언더머니는 현금 지출 성격을 가지고 있어서 이를 악용하는 베트남 직원들이 간혹 있다. 예를 들어, 행정 업무를 처리하는데 담당 공무원이 급행으로 처리를 해주겠다며 급행료를 요구한다는 식으로 직원이 보고하고 현금을 받아간다. 보통 이런 언더머니는 금액이 크지 않아 처음 몇 차례는 의심 없이 기꺼이 지출이 가능하지만, 매번 같은 업무를 진행할 때마다 요구를 하면 회사에는 큰 부담이 되고, 결국에는 회사의 판매 가격에 언더머니 비용도 포함되게 되어 시장에서 경쟁력을 잃게 될 수도 있다.

때문에 언더머니를 지출하는 상황과 그렇지 않은 상황을 구분할 수 있는 능력을 키워야 한다. 언더머니 지출을 요구하는 베트남 직원과 논쟁 시 상대적으로 높은 직책을 이용하여 우격다짐으로 직원의 동의를 얻어내는 상황이 아닌, 업무 지식으로 지출이 불필요한 상황임을 충분히 인식 시켜서 다시는 언더머니를 요청하지 못하도록 만들어야 한다.

그러기 위해서는 업무에 대한 깊은 이해도가 필요하다. 예를 들어서 법인 설립 지원 서비스를 제공하는 컨설팅 회사의 대표는 법인 설립을 위한 절차와 관련 기관을 모두 파악해야 한다. 그래야 베트남 직원이 언더머니 요청 시 합당한 지출사유가 되는지 파악할 수 있다. 만약 요청하는 직원이 절차에 맞지 않은 단계에서 지출을 요구한다면 의심할 만하다.

그리고 동종 업계의 지인들과 정보 교류를 하는 것도 중요하다. 동종 업계 지인들과 교류를 하면서 업무 진행 시 어떤 언더머니 지출이 있는지, 금액은 어느 정도인지 파악을 할 수 있으므로 많은 도움이 될 것이다.

하지만 내가 생각하는 언더머니를 조절하는 최고의 방법은 바로 직원 관리에 집중하는 것이다. 결국 업무는 사람이 해야 한다. 담당 직원이 어떤 사람이냐에 따라서 언더머니를 대하는 태도도 다르다. 회사의 이익보다 개인의 사익을 중요시 생각하는 직원은 언더머니 문화를 악용할 가능성이 높을 것이다.

12) 베트남인 협상 방법

 앞서 나온 내용들을 잘 익혀두었다면 베트남 사람들과 베트남 사업 환경에 대한 기본적인 이해가 되었을 것이라 생각한다. 이제 본격적인 비즈니스 협상을 해야 한다면 아래의 내용들을 잘 숙지하였다가 활용하면 좋을듯하다. 이 장에서는 베트남인과의 협상 전 기본적인 에티켓을 알아보고, 협상 시 유의사항이 어떤 것들이 있는지 확인하도록 하자.

★비즈니스 에티켓
(자존심, 외교관계, 약속 시간, 식사, 관계 형성, 선물)
→ 베트남인의 자존심을 건들지 마라

 비즈니스 협상을 하는 것은 당연하게도 베트남인 각자의 성격과 방식에 따라 다르겠지만, 기본적으로 베트남인의 문화를 어느 정도 이해하고 협상에 임한다면 조금 더 수월해질 것이다.

 베트남인은 기본적으로 자존심이 강한 민족이다. 베트남 전쟁에서 호치민의 지도 아래 미국과의 전쟁에서 승리하였다는 사실은 베트남 사람에게 큰 자부심이다.

 비록 지금은 선진국에 비해 가난한 개발도상국이지만, 베트남인 스스로도 경제 발전을 이룩하여 선진국 대열에 합류하겠다는 마음가짐이 있다. 이런 분위기 속에서 상대적으로 가난하다고 베트남인의 자존심을 건드리는 말을 건넨다면 비즈니스는 시작도 못할 위기에 처할지도 모른다.

 특히, 운전기사, 가사도우미 등 한국인이 베트남인에게 함부로 대하는 일이 베트남 사회에 어느 정도 알려져 있으므로, 기본적인 예의와 존중을 항상 가지고 있어야 한다.

→ 모든 나라에 관대하지만,
중국과는 사이가 좋지 않은 베트남

 앞서 설명하였지만, 베트남은 전쟁에서 미국에게 승리하였다는 자부심을 가지고 있는 나라다. 자국을 침략한 많은 열강들에 대해 좋지 않은 인식을 가지고 있을 것 같지만, 중국을 제외한 모든 나라에 관대하다. 베트남을 침략하였지만, 승전국으로서의 자비를 가진다고 생각한다. 그래서 미국, 프랑스 등 베트남을 침략한 국가들과 베트남 전쟁에 참전국이었던 우리나라를 비롯한 대부분의 국가들에게 대해 감정이 없는 편이다.

 하지만, 유독 중국에게는 냉대하는 모습을 보인다. 약 1,000년 동안 중국의 피지배국으로서 살아온 역사와 끊임없는 침략 때문인지 베트남 사람들은 중국 사람들을 싫어하는 편이다. 2014년에도 양국의 영유권을 주장하는 황사군도 해역에서 충돌이 생기면서, 베트남에 있는 중국인들이 피난을 가는 일까지 있었다.

➔ 주요 명절과 점심시간을 피하라

베트남은 유교권 문화를 가지고 있다. 그래서 우리와 비슷하게 설날(구정)과 추석 등의 명절을 지낸다. 추석은 사실상 쉬는 날이 아니라 큰 문제가 없지만, 설날은 한국보다 쉬는 기간이 길다. 짧게는 5일에서 길게는 10일까지도 쉬는 회사가 있으니, 설날을 피해 출장을 잡는 것이 중요하다.

또한, 베트남에서는 설날 전후로 인사이동과 이직이 잦은 시기다. 보통 설날 2~3개월 전부터 이직할 회사를 탐색한 후 설날이 지나고 나서 새로운 직장으로 옮겨간다. 그렇기 때문에 회사의 대표가 아닌 직원과 미팅 일정을 잡았을 경우, 설날 후에 담당자가 바뀌는 상황이 발생할지도 모른다.

출장 일정을 잡고 베트남에 왔다면, 담당자와 약속을 잡아야 한다. 되도록 약속 시간은 오전 시간과 오후 2시 이후로 잡는 것이 좋다. 각 회사 문화에 따라 다르겠지만, 점심 이후 더운 날씨 때문에 휴식을 취하는 문화가 있다.

또한, 베트남 사람들은 약속 시간을 잘 지키지 않는다. 기본적으로 10~30분 정도 늦는 경우가 많으며, 약속 시간 바로 전에 약속을 변경하는 경우도 있다. 자동차의 보급이 늘어나면서 하노이와 호치민의 주요 거리는 출퇴근 시간대에 매우 번잡하여 교통 체증으로 인한 문제가 있으니, 본인도 여유 있게 출발하는 것을 권장한다.

★협상 시 유의사항(조급함, 문서화, 커미션)
➔ 조급해하지 말고 여유 있게 기다려야 한다

한국을 대표하는 많은 문화가 있지만, 때로는 장점이 되고 때로는 단점이 될 수 도 있는 문화가 '빨리 빨리' 문화가 아닌가 싶다. 한국회사에서 일을 해 본 베트남인들도 이 '빨리 빨리'라는 말은 관리자의 잦은 독촉으로 인해 알아듣는 경우가 흔할 정도다.

한국 회사라면 어느 정도 문제가 없겠지만, 베트남인과 협상을 할 시 너무 서두르면 오히려 일을 그르칠 수도 있다. 베트남인들을 만나서 협상을 하게 될 경우 기본적으로 'Yes' 문화가 존재한다. 본인이 다 할 수 있다고 하며, 당신이 돌아간 뒤에 바로 준비하겠다는 말을 자주 한다.

하지만 이 말만 믿고 조급하게 일정을 잡는다면, 자칫 화병이 날 수 있다. 상대방을 너무 압박하지 않는 선에서 부드럽고, 온화한 말투로 일을 진척시키는 것이 상대방을 자극하지 않고 일을 해결할 수 있는 방법이 된다.

➜ 모든 합의된 사항은 문서로 남겨야 한다

베트남인과의 협상 내용 및 합의 사항은 문서로 남기는 것이 좋다. 상대방과 미팅을 하며 합의된 사항일지라도 문서로 남겨 서로의 서명과 도장을 찍지 않는다면, 베트남인에게는 큰 의미 없는 만남이었을 가능성이 크다. 가볍게 식사자리를 하며 구두로 합의된 사항을 가지고 일이 성사됐다며 기뻐하지 말라는 이야기다.

베트남인들은 계약서의 세부 사항 하나 하나를 중요시 여긴다. 우리나라에서는 보통 큰 줄기가 합의되면 세부 사항은 가볍게 여기는 경향이 있다면, 베트남은 상대적으로 매우 세세한 편이다. 그래서 양사 간의 양해각서(MOU) 또는 합의서를 가지고 한국으로 돌아가 영업을 하려는 전략을 가지고 있다면, 이 서류에 도장을 찍는 것 또한 쉽지 않음을 고려해야 한다. 베트남 사람에게 서류에 서명과 도장을 찍는다는 것은 모든 합의가 마쳐졌고, 본격적으로 일이 진행됨을 의미하기에 상대적으로 큰 의미를 가진다.

→ 베트남의 커미션과 선물 문화

 여기서 말하는 커미션은 앞서 말한 언더머니 즉 뇌물과는 성격이 다르다. 비즈니스 성사 후 소개를 주선한 사람에게 주는 금전적 보상을 말한다.

 베트남에는 공짜가 없다. 친구에게 취업자리를 소개해 주어도 1달 월급을 주는 경우도 있다. 한국에서 베트남 출장을 오게 될 경우 베트남인의 소개로 협력업체를 만나게 되는 경우가 있는데, 이는 단순히 친절을 베푸는 것이 아니다. 일이 성사되면 그에 따른 보상을 요구하게 된다.

 이는 베트남 문화에서는 어느 정도 익숙한 문화임을 인지해야 한다. 서로 선물을 주고받는 것 또한 자연스러운 문화다. 선물을 내밀었다고 손사래를 치며 거절하는 경우는 보기 힘들다. 이제 막 베트남 사람과 관계를 형성하여 일을 시작하였다면, 가벼운 선물을 건네는 것도 상대방의 신뢰를 얻는 방법이 될 수 있다. 특히, 한국 상품에 대해 많은 베트남인들이 관심을 가지고 있기 때문에 베트남을 오면서 간단한 선물을 준비해 오는 것도 좋은 방법이다.

8장

베트남 창업 선배들의 인터뷰

1) [화장품] 코리아나 이호진 총괄 매니저

Q 베트남에 처음 오게 된 계기는 무엇인가요?

갑작스럽게 베트남에 오게 된 것은 아니었습니다. 류 대표님과 마찬가지로 한국에서 사업 진출을 준비하고 있었고, 해외에서의 사업도 꿈꾸고 있었습니다. 그렇게 준비만 하고 있던 찰나에 인연을 맺게 된 분을 통해 코리아나 베트남 지사로의 입사 제안을 받게 되어 베트남으로 진출하게 되었습니다. 이전에는 한국에서 화장품 유통 관련 사업을 꾸준히 해왔으며, 베트남 시장의 잠재력과 가능성에 매료가 되어 있었습니다.

무엇보다 해외에서의 사업 진출을 단독으로 하는 것보다는 상장 기업과 함께 진출하는 것에 더욱 매력을 느꼈습니다. 아직 배경이 없는 베트남에서 혼자 부딪히는 것보다 회사의 든든한 지원을 받는 것이 제대로 일을 할 수 있겠다는 자신감을 갖게 해주었습니다. 조금 더 구체적으로 말하자면, 영업/브랜딩 등에 많은 자원을 투자할 수 있다는 점에 마음이 이끌려 베트남에 오게 되었습니다.

베트남에서 해당 업종을 선택하신 이유가 있을까요?

개인적으로 화장품 관련 경력이 10년이 넘습니다. 그 외 다른 사업은 생각을 할 이유가 없었습니다. 이전 직장에서 꾸준하게 베트남 유통을 하면서 오프라인 매장, 직원, 시장 조사 업체 등을 통해서 미리 정보들을 수집하였고, 그 과정 속에서 확신을 느꼈습니다. 물론 베트남에서 각종 프랜차이즈, 요식업 등 많은 사업들의 전망이 밝은 것 또한 베트남을 선택하게 된 배경입니다.

 시장조사를 할 때는 어떻게 하는 것이 좋을까요?

직접 현장을 가기도 하고, 업체를 통해 시장조사 외주를 맡기기도 하였습니다. 말 그대로 다각도로 정보를 수집하기 위해 노력을 했습니다. 하지만 어느 정도 시간이 지난 지금에는 정말 제한적인 정보였다고 판단이 됩니다. 아무래도 직접 경험한 것이 아닌, 간접적인 부분들이었기 때문에 그런 것 같습니다. 직접 피부로 느끼는 것과는 다른 부분이 많았습니다.

베트남 바이어들과 직접 거래를 해본 경험이 있었지만, 베트남에 나와서 현지 사람들의 가치관, 문화, 소비 트렌드 등을 알기에는 참 많은 시간이 필요한 것 같습니다. 개인적인 차이가 분명히 있고, 얼마나 발로 뛰느냐에 다르겠지만, 최소 2년 이상의 시장 조사 기간이 필요하다고 생각합니다. 베트남에서 본인이 소비자도 되어보고, 현지에서 생활도 하면서 베트남 고객들에 대해 조금이라도 이해하려면 2년이라는 시간이 걸린다는 것이 제 생각입니다.

8장 베트남 창업 선배들의 인터뷰

Q 베트남에서 해당 업을 준비하시면서 겪은 문제점은 어떤 것이 있나요?

처음에는 베트남 내 공공기관들과 일을 하며 차질이 발생했을 때, 문제를 해결하는 방식이 너무 달랐습니다. 외국인이기 때문에 절차들이 너무 번거로웠고, 해결하는 과정 속에서 편법이라는 것이 존재했습니다. 하지만 편법으로 시작을 하지 않았고, 정상적인 외국인 투자법인 설립을 진행했습니다. 그렇기 때문에 취득해야 하는 라이센스도 많았고, 적지 않은 시간과 비용을 소모해야 했습니다. 초기 법인 설립 시점에 편법을 사용하게 된다면 언더머니를 요구 받는 일이 많은 것으로 알고 있습니다. 주변의 다른 업체들을 보면 언더머니와 관련하여 시간과 비용을 사용하는 케이스를 많이 보았습니다.

또 다른 점은 직원들의 사고방식, 문화 등의 차이가 분명히 있었다는 부분입니다. 그래서 베트남에 진출하는 한국인들은 주인이 아니라 손님이라는 마인드를 가져야 한다고 생각합니다. 그리고 직원들을 통해 배우고 존중하는 자세를 가져야 합니다. 하지만 여전히 기본적인 문화나 사고방식의 차이가 있기 때문에 협업을 하거나 업무를 진행하면서 어려움을 많이 느끼고 있습니다.

마지막으로 시장성의 문제가 있습니다. 베트남은 많은 분들이 아시다시피 20~30대의 소비자가 핵심 소비자이기 때문에 변화에 매우 민감하고 예측이 불가능한 경우가 많습니다. 좋게 이야기하면 '트렌디하다'고 할 수 있고, 나쁘게 이야기하면 '변덕이 심하다'고 볼 수도 있습니다. 그만큼 소비의 기준을 정립해 나가는 것이 힘든 편입니다. 또한 소비의 기준이 산업 분야, 품목마다 매우 다양합니다. 개인적으로는 종잡을 수 없는 상황들입니다. 단순히 가격이 싸다고 해서 많이 팔 수 없는 곳이 베트남입니다. 그런 이유로 한국보다 마케팅에 더욱 신경을 써야 합니다. 일반적인 베트남 진출 기업들은 보통 유형자산/설비/사무실 인테리어 등에 많은 신경을 씁니다. 하지만 현지 진출 이후에 당장 성과가 나기 힘든 마케팅 비용 등에는 투자가 매우 소홀한 것으로 보입니다. 대부분 이를 가장 후순위로 생각을 합니다. 베트남 내에서 마케팅은 정말 중요합니다.

 베트남 직원들과는 어떻게 지내시는지?

 직원들에게 업무 지시를 할 때는 정확한 의사 전달이 중요하다 보니 굉장히 구체적으로 하는 편입니다. 심지어 통역 직원에게도 굉장히 또박또박 해주고, 어려운 한자어 표현을 쓰지 않으려고 노력합니다. 서로 오래 일하다보면 표현적으로 익숙해지는 부분이 있습니다. 조금 더 이야기를 해보자면, 저는 업무 지시에 시간을 많이 쓰는 편입니다. 업무 중간에 점검을 할 때는 구체적으로 점검을 하는 편이기도 하구요. 중요한 것은 내 직원들이 나와 같은 언어를 쓰는 한국 사람이 아니라는 것을 항상 인지하는 것입니다.

 당연한 이야기라고 생각하지만 상사라고 해서 무조건적인 지시를 하는 것은 주의하고 항상 이해를 시켜주기 위해 노력을 해야 합니다. 또한 너무 무거운 분위기 보다는 가벼운 농담을 통한 밝은 분위기를 이끌어 주는 것이 베트남에서는 더욱 좋은 것 같습니다. 업무상의 사건사고가 발생하면 베트남 직원 탓으로 돌리지 않고 리더로써 책임을 지면 다음에는 실수하지 않기 위해 더욱 노력하는 모습들을 보입니다.

8장 베트남 창업 선배들의 인터뷰

Q 베트남에서 생활적인 측면은 어떠신지?

주거비, 생활 물가 등 생활에 필요한 비용이 지속적으로 올라가고 있음을 몸소 느끼고 있습니다. 동남아시아라고 해서 무조건 값싼 물가를 생각하는 것은 큰 오산입니다. 특히 한국 마트, 카페, 외국 식당 등을 이용하는 것은 한국 못지않은 비용이 들 때도 있습니다.

베트남에는 한국 교민사회가 매우 잘되어 있습니다. 교민들을 대상으로 하는 사회체육이 많이 있기 때문에 동호회 등을 통해서 적응을 했던 것이 큰 도움이 되었던 것 같습니다.

Q 베트남에서 사업을 하러 오게 되는 사람들에 대한 조언은?

첫째로 시장성과 전망만 보고 오지는 않았으면 합니다. 본인이 생각한 것과 베트남의 시장과 전망이 다를 수 있다고 생각합니다. 우선 베트남을 짧게나마 직접 경험하고 이곳을 이해하는 데 중점을 두시는 것이 좋습니다.

둘째로 한국인은 베트남에서 손님입니다. 베트남 사람들에 대한 손님으로서의 기본적인 매너, 인격적인 공감대 형성에 주력을 했으면 좋겠습니다.

마지막으로 절대 조바심을 내지 말기 바랍니다. 중장기적인 시각으로 보고, 1~2년 만에 손익분기점을 넘기겠다는 안이한 생각을 하지 않는 것이 좋을 것 같습니다. 최소 5년을 생각하면서 긴 안목으로 사업을 진행하시기를 바랍니다.

2) [IT] 레클 박대선 법인장

Q 베트남에서 진행하시고 있는 업무는 어떤 것인가요?

소프트웨어 개발 아웃소싱이라고 생각하시면 됩니다. 가령 스타트업 회사에서 새로운 어플리케이션, 웹 서비스 등을 만들려고 할 때, 개발팀이 없는 경우가 많습니다. 이때 저희 회사에서 어플리케이션, 홈페이지 및 각종 소프트웨어 개발 관련해서 서비스를 제공하고 있습니다. 최근에는 중견기업 중에서도 개발자가 부족한 경우가 있어 저희 회사에서 서비스 지원을 하고 있습니다. 대부분의 고객사들은 한국에 있으며, 최근에는 베트남에서 영업을 직접 하고 있습니다. 꼭 베트남에 진출해 있는 회사가 아니어도 현지 진출에 관심을 가진 고객들로부터 연락이 닿아 수주가 되는 경우도 있습니다.

Q **베트남에서 사업을 하시려는 분들께 해드리고 싶은 이야기는?**

베트남에서 사업을 하고자 하시는 많은 분들은 다양한 사정을 가지고 있습니다. 제 경험을 바탕으로 말씀을 드리자면 현지 진출하시기 전에 '법인장 리스크' 부분에 대해서 많이 고민을 하여야 할 것 같습니다. 베트남에서 직접 대표가 되는 것은 큰 무리가 없겠지만, 한국에 본사를 두고 해외 지사를 설립하고자 하는 경우에는 반드시 법인장이 베트남에 진출을 해야 합니다. 보통 연세가 있으신 분들이 오시게 되면, 본인뿐만 아니라 가족과 함께 이주를 해야 합니다. 가족 사정으로 인해 다시 한국으로 복귀하는 경우도 흔치 않게 발생하며, 베트남 내에서 이직을 하는 경우도 발생을 합니다.

이렇게 법인장을 채용하는 방식이 되면 주거 지원, 자녀 학비 지원 등 상당한 비용이 발생하게 됩니다. 그러면 오히려 한국에서 주는 인건비보다 상승하는 케이스도 있습니다. 그렇기 때문에 위와 같은 사업 구조를 생각하신다면 운영하는 사업체가 규모의 경제가 발생해야 합니다. 저희 회사를 비추어 보았을 경우에는 약 20명 이상의 개발자들을 채용하지 않게 되면 손익분기점을 넘기기가 쉽지 않을 것으로 예상됩니다.

Q **베트남 직원들의 급여는 어떻게 되나요?**

개발자들의 경우 급여 수준이 높은 편입니다. 가장 많이 받는 직원은 한화 기준 약 월 270만 원을 받습니다. 많지 않다고 느끼실 수 있지만 베트남에서는 상당히 고임금을 받고 있는 경우에 해당됩니다. 직원의 나이는 30살밖에 되지 않았음에도 꽤나 높은 임금을 수령하고 있습니다. 이 직원 같은 경우에도 항상 월급이 적다고 어필을 하는 편입니다. 실제로 약 200만 원 정도를 받는 직원이 있었는데, 다른 회사에서 2배를 올려준다고 오퍼를 받은 적이 있습니다.

Q 베트남에서 사업을 하시면서 느끼신 한국과 다른 점은 무엇인가요?

한국 고객사 입장에서 한국인이 아닌 베트남 사람과 커뮤니케이션을 하면서 업무를 맡기는 것은 꽤나 어려운 일입니다. 그래서 한국 직원들이 고객사들과의 커뮤니케이션을 전담하게 됩니다.

하지만 고객 불만 사항 중에 큰 점은 완성도 부분입니다. 가령 베트남은 인테리어, 건축 등 대부분의 업무에서 완성도가 떨어지는 편이 많습니다. 소프트웨어 개발의 경우도 마찬가지였습니다. 현지에서 꽤나 인정받는 베트남 개발자를 영입해도 완성도 부분에서 크게 다르지 않음을 느꼈습니다. 그래서 이 부분에 대해 완성도를 높이기 위해 직원 교육에 정말 많은 시간을 투자했습니다. 직원들에게 중점적으로 글로벌 스탠다드가 어느 수준인지를 이야기하고 교육하였습니다. 이제 어느 정도 시간이 지나 한국과 비슷한 완성도를 가지고 있다 자부하고 있습니다. 베트남 직원의 교육에서 가장 중요하다고 생각되는 부분은 지속적인 피드백을 통한 확인 작업입니다.

한국 개발자와 베트남 개발자를 비교하신다면요?

놀랍게도 기술적인 부분에서는 크게 실력 차이가 나지 않는 편입니다. 다만 앞서 말한 완성도 부분과 더불어 전반적인 기초 교육이 부족한 편이었습니다. 대학 교육에서 기초 교육을 많이 배우지 않은 것으로 보였습니다. 반면, 인턴 경험 등을 통해서 실무적인 지식 및 기술적인 부분은 생각보다 좋은 편이었습니다.

 베트남 생활은 어떠신가요?

대체적으로 만족하는 편입니다. 가만히 생각해보면 한국에서의 삶보다 더 많이 웃으며 살고 있는 것이 아닌가 싶습니다. 다만, 가끔씩 베트남 직원들과의 문화 차이로 인한 스트레스가 있으며, 때로는 해외생활에 가족이 힘들어 하는 경우도 종종 있습니다.

베트남에서 사업을 하러 오시는 분들께 조언을 하신다면?

돈만 들고 와서 해결되는 부분은 절대 없습니다. 약간의 시간을 들여서라도 천천히 단계를 밟아 나가는 것이 맞다고 생각합니다. 처음부터 좋은 사무실에 고액 연봉으로 직원들을 영입한다 해도 회사가 빠른 시간 안에 정상화되기는 쉽지 않다고 생각합니다.

3) [방역 & PC방/카페 프렌차이즈] 베스코 김남일 대표

Q 베트남에 오시게 된 계기가 무엇인가요?

한국에서 회사를 다닐 때, 하노이에 지인이 있었습니다. 많은 고민을 하다가 베트남으로 휴가를 와서 지인분과 조금 더 깊은 이야기를 나눌 수 있게 되었고, 내 사업을 해야겠다는 확신을 가지고 베트남에 진출하게 되었습니다.

저는 도시공학을 전공했습니다. 그때부터 도시 분석을 하기 위해 전 세계를 다니게 되었는데, 전공 공부 외적으로 느꼈던 점은 사업하기에 선진국은 자본이 많이 필요하지만, 후진국에서는 작은 자본으로도 시작할 수 있다는 것이었습니다. 처음에는 베트남 외에 인도나 기타 개발도상국도 생각을 했었습니다. 하지만 제가 가진 자본으로 사업을 시작하기에는 베트남에 가장 적합하다고 느꼈습니다.

Q 지금 하고 계시는 사업은 무엇이 있으신지요?

저는 먼저 방역회사로 시작을 했습니다. 이후에 PC방 프랜차이즈, 카페 사업까지 확장을 했습니다. 먼저 사업을 시작한 방역회사의 경우, 이제는 우리나라 사람들이 운영하는 업체가 많이 생겼지만 당시에는 한국 방역 시장의 기술력과 서비스 마인드를 기반으로 확장을 할 수 있었습니다. 이후에 시작한 PC방도 아직은 시설 및 관리 수준에서 베트남 현지 PC방들에 비해 좋기 때문에 프리미엄 PC방으로 성장을 하고 있습니다.

Q 처음에 사업을 시작하시면서 어려운 점을 겪으신 것이 있으신가요?

처음 법인을 설립할 때 현지인 명의를 빌려 법인을 설립했습니다. 초기 투자금을 절약하기 위해서이기도 했고, 사업적으로 확장을 하기가 더욱 용이하다는 장점을 활용하기 위해서였습니다. 하지만 명의를 빌려 준 베트남 지인이 욕심을 부리기 시작하면서 각종 문제가 발생하기 시작했습니다. 결국에는 외국인 투자기업으로 변경하면서 문제를 해결하였지만, 적지 않은 손실이 있었습니다.

법인 설립과 관련해서 조금 더 이야기를 하자면 외국인 투자 기업은 베트남 정부로부터 세금 및 재무 관련 부분에서 더욱 철저하게 감시하고, 세무서에서 각종 서류 제출 요구 및 증빙 자료 첨부 등 외국 기업을 귀찮게 하는 부분이 많습니다. 베트남 명의 기업은 상대적으로 문제 발생이 적긴 하지만 제가 소유자로 등록이 되어 있어 소유권 문제 및 비자 문제의 해결도 명확하고 업무도 원활합니다.

회사의 성장의 포인트는 무엇이었나요?

  회사 초창기에는 매출을 늘리는 노력을 하지 않았습니다. 단지 기존 고객사를 계속 관리하고, 만족도를 높이는 데 최우선으로 주력을 하였습니다. 기본적인 서비스 품질을 확보하는 데 중점을 두고자 했습니다. 예를 들어, 하노이 경남 빌딩에 있는 한 곳의 식당을 중점적으로 관리하기 시작했고, 추후에는 빌딩의 모든 식당과 계약을 할 수 있었습니다. 처음 서비스를 중점적으로 제공했던 곳에서 만족도가 자연스레 높아졌고, 기존 고객의 지속적인 소개를 통해 사세를 확장해 나갈 수 있었습니다.

 베트남 직원들이랑은 어떻게 지내시나요?

  직원들과 가족처럼 지내는 것이 회사를 세우고 사명처럼 가지고 있는 큰 목표입니다. 만약 직원의 가족에게 일이 생긴다면, 추가적으로 휴가를 주는 등 회사에 소속감을 느낄 수 있도록 배려하고 있습니다. 충분히 잘할 수 있는 친구가 성과가 좋지 않다면 질책을 하고 있지만, 처음부터 능력 이상의 과도한 요구를 하지 않습니다. 직원들의 성장 과정과 학습 과정이 한국인인 나와 다를 것이기 때문에 제 기준을 강요하지 않으려고 노력합니다. 차별을 하는 것이 아닌 차이를 인정해야 합니다.

8장 베트남 창업 선배들의 인터뷰

Q 베트남인은 작은 월급의 차이로 이직을 한다고 생각하시나요?

만약 저희 베트남 직원이 월급이 조금 올려준다고 다른 회사로 이직을 한다면, 회사의 대표인 저에게 문제가 있는 것이 아닐까 생각합니다. 제가 직접 관리하며 느낀 베트남 직원들은 충분히 인간적으로 대우하였다면 작은 월급 차이로 움직이지 않는다고 생각합니다.

Q 베트남에서 사업을 하시면서 어려운 점은 무엇인가요?

제 경험을 하나 이야기를 하자면 건물주가 횡포를 부리는 경우도 있었습니다. 기존의 합의를 통해 계약을 진행하였음에도 불구하고, 저희 업종의 특성을 이용해 건물 내에 화학약품 창고를 따로 만들어 추가적인 비용을 요구했던 적이 있었습니다. 꼭 베트남에서만 있는 일은 아니라고 생각하지만, 외국인임을 알고 의도적으로 취한 행동이라는 느낌을 받았습니다.

Q 베트남에 사업을 하러 오시는 분들에게 조언을 한다면?

우리나라 사람들은 유럽이나 미국 등 선진국에서 더욱 조심스럽게 행동하고 매너를 지키고자 노력합니다. 하지만 베트남 사람들에게는 그렇지가 않습니다. 베트남 사람들에게 인간적인 대우를 하지 않고, 직원과 지속적인 소통을 통해 회사가 성장하지 않으면 결국에는 한계를 느끼게 될 것입니다. 당연한 것이지만 일부 우리나라 사람들이 베트남

베트남 창업 마지막 기회를 잡아라

인을 하대하여 언론 및 TV에서 안 좋은 뉴스를 접하게 될 때가 있습니다. 베트남인과 동등한 관계를 가지셔야 합니다.

　한국에 계신 많은 분들은 베트남은 막연히 기회의 땅이라고 이야기합니다. 하지만 이곳에서도 사업을 시작하셨다가 실패하는 경우가 많습니다. 꼭 철저한 시장조사가 필요합니다. 한국에서 성공을 했다는 이유만으로 베트남에서 똑같이 적용되지 않습니다. 시장에 대한 이해와 아이템이 시장에 필요한 것인지에 대한 깊은 통찰이 필요합니다.

　일례로 10년 전에 베트남에서 PC방을 오픈 하신 분은 장사가 잘 되지 않아 사업을 접었다고 합니다. 하지만 지금 제가 운영하고 있는 PC방은 장사가 꽤나 잘 되고 있는 편에 속합니다. 어떤 아이템이든 시기와 시장의 필요성을 잘 판단해야 한다고 생각합니다. 너무 앞서 나가서도 뒤쳐져서도 안 됩니다.

　마지막으로 문화의 차이를 들고 싶습니다. 한 때 한국에서 빙수 사업이 잘되어 열대지방인 베트남에서도 잘 되리라 생각하고 무턱대고 장사를 시작하신 분들이 있었습니다. 하지만 떠먹고 차가운 아이스크림을 먹는 것은 베트남 문화에 맞지가 않습니다. 이런 부분들에 대해서 꼭 문화의 차이를 이해하고 그 다음을 시작을 해야 합니다. 블루 오션을 찾는 것은 좋지만, 시장성이 크지 않은 분야일 확률도 있으며, 때로는 존재조차 불확실한 경우가 많습니다. '이게 왜 아직까지 없을까'라는 생각 뒤에는 없는 이유가 무엇인지를 생각해 볼 필요가 있을 것 같습니다.

8장 베트남 창업 선배들의 인터뷰

Q 마지막으로 하고 싶으신 말씀은?

젊은 청년들이 큰 꿈을 가지고 해외에 나왔을 때, 그리고 그 국가가 한국보다 경제 성장이 더딘 개발도상국이라면 누구나 한국에서 태어난 것만으로도 감사하다는 생각을 가질 것입니다. 우리나라에서 1,000만원은 베트남에서 1억원의 가치가 있을 수도 있습니다. 우리나라 사람으로서 자긍심과 함께 베트남 사람들에게 조금 더 베풀면서 살 수 있는 마음을 가지셨으면 좋겠습니다. 마지막으로 꼭 건강한 취미생활을 하나 가지면 좋을 것 같습니다. 아무래도 계속 일만 하게 되면 사람이 무기력해지는 경우를 흔치 않게 볼 수 있는데 이때 수영이나 자전거 등 생활의 활력소가 되는 취미를 한 가지씩 가지시길 추천합니다.

4) [홈쇼핑] 트윈스 이현욱 대표

Q 베트남에 처음 오게 된 계기는?

친구 따라 강남 온 케이스입니다. 베트남에 오기 전에는 태국에 거주를 하고 있었습니다. 우연한 기회에 기존 파트너사가 외부에서 공급을 해주고, 제가 베트남에서 유통을 확장하기로 하면서 사업을 시작하게 되었습니다.

Q 지금 하시는 업은 어떤 것인가요?

유통을 한다고 생각을 하시면 됩니다. 베트남에서 잘 팔릴 만한 물건을 선별하여 한국이나 중국 등에서 물건을 소싱하고 베트남 시장에 판매를 하고 있습니다. 주 유통 경로는 홈쇼핑입니다. 한국으로 생각하면 홈쇼핑 벤더사와 같은 역할을 하고 있습니다.

Q 실제 베트남 홈쇼핑 시장은 어떤가요?

예상보다는 시장 환경이 빨리 바뀌고 있습니다. 어떻게 보면 홈쇼핑도 온라인 시장이라고 할 수 있지만 조금 더 전통적인 느낌이 강한 산업 분야입니다. 최근에는 모두 모바일로 넘어가고 있는 추세입니다. 베트남 홈쇼핑 시장을 감히 전망해보자면 현재는 현상 유지를 하고 있는 것으로 생각됩니다. 여기에서 큰 성장세가 추가적으로 이어진다고 보진 않습니다. 사실 이 부분은 이미 전 세계적인 트렌드이기 때문에 베트남도 이를 따르고 있는 것으로 보입니다.

굳이 한국과 비교를 하면 사회 시스템 자체가 20~30년 뒤떨어진 나라이지만 세계적인 트렌드는 같이 가고 있는 편입니다. 그렇다보니 유통도 이런 추세에서 크게 벗어나지 않는 형국입니다.

Q 베트남 시장을 두드리면서 느끼신 점은?

쉽지 않습니다. 어떻게 말해야 할지 잘 모르겠지만 일단 상품들을 수입 할 때, 프로세스가 투명하지 않다는 느낌을 많이 받습니다. 외국인들은 적법한 절차를 지켜가며 진행을 하고, 내국인들에게는 갖은 편법을 허용하는 시장이라면 경쟁이 쉽지 않은 시장이라고 생각합니다. 하지만 이러한 부분은 한국인이 어느 나라에서 사업을 할지라도 안고 갈 수 밖에 없는 핸디캡이라고 생각을 합니다.

베트남 시장의 특성은?

태국보다 베트남 유통시장 수준이 높은 것으로 보입니다. 마치 무한 경쟁을 하는 느낌입니다. 진입 장벽이 낮다보니 아이템 하나가 성공을 하면 많은 경쟁사들이 우후죽순으로 생겨납니다. 이전에 스포츠 브라를 유통을 한 적이 있었습니다. 약 6개월의 시간이 지난 후에 기존에 거래 되어왔던 시장가격이 바로 무너졌습니다. 태국 같은 경우 수입을 하기 위한 인증과정에 소비되는 비용이나 시간이 많은 편입니다. 하지만 베트남은 그에 비해 편법을 통한 인증이 쉬우며, 해당 제품에 대한 규정이 따로 없는 상황이었습니다. 이런 모습을 보며 지금의 베트남 시장은 어떤 아이템이든 무한 경쟁 시장이 아닌가 하는 착각이 들 정도입니다.

 베트남 사람들의 특성은?

전반적으로 한국인과 비슷한 면이 정말 많습니다. 개인적인 성공에 대한 욕심도 있고, 부지런하며 자기계발에도 신경을 많이 쓰는 것이 느껴집니다.

태국과 사업 환경을 비교한다면?

태국은 외국인이 본인의 사업 자체를 소유할 수가 없습니다. 또한 외국인 1명을 채용하면 내국인 4명을 무조건 채용해야 하는 법적인 장치가 있습니다. 하지만 베트남은 외국인 본인 소유의 기업을 설립할 수도 있고, 기업 환경에 있어 태국에 비해 제약이 없는 편입니다. 결론적으로 사업 환경만 따진다면 베트남이 더욱 좋다고 볼 수 있습니다.

 베트남에서 발견한 가능성은?

베트남에서 성공을 하기 위해서는 본인의 기술이 있어야 한다고 생각합니다. 베트남은 자체적인 제조업의 기술력이 거의 없는 곳이라 해도 무방합니다. 농수산물을 예로 들면 아직까지도 단순 가공 후 수출을 하는 수준에 머물고 있습니다. 따라서 본인의 확실한 기술과 함께 우수하고 값 싼 인력과 저렴한 인프라를 이용하여 무엇인가를 만들어낸다면 베트남의 가능성을 잡을 수 있다고 봅니다.

 해당 업을 진행하면서 어려우셨던 점은?

사업 초기 셋업의 경우는 한국 컨설팅 회사의 지원 하에 큰 어려움을 겪지는 않았습니다. 다만 업무를 진행하면서 발생하는 다양한 커뮤니케이션 문제가 가장 어려운 점이었습니다.

 베트남에서 사업을 하실 분들에게 조언을 한다면?

본인이 명확하게 잘하는 것이 있다면 베트남에 진출하여 사업을 하는 것에 적극 찬성합니다. 단순히 베트남은 사업하기 좋은 환경이라는 막연한 생각을 가진다면 오지 않는 것이 맞습니다. 그래도 베트남이 좋은 점은 한인 교민이 상당수 있다는 것입니다. 따라서 굳이 로컬 시장을 두들기지 않고 한인들을 상대로 사업을 영위해도 가능성이 있습니다. 물론 경쟁이 치열한 것으로 보입니다.

 마지막으로 하고 싶은 말씀은?

 베트남에 오시면 정말 많은 분들이 한국인들을 대상으로 식당을 하시는 것 같습니다. 그 정도로 한국 교민이 많다고 느껴집니다. 그렇다고 너무 우리끼리 경쟁을 하지 말고 상도덕을 지키며 서로 도움이 될 수 있는 교민 사회가 되었으면 좋겠습니다. 그리고 베트남에 와서 살면서 베트남과 베트남 사람들에게 감사한 생각을 해야 함에도 불구하고, 동남아 국가라고 우습게 보는 분들이 있습니다. 항상 겸손하게 생각하면 좋을 것 같습니다.

8장 베트남 창업 선배들의 인터뷰

5) [유통/무역] 대우 이노베이션 평준형 공동대표

Q 베트남에서 사업을 시작하게 된 계기가 궁금합니다

베트남에 넘어와 일단 사업을 시작하기로 생각했었습니다. 다만 어떤 아이템을 정해 시작해야 하느냐는 쉬운 문제가 아니었습니다. 베트남 시장 자체가 어떻게 보면 모든 분야가 유망한 분야이기 때문입니다. 그래서 우선 베트남 내 페이스북 등을 통해 베트남 소비자들이 어떤 아이템을 선호하는지부터 파악하기 시작했습니다.

Q 현재 하시는 사업은 구체적으로 어떤 것인가요?

유통/무역이라고 생각하시면 될 것 같습니다. 보통 반응이 좋은 아이템들은 자사에서 더 투자를 하여 OEM을 하는 경우도 있습니다. 최근에는 자체 브랜드를 출시하여 베트남 내 유통을 시작하였습니다.

Q 베트남에서 사업을 진행하시면서 어려우셨던 점이 있으신가요?

세무, 통관, 수출입 등 베트남 내에서 진행되는 것들이 모두 쉽지 않았던 것 같습니다. 우선 언어적인 문제와 더불어 베트남의 업무처리가 애매모호하게 진행되는 경우가 종종 있기 때문입니다. 케이스마다 다르고, 기준이 명확하지 않을 때가 많은데 이때마다 문제를 해결해나가는 것이 쉽지 않았습니다.

많은 분들이 아시겠지만, 우리나라의 경우는 상대적으로 시스템이 잘 갖추어져 있고, 국가 차원에서도 다양하게 사업을 지원하지만 아직까지 베트남에는 그런 부분들이 많지 않습니다.

또 한가지는 직원들의 관리 문제입니다. 베트남 직원들은 한국에 비해서 이직률이 굉장히 높습니다. 저희 회사의 경우도 처음 같이 시작한 직원들이 모두 일을 그만뒀던 때가 있었습니다. 이런 경험을 하다 보니 직원의 관리에 대한 고민을 특히 많이 하게 됩니다. 이런 고민들을 하나하나 모아 회사의 성장을 위한 노하우로 만들어 나가고 있습니다.

Q 베트남에서 유망한 분야가 있다면 어떤 것일까요?

제가 생각하기에는 프랜차이즈, 유통, IT, 제조업 등 모든 분야에서 괄목할 만한 성장을 하고 있습니다. 그래서 몇 가지 분야로 단정 짓는다는 것은 쉽지 않은 일입니다. 따라서 저희 회사에서는 베트남에 없는 상품들을 들여오거나, 개발하는 것에 집중을 하는 편입니다. 이번에 출시한 닭가슴살의 경우 베트남에 아직까지 활성화되지 않은 시장이었습니다. 하지만 베트남에 수많은 헬스장이 있고, 그곳에서 운동을 하며 개인의 몸과 건강에 관심을 가진 사람들이 많이 있었습니다. 하지만 이를 충족할 식품류가 부족해 보였고, 저희는 시장성이 충분하다 판단하였습니다. 이렇듯 시장에 진입하는 타이밍의 문제가 있겠지만, 기본적으로 선진국의 아이템과 베트남의 시장 상황을 고려하면서 적당한 때를 보는 것이 좋다고 생각합니다.

 앞으로 생각하시는 방향은 어떤가요?

베트남에서 사업을 영위하면서 다른 기업들의 상품들을 유통하다 보니 수익성 부분에서 한계를 느꼈습니다. 현재는 시장성이 확인된 상품들을 기반으로 자체 개발 상품을 많이 개발하고 자사의 브랜드 파워를 베트남 시장에서 한 칸 한 칸 쌓아가는 것이 장기적인 목표입니다.

 주변에서 사업을 하시는 분들이 공통적으로 말씀하시는 부분이 있으신가요?

'베트남에서는 크게 시작하지 않고, 작게 시작해야 한다'라는 말을 가장 많이 들었습니다. 그리고 저도 동의를 하는 부분입니다. 조금 더 구체적으로 설명을 드리면, 베트남에 처음 오게 되면 베트남에 대한 이해와 경험이 모두 제로이신 케이스가 많습니다. 한국에서의 사업 경험과는 또 다른 케이스들도 많고요. 그렇기 때문에 작게 시작해서 다양한 분야의 경험을 일정 기간 하면서 나중에 더 크게 투자를 준비하는 것이 좋다고 생각합니다.

Q 베트남에서 사업을 준비하는 분들께 조언을 한다면?

　많은 분들이 한국에서 베트남 사업을 준비하면서 고민을 많이 하는 것 같습니다. 아마 가장 큰 문제는 정확한 정보를 얻지 못한다는 것으로 생각됩니다. 베트남에서 거주 후 한국으로 돌아가신 분들께 얻는 정보가 가장 좋을 것 같습니다. 하지만 그 분들도 사업을 하지 않았다면 실질적인 정보를 얻기 쉽지 않을 것이라 생각됩니다.

　우선 베트남에 오셔서 사업체를 운영하고 있는 분들을 만나면서, 필요한 정보를 직접 얻는 것을 추천 드립니다. 최소 한 달이라도 베트남에 체류하며 직접 정보를 찾아다니는 것이 많은 도움이 될 것입니다.

부록 – 베트남 실전 창업 절차 및 예상 비용

★창업 절차

법인 설립 전	법인 설립 시	법인 설립 후
1. 법무·회계법인 선정 →법인 설립 의뢰 →설립 비용 검토 →업체 선정 2. 사업장 선정 →부동산 임대계약서 체결	1. 회계법인 선정 →세무기장서비스 의뢰 →서비스 비용 검토 →업체 선정 2. 세무코드 발급 →면허 유지세 납부 3. 전자서명 구매 →회계법인 대리구매 진행 4. 은행계좌 개설	1. 회계외부감사 선정 →외부감사 의뢰 →서비스 비용 검토 →업체 선정 2. 직원 채용 →구인광고 3. 세금영수증 등록 →전자 세금영수증 등록
* 외국인투자법인 소형 사업장 설립 기준 평균 약 3,000~4,000달러 (설립 비용은 법인형태에 따라 달라질 수 있습니다.) * 사업장 임대비 임대료 500달러/월 기준으로, 2달 보증금, 1달 임대료 계산하여 약 1,500달러	* 회계법인 기장 서비스 비용 평균 월 250~350달러—소형 사업장 기준 * 면허유지세 약 50달러/년 * 전자서명 비용 평균 약 130달러/3년 사용 기준 * 계좌 개설비용 약 10달러	* 외부감사 서비스 비용 평균 약 1,000~1,500달러/년—소형 사업장 기준 * 도심 지역 직원 2인 채용 기준, 월 400달러/1인, 총 800달러/2인 * 전자 세금영수증 구매비용 평균 30~40달러/300개 기준

★예상 비용

법인 설립 전	법인 설립 시	법인 설립 후
4,500~5,500달러	440~540달러	1,830~2,340달러
소규모 사업장 기준 총 예상 설립 비용		6,770~8,380달러